INTOXICATIONS

PAR LE SUBLIMÉ CORROSIF

CHEZ LES FEMMES EN COUCHES

PAR

Le Docteur Richard SEBILLOTTE

Ancien externe des hôpitaux de Paris
Ancien externe et moniteur de la Clinique d'accouchement de la Faculté
Médaille de bronze de l'Assistance publique

PARIS

G. STEINHEIL, ÉDITEUR

2, RUE CASIMIR-DELAVIGNE, 2

—

1891

INTOXICATIONS

PAR LE SUBLIMÉ CORROSIF

CHEZ LES FEMMES EN COUCHES

PAR

Le Docteur Richard SEBILLOTTE

Ancien externe des hôpitaux de Paris
Ancien externe et moniteur de la Clinique d'accouchement de la Faculté
Médaille de bronze de l'Assistance publique

PARIS

G. STEINHEIL, ÉDITEUR

2, RUE CASIMIR-DELAVIGNE, 2

—

1891

A MES MAITRES

A MON PRÉSIDENT DE THÈSE

M. LE PROFESSEUR S. TARNIER

Professeur de Clinique d'accouchements à la Faculté de médecine
Président de l'Académie de médecine
Commandeur de la Légion d'honneur

INTOXICATIONS

PAR LE SUBLIMÉ CORROSIF

CHEZ LES FEMMES EN COUCHES

INTRODUCTION

Au commencement de l'année 1890, les conclusions du très remarquable rapport de M. Budin étaient votées à l'Académie de médecine et l'emploi du sublimé allait être non pas permis, mais imposé aux sages-femmes à l'exclusion de tout autre antiseptique.

Vers la même époque, dans le service de M. le professeur Tarnier, deux nouvelles accouchées, à la suite d'injections au bichlorure de mercure, présentaient des symptômes d'intoxication les plus graves, et l'une d'elles succombait.

Des accidents semblables survenaient, peu après, à des accoucheurs distingués, ravivant l'impression profonde des cas dont j'avais été témoin. Signaler ces faits me parut œuvre utile ; mon maître, M. le professeur Tarnier, dont on retrouvera ici quelques idées, qui feront tout le mérite de ce travail, m'encouragea dans mon projet.

Donner un aperçu historique de l'emploi du sublimé en obstétrique pendant ces dix dernières années, examiner les causes qui favorisent l'intoxication, les lésions qu'elle produit, les symptômes qui l'accompagnent, son traitement le plus rationnel, tel est le plan que je me suis proposé.

Afin d'asseoir plus solidement mes conclusions et pour que le lecteur puisse se faire une opinion personnelle et juger en connaissance de cause, j'ai dû remonter aux sources mêmes de tous les travaux publiés sur le même sujet. Tous les documents ont été puisés dans les originaux ; les opinions des auteurs ont été prises dans les articles publiés par eux ou recueillies de leur propre bouche.

Dans mes recherches à travers la littérature étrangère, j'eus le rare bonheur d'avoir un ami dévoué, mon collègue à la clinique d'accouchements, Georges Eichmüller. Sans lui, ce travail serait encore plus incomplet, je le prie d'accepter mes sincères et amicaux remerciements.

Je ne saurais trop dire avec quelle généreuse obligeance m'ont été communiquées les observations françaises, toutes pleines d'intérêt et pour la plupart inédites ; je ne l'oublierai jamais et j'en témoigne ici ma vive reconnaissance.

Avant d'aller plus loin, il me reste un devoir bien doux ; remercier mes maîtres.

Malheureusement, il y a déjà un an, une mort cruelle enlevait à l'affection des siens et à la mienne, M. le Dʳ François Siredey, médecin de l'hôpital Lariboisière, membre de l'Académie de médecine, officier de la Légion d'honneur ; M. Siredey m'accueillait avec une grande bienveillance, comme le fils d'un de ses amis et il me donna une place d'externe dans son service ; le souvenir de ses bontés ne s'effacera jamais de ma mémoire.

En 1885, je débutais sous les auspices de M. Armand Siredey, chef de clinique, à cette époque, de M. le professeur Hardy, l'amitié qu'il me témoigna alors et depuis, comme son oncle, ne s'oublie pas.

Je ne saurais trop remercier M. le professeur Tillaux qui, pendant deux années, me donna, avec ses leçons, de fréquentes marques de sympathie.

A M. le Dʳ Cadet de Gassicourt, je dois toutes mes connaissances sur les maladies des enfants.

En 1890, je devins l'externe de M. le professeur Tarnier, qui me reçut dans son service avec une grande bienveillance ; pendant plus d'un an je profitai de son enseignement ; il me prodigua ses conseils pour mener à bien cette thèse qu'il me fait l'honneur de présider ; qu'il veuille bien accepter l'expression de ma très profonde et respectueuse gratitude.

Je remercie également M. le professeur Peter, MM. les professeurs agrégés Campenon, Netter, Bar, Maygrier ; MM. les D^{rs} Ed. Hirtz, A. Renault, L. Tissier, pour la bienveillance qu'ils m'ont témoignée.

Des amis et quelques autres personnes dont je ne puis citer tous les noms ont contribué à rendre ces années d'études plus douces et plus profitables ; je conserverai toujours leur aimable souvenir.

HISTORIQUE

Il y a dix ans (1881), M. le professeur Tarnier employa, le premier, le sublimé corrosif comme agent d'antisepsie, dans son service de la Maternité de Paris.

Déjà, dans les siècles passés, l'observation avait révélé les vertus du sublimé ; Paracelse le recommandait pour le traitement des plaies ; les médecins de la Beauce purent combattre avec lui la pustule maligne ; et Chaussier, connaissant bien ses propriétés antiputrides, utilisait le sublimé pour conserver ses pièces anatomiques ; mais c'était là de l'empirisme, le principe et la méthode manquaient.

Les découvertes et les théories de Pasteur ; les beaux résultats obtenus par Lister et les chirurgiens qui suivirent son exemple, furent le point de départ de nombreuses recherches sur les agents capables de détruire les ferments et les microbes et d'empêcher leur développement.

Bientôt le pouvoir antifermentescible du bichlorure, fut signalé en France par M. le Dr Petit (1) 1872 ; en Angleterre par MM. Dougall (2) et Grâce Calvert (3), 1872 ; mais c'est à Davaine que revient le mérite d'avoir le premier mis en relief la puissance microbicide du sublimé ; puis vinrent les applications cliniques qu'en fit le professeur Tarnier aux femmes en couches. « C'est en 1874, dit M. Tarnier (4), « dans sa leçon d'ouverture, que pour la première fois Davaine (5) « communiqua à la Société de biologie une petite note sur les anti- « septiques et parmi ceux-ci, il cita le sublimé, c'était là pour ainsi « dire l'ébauche d'un travail qu'il préparait.

« Plus tard Billroth signalait aussi cet antiseptique sans l'étu-

<hr>

(1) PETIT. *Comp. rend. Acad. sc.*, 11 octobre 1872.
(2) DOUGALL. *The med. Times and Gaz.*, 1872, p. 405.
(3) GRACE CALVERT. *Ibid*, 1872, p. 553.
(4) TARNIER. Leçon d'ouverture, 28 mars 1884. In *Semaine méd.*, 3 avril 1884.
(5) DAVAINE. *Comp. rend. Soc. biologie*, 1884.

« dier plus que ne l'avait fait Davaine ; il en fut de même de Buch-
« holtz (1), de Kühn (2), de Wernitz (3).

« Le 27 janvier 1880 Davaine (4), encore Davaine, car on ne saurait
« trop rendre justice à ce savant aussi grand que modeste, Davaine,
« lisait à l'Académie de médecine de Paris, un travail complet sur
« l'action du sublimé et sur la puissance destructive qu'il exerce sur
« les microbes et en particulier sur la bactérie charbonneuse.

« Quelques mois plus tard, Koch (5) étudia à son tour le sublimé,
« et arriva aux mêmes conclusions. Vous le voyez, dans la période
« des recherches de laboratoire, la priorité revient à Davaine. Mais
« il n'est pas encore question à cette époque de l'emploi clinique de
« cet agent.

« Dès 1880, je l'avais essayé à la maternité et en août 1881 au
« congrès de Londres (6), je pus dire que le sublimé me paraissait de
« tous les antiseptiques le plus puissant et que je m'en servais à l'hô-
« pital pour le lavage des mains aussi bien pour moi que pour mes
« élèves.

« Quelques mois plus tard, Schede (de Hambourg) (7) l'employait
« dans son service de chirurgie et ses observations ont été publiées
« au commencement de 1882. Au milieu de la même année, j'appliquai
« l'antisepsie par le sublimé à toutes les femmes de la Maternité, et
« ma pratique à cet égard fut publiée par mon interne M. Olivier
« dans les *Annales de gynécologie* (novembre 1882).

« Cela suffit, je l'espère, pour démontrer que le premier essai clini-
« que du sublimé et que son premier emploi en obstétrique appartien-
« nent encore à un Français. Ce qui n'empêche pas les journaux alle-
« mands de faire remonter induement à Koch la priorité des recherches
« de laboratoire sur cet antiseptique et aux accoucheurs allemands
« celle de son emploi chez les femmes en couches. C'est un déni de
« justice contre lequel j'ai tenu à protester. »

(1) BUCHHOLTZ. *Arch. f. experim. Pathologie*, 1875. B. IV, p. 1, 81.
(2) KÜHN. Inaug. dissert. Dorpat, 1879.
(3) WERNITZ. Inaug. Dissert. Dorpat, 1880.
(4) DAVAINE. *Comp. rend. Soc. biol.*, 10 janv. 1880, et *Bull. Acad. de médecine,*
27 janv. 1880.
(5) KOCH. Ueber Desinfection. *Mittheilungen aus dem Kaiserlichen Gesundheit-
samte*, B. I, 1881, p. 234.
(6) TARNIER. *Transac. of the med. internat. congress*, t. IV. London, 1881.
(7) SCHEDE. *Sammlung Klin. Voiträge*, 1882.

Avant d'aborder l'histoire du sublimé en clinique obstétricale, je dois encore signaler les importants travaux de Nicolaï Jalan de la Croix, 1881(1), du Dr Miquel, 1883 (2), de M. Ratimoff, 1884 (3), qui tous arrivent à cette conclusion que le sublimé est le plus puissant des antiseptiques connus.

Enfin, en 1890, MM. Tarnier et Vignal (4) publient de nouvelles « *Recherches expérimentales relatives à l'action de quelques antiseptiques sur le streptocoque et le staphylocoque pyogenes* ». Cette dernière étude est pleine d'intérêt pour nous. Dans des expériences, d'une conception remarquable, le laboratoire et la clinque associés, nous démontrent l'excellence du sublimé et sa supériorité sur les autres antiseptiques, contre le streptocoque et le staphylocoque doré, qui sont, avec le vibrion septique, les plus redoutables ennemis de la nouvelle accouchée.

Avec une rapidité prodigieuse, les notions acquises sur le sublimé se répandirent partout et son usage comme agent d'antisepsie se généralisa bientôt.

Dans cet historique, je laisserai intentionellement de côté les applications du sublimé en chirurgie, pour dire : quand et comment il fût employé dans les maternités, l'enthousiasme que provoquèrent les magnifiques résultats obtenus ; les accidents qui survinrent ; enfin je terminerai en faisant connaître la pratique actuelle des accoucheurs les plus en vue et particulièrement des accoucheurs français.

C'est au mois de juin 1882 que M. Tarnier substitua *complètement* le sublimé à l'acide phénique dans ses salles d'accouchement. En novembre de la même année, M. Olivier (5) publiait les premiers succès de cette nouvelle pratique. M. Tarnier (6) a exposé magistralement sa méthode : je ne saurais mieux faire que de citer ses paroles.

« La solution de sublimé dont on se sert est la liqueur de Van « Swieten. Toute personne qui entre dans la salle d'accouchement

(1) JALAN DE LA CROIX. Das Verhalten der Bacterien des Fleischwassers gegen enige antiseptica. *Arch. f. exper. path.*, 1881, t. XIII, p. 175.

(2) MIQUEL. *Les organismes vivants de l'atmosphère*. Th. Paris, 1883.

(3) RATIMOFF. *Archives de physiologie*, 1884.

(4) TARNIER et VIGNAL. *Arch. de méd. expérim.*, 1er juillet 1890, n° 4.

(5) AD. OLIVIER. De l'emploi du sublimé pendant et après l'accouchement. *Ann. de gynéc.*, 1882, p. 338.

(6) TARNIER. Leçon d'ouverture 1884. *Loc. cit.*

« trouve, près de la porte, un lavabo dans lequel elle doit se laver et
« se brosser les mains avec le soin le plus minutieux. Il n'y a, à cet
« égard, aucune exception. Ensuite elle passe, à plusieurs reprises,
« ses mains dans la liqueur de Van Swieten.

« Lorsqu'une femme arrive dans la salle d'accouchement, quelle
« que soit la période d'accouchement dans laquelle elle se trouve, la
« première chose qu'on fait, c'est de lui donner une injection vagi-
« nale avec la liqueur de Van Swieten dédoublée, c'est-à-dire addi-
« tionnée d'une quantité égale d'eau. Puis, comme dans le vagin les
« microbes peuvent pulluler facilement, toutes les trois heures on
« procède à une nouvelle injection. Pour qu'aucune femme n'échappe
« à ces lavages, nous avons établi une discipline dont on ne s'écarte
« pas. A midi, toutes les femmes reçoivent une injection ; à 3 heures,
« à 6 heures, à 9 heures, à minuit, etc., cette injection est renou-
« velée.

« La femme accouchée et la délivrance faite, on pratique une injec-
« tion de liqueur de Van Swieten à 37° dans la cavité utérine. Sous
« l'influence de cette injection, les débris de membranes sont em-
« portés, des caillots sanguins sortent avec le liquide, et l'utérus se
« contracte avec beaucoup plus d'énergie que lorsque les choses sont
« abandonnées à elles-mêmes. Dans le cas d'hémorrhagie, survenant
« après la délivrance, l'injection intra-utérine est faite avec le même
« liquide porté à 45° ou 50°.

« Après que la femme est accouchée, trois fois par jour on fait sa
« toilette avec la liqueur de Van Swieten dédoublée, et ce lavage est
« suivi de l'introduction dans l'orifice vulvaire d'un tampon de charpie
« trempée dans la liqueur dédoublée. Sur ce tampon on applique une
« compresse vulvaire préalablement trempée dans le même liquide.

« Si la femme est bien portante, on ne lui fait pas d'injection vagi-
« nale ; ces injections sont réservées pour les quatre cas suivants :
« 1° Si la femme est accouchée d'un enfant macéré ou putréfié,
« répandant une mauvaise odeur ;
« 2° S'il y a rétention des membranes ;
« 3° S'il y a fétidité des lochies ;
« 4° Si l'on constate la présence d'une eschare vulvaire un peu
« étendue.
« Et quand les femmes deviennent malades, quand il survient un

« état fébrile, des douleurs de ventre, on a recours aux injections
« intra-utérines pratiquées de deux à trois fois par jour Alors, mes-
« sieurs, on obtient quelquefois des résultats véritablement surpre-
« nants.

« Chez les femmes atteintes de rupture de l'utérus, c'est toutes les
« demi-heures que nous faisons des injections vaginales avec la liqueur
« de Van Swieten pure et nous ne revenons à la liqueur dédoublée
« qu'au bout de trois jours.

« Maintenant, quels sont les inconvénients du sublimé ? Je n'hésite
« pas à le dire, ils sont pour ainsi dire nuls.

« Quelquefois un peu d'hydrargyrie à la région vulvaire...

« J'ai observé, quelquefois, une légère gingivite, mais jamais de
« salivation. J'accepte cependant que celle-ci soit possible chez les
« femmes pour lesquelles on fait usage du sublimé à outrance. »

Dans sa thèse sur « les méthodes antiseptiques en obstétrique »,
M. Bar (1), rappelant les succès de la Maternité de Paris, constate qu'on
« n'a pas observé le moindre symptôme d'empoisonnement » ; aussi
peut-il traiter de chimériques les craintes de ceux qui redoutent l'intoxication par les lavages au sublimé. Cependant il conseille la
réserve dans les injections intra-utérines qu'il « est irrationnel de
faire dans tous les cas », et il insiste sur les précautions à prendre
pour éviter toute pénétration dans le péritoine et dans les trompes.

A la Maternité de Novare, Négri (2) s'est servi uniquement du
sublimé pendant le mois de juin 1883. Cinquante et un accouchements
se sont ainsi merveilleusement passés.

En 1883, parurent dans le *Centralblatt für Gynaekologie*, trois
articles élogieux sur le sublimé en obstétrique.

C'est Toporski (3) qui se loue des résultats obtenus, depuis six mois,
à la Clinique des femmes de l'Université de Breslau, par la solution
alcoolique de sublimé, au 1/1000 pour les mains et au 1/2000 pour les
irrigations utérines et vaginales.

Wiedow (4), à Fribourg-en-Brisgau, se sert pour l'utérus et le vagin d'une solution plus faible 1/5000.

(1) P. BAR. Th. d'agrégation. Paris, 1883.
(2) NÉGRI. *Ann. di obstetric.*, juillet-août 1883.
(3) TOPORSKI. *Centralb. f. Gynæk.*, 1883, n° 35, p. 553.
(4) WIEDOW (in Friburg /B.), *ibid.*, 1883, n° 37, p. 589.

Au contraire, à la clinique de Berlin, Bröse (1), avec l'assentiment du professeur Schrœder, emploie des solutions alcooliques plus fortes : 1/500 pour les mains et le lavage des organes génitaux externes et du vagin avant l'accouchement et 1/1000 après la délivrance. Il préfère comme Toporski et Wiedow, le sublimé aux autres antiseptiques, mais, comme eux aussi, il se tait sur les recherches de laboratoire et les applications cliniques faites et publiées antérieurement en France. M. Bonnaire (2) protesta contre cette injustice, dans un article où il marquait l'extension de l'usage du sublimé dans les hôpitaux de Paris et plus particulièrement dans les services d'accouchement de MM. Budin, à la Charité, Ribemont, à Tenon et Pinard à Lariboisière.

En mai 1884, M. Al. Herrgott (3), publiant la communication de Kehrer, au Congrès de Fribourg, rappelle que lui-même a introduit le sublimé à la Maternité de Nancy, au commencement de septembre 1883. Depuis, les résultats sont remarquables ; une seule emme est morte d'une affection organique de cœur et les quelques érythèmes observés sont des accidents sans importance.

Le professeur Kehrer (4) se loue du sublimé qu'il emploie, depuis deux ans, en injections vaginales pendant l'accouchement, après la délivrance et deux fois par jour dans les suites de couches. Sur 221 accouchées, ainsi traitées, on nota quatre fois une urticaire insignifiante ; neuf femmes eurent du catarrhe gastro-intestinal, que Kehrer n'attribue pas d'ailleurs au sublimé ; trois syphilitiques, soignées comme telles auparavant, eurent de la stomatite mercurielle.

Dans la discussion qui suivit : M. Prochownich, fait remarquer qu'à l'hôpital de Hambourg le sublimé causa plusieurs cas de dysenterie : Kustner affirme que seul le bi-chlorure de mercure peut détruire les micro-organismes du canal génital ; Hégar, qui depuis dix-huit mois fait des injections vaginales au sublimé pendant l'accouchement et après si les lochies sont fétides, a eu un état sanitaire très bon. Il a bien observé une salivation opiniâtre qui dura 9 mois, il ne l'attribue pas au sublimé.

Schalz, sur la recommandation de Martin (aîné), s'est servi de la

(1) Bröse. Ibid., 1883, nᵒ 39, p. 179.
(2) Bonnaire. Progrès méd., 1884, p. 290.
(3) Al. Herrgott. Ann. de gynécologie, mai 1884, t. XXI, p. 321.
(4) Kehrer. In Al. Herrgott. Loc. cit. et Archiv. f. Gyn. B. XXII, p. 175.

solution de sublimé à 1/4000 ; une seule femme, dont la vulve très étroite avait pu retenir du liquide dans le vagin, eut de la salivation.

Kaltenbach et Fraenkel sont partisans du sublimé qui leur a donné des succès à 1 et 0,5 pour 1000 ; mais Battlehner préfère la solution au 1/10000 parce qu'il a observé des manifestations toxiques avec les solutions fortes. Il trouve le sublimé à 1 pour 10000 plus actif que l'acide phénique à 5 0/0.

Outre cette discussion au Congrès de Fribourg, 1884 fut très fertile en publications sur le sublimé en obstétrique ; c'est qu'un cri d'alarme venait d'être poussé au début de l'année par le professeur Stadfeldt, de Copenhague. Sur sept malades traitées par les injections de sublimé à 1/1500, deux fois Stadfeldt avait vu la diarrhée et la gingivite et une femme mourut avec des symptômes et des lésions que Stadfeldt (1) et Dahl (2) rattachent à une intoxication mercurielle.

Dès lors, les observations en faveur du sublimé, comme celles des accidents qu'on lui impute vont se multiplier et plus particulièrement dans le *Centralblatt für Gynækologie* où avait parut le cas de Stadfeldt.

Aug. Stenger (3) (de Manheim), voit une intoxication grave se terminer par la guérison ; ne s'expliquant pas, comment chez sa malade, l'absorption a pu être suffisante pour causer un empoisonnement, il accuse l'idiosyncrasie et continuera à se servir du sublimé.

Lomer (4) le 25 janvier 1884, présenta à la Société d'obstétrique et de gynécologie de Berlin, les pièces anatomiques d'une femme dont le périnée, complètement déchiré, avait été suturé sous une irrigation de sublimé à 1/1000 ; elle était morte le 12ᵉ jour après avoir eu une diarrhée très fétide et une fièvre modérée.

Feid et Schrœder, d'accord avec Lomer, n'hésitent pas à rattacher les lésions intestinales à une intoxication par le sublimé.

Maurer (5) (de Coblentz), (obs. XXXIX), après s'être servi avantageusement du sublimé pendant un an, eut une accouchée qui présenta les accidents les plus sévères de diarrhée et de stomatite, avec un érythème

---

(1) STADFELDT. *Centralb. f. Gynæc*, 16 février 1884, nᵒ 7, p. 97.
(2) DAHL. *Ibid.*, 1884, nᵒ 13, p. 195.
(3) STENGER. *Ibid.*, 1884, nᵒ 13, p. 196.
(4) LOMER. *Ibid.*, 1884, nᵒ 14, p. 221.
(5) MAURER. *Centralb. f. Gynæc.*, 1884, nᵒ 17, p. 259.

généralisé ; cette femme avait reçu une seule injection vaginale à 1/2000, mais un placenta supplémentaire, resté dans la cavité utérine et causant une hémorrhagie, avait pu favoriser l'absorption par l'utérus.

Fuhrmann (1) n'a rien vu de semblable, bien qu'à Breslau il ait usé depuis 1883 (un an) du sublimé, à l'exclusion de tout autre antiseptique ; il le met bien au-dessus de l'acide phénique et ne pense pas que son absorption puisse être suffisante pour produire de l'empoisonnement, ni même de la salivation et de l'eczéma. Pour lui, les injections vaginales sont indispensables, surtout chez les primipares, plus ou moins déchirées ; mais les lavages intra-utérins, dont les indications sont mieux connues, devront être plus rares que par le passé.

Le 13 juin 1884, Winter (2) apporte à la Société d'obstétrique et de gynécologie de Berlin deux observations d'empoisonnement par le sublimé. Dans le premier cas, il s'agissait d'une primipare (obs. IX) très anémiée par une hémorrhagie atonique ; on avait combattu l'inertie utérine par une irrigation de sublimé à 1/1000. Cette malade mourut, et l'autopsie révéla des lésions semblables à celles observées par Stadfeldt et Lomer. La seconde malade guérit assez rapidement (obs. XL). Encore sous l'impression de ces accidents, Winter (3), quelques mois plus tard, conseilla de n'employer en injections utérines que des solutions à 1/3000 : de faire des lavages vaginaux le moins possible, et il insiste beaucoup sur la désinfection des mains et le savonnage des organes génitaux avec le sublimé.

Une malade de Max Elsasser (4) (obs. XLI), eut des accidents puerpéraux graves dont elle guérit, grâce à des irrigations de sublimé, mais après avoir présenté des symptômes d'intoxication dus à la trop grande largesse avec laquelle le mercure lui avait été prodigué intus et extra.

Taenzer (5) met en parallèle la bénignité des injections et les résultats merveilleux obtenus par le sublimé à la clinique et à la polycli-

(1) FUHRMANN. *Ibid*, 1884, nᵒ 21.
(2) WINTER. *Centralb. f. Gyn.*, 1884, nᵒ 28, p. 443.
(3) WINTER. *Centralb. f. Gyn.*, 1884, nᵒ 43.
(4) ELSASSER. *Centralb. f. Gyn.*, 1884, nᵒ 29, p. 449.
(5) TAENZER. *Ibid.*, 1884, nᵒ 31, p. 486.

nique de Dresde, où on l'emploie à 1/1000 en injections intra-utérines prophylactiques après la délivrance. En 1883, sur 624 femmes, il y eut seulement quatre fois des signes certains d'intoxication qui disparurent par la cessation du sublimé. A la clinique, dans le semestre d'été 1884, sur 120 accouchements, il fut fait des injections utérines, immédiatement après la délivrance, dans 19 cas terminés par opération, et dans les suites de couches une ou plusieurs fois chez 17 femmes ; les trois quarts environ des autres accouchées reçurent des injections vaginales et l'on observa seulement deux fois des phénomènes d'intoxication (obs. XLI et suivantes).

Dionys von Szabo (1) partage l'opinion de Fuhrmann, s'appuyant sur la statistique de la clinique obstétricale de Buda-Pesth où le sublimé a été substitué à l'acide phénique le 13 septembre 1883. De cette date au 5 juin 1884, il y eut 572 accouchements. Les élévations de température furent sensiblement plus rares que par le passé. 19 fois on fit dans un but thérapeutique des injections utérines à 1 ou 0,5 pour 1000 ; il n'y eut pas d'intoxication.

Le professeur Leopold (2), de Dresde, se loue fort des résultats que lui donne le sublimé à sa clinique, mais, avec Winter, il préconise les solutions faibles ; celle au 1/4000 lui a jusqu'alors paru suffisante sans avoir jamais provoqué de phénomènes d'intoxication. Sur 600 accouchements, Leopold a eu seulement 9 femmes légèrement malades. Cependant, il se sert toujours de la liqueur de Van Swieten pour les mains et dans les cas d'intervention ou de lochies fétides, il l'emploie pure ou dédoublée. Dans la période puerpérale, jamais il ne fait d'irrigation utérine.

Wöhtz (3) (obs. X) a vu un empoisonnement mortel, et il déconseille l'usage du sublimé après l'accouchement. Wöhtz pense que chez sa malade l'endométrite jointe aux contractions violentes de l'utérus a pu favoriser le passage du liquide par les trompes et il estime à 0,25 centigr. au maximum la quantité de sublimé qui a été absorbée.

En France, où l'on suivait rigoureusement la voie prudente tracée

(1) DIONYS VON SZABO. *Centralb. f. Gyn.*, 1884, n° 35, p. 545.
(2) LEOPOLD (de Dresde). *Centralb. f. Gyn.*, 1884, n° 46, p. 721.
(3) WÖHTZ. *Hospit. Tidend.*, 1884, n° 22, p. 557, et *Centralb. f. Gyn.*, 1884, n° 31 p. 493.

par le professeur Tarnier, il n'y a guère que des succès à enregistrer.

Les *Annales de gynécologie*, publient un cas d'intoxication mortelle par le sublimé ; il appartient à Hofmeier assistant à la clinique de Berlin. Ce cas est le même que celui de Lomer.

M. Doléris (2) (obs. XVII) eut une observation fatale ; il la communiqua à la fin de 1884 à la Société anatomique ; mais elle ne fut publiée que plus tard dans le mémoire de M. Butte.

M. Chéron (3) eut deux fois des accidents qu'il attribue au sublimé ; malgré leur peu de gravité, il se demande si l'on ne doit pas revenir à l'acide phénique.

M. Tarnier (4) proclamait lui-même les résultats de la Maternité en ces termes : « Depuis le 15 octobre (15 octobre 1883 au 28 mars 1884), sur près de 1,000 femmes entrées à la maternité, nous n'avons eu qu'un décès, celui de cette malheureuse qui avait l'utérus et la vessie déchirés. Sans elle, nous aurions eu 1,000 accouchements sans un seul décès ».

Vers la même époque, à quelques jours d'intervalle trois thèses furent soutenues à la Faculté de Paris, sur le bichlorure de mercure en obstétrique.

La première en date, celle de Bastaki (5) fut inspirée par M. Budin; l'auteur y met bien en relief les services rendus par les injections intra-utérines de liqueur de Van Swieten dans les cas de rétention de membranes, d'enfants macérés ou de suites de couches compliquées de lochies fétides et de fièvre.

M. Beuve (6) nous retrace la pratique de M. le professeur Pajot, et les résultats obtenus par lui à la clinique d'accouchement. La méthode est celle de M. Tarnier ; les résultats sont excellents. Dans les mois de décembre 1883, janvier, février, mars et avril 1884 il y eut à la clinique 397 accouchements et parmi eux de nombreux cas de dystocie. Trois décès survinrent, l'un par éclampsie, le second par pneumonie, le dernier par péritonite aiguë à la suite de la rupture d'une hémato-

(1) HOFMEIER. *Ann. de gynécologie,* t. XXII, 1884, p. 155.

(2) DOLÉRIS In BUTTE. *Nouv. arch. d'obst. et de gyn.,* 1886, nº 4, p. 200.

(3) CHÉRON. *Rev. méd. chirur. des mal. des femmes,* avril 1884, p. 184.

(4) TARNIER. Leçon d'ouverture. *Loc. cit.*

(5) BASTAKI. *Du bichlorure et du biiodure de mercure en obstétrique.* Th. de Paris, 1884.

(6) BEUVE. *Le sublimé en obstétrique.* Th. Paris, 1884.

cèlè enkystée. M. Beuve a vu deux cas de stomatite et de gingivite qui disparurent rapidement après la cessation du sublimé.

La thèse de Bonnet (1), faite sous l'inspiration de M. Ribemont-Dessaignes montre ce que peuvent donner les injections intra-utérines de liqueur de Van Swieten dans les cas de putréfaction fœtale.

Il faut remarquer qu'en France il n'est question que de la liqueur de Van Swieten, employée à l'exclusion de toute autre solution, tandis qu'à l'étranger on se servait déjà de solutions aqueuses.

Avec MM. Bastaki et Beuve, M. Auvard (*Arch. de tocol.*) ne croit pas que dans le cas de Stadfeldt il y ait eu une intoxication mercurielle.

Cependant, en 1884, M. Pinard, à Lariboisière, abandonne le sublimé pour le biiodure de mercure qu'il regarde comme un antiseptique plus puissant et moins dangereux.

Ahlfeld (2) donne aux sages-femmes le conseil de rejeter le sublimé pour se servir des solutions phéniquées.

A. Mynlieff (3) fait l'historique du sublimé et relate les accidents connus, il conservera le sublimé, mais au 1/4000 et non au 1/1000.

En 1885, la liste des cas mortels va s'augmenter encore à l'étranger tandis qu'en France nous continuons à n'enregistrer que des succès. M. le professeur Dumas (4), de Montpellier considère le sublimé comme absolument inoffensif s'il est administré à doses convenables, et il rapporte deux cas d'infection puerpérale graves traités avec succès par les injections de bichlorure de mercure.

A Lille, M. Delassus (5) n'a pas vu d'accidents toxiques ; il emploie une solution aqueuse de sublimé à 1/2000, et fait une injection utérine après la délivrance puis ne fait plus aucune irrigation dans la période puerpuérale ; les résultats sont meilleurs que ceux donnés par l'acide phénique.

Deux thèses soutenues en 1885 sont favorables au bichlorure de mercure en obstétrique : celle de M. Garcin (6) et celle de M. Leroy (7).

(1) BONNET. *De l'emploi du sublimé corrosif en obstétrique et en particulier dans la putréfaction fœtale*. Th. de Paris, 1884.
(2) AHLFELD. Antisepsis in der Hebammenpraxis. *Cent. f. Gyn.*, 27 mars 1884, n° 13
(3) A. MYNLIEFF. Das sublimat in Geburtshilfe. *Nederl. Tijds*, 1884, n° 38.
(4) L. DUMAS. *Ann. de gynec.*, 1885, p. 426.
(5) DELASSUS. *Jour. de sc. méd.* de Lille, 1885.
(6) GARCIN. Th. de Paris, 1885.
(7) LEROY. Th. de Paris, 1885.

Cette dernière consigne de nouveau les résultats obtenus par le professeur Pajot à la *Clinique.*

Parmi les articles parus dans les journaux de médecine relatant les observations étrangères, ceux des docteurs Chéron (1) et Ricklin (2) sont hostiles au sublimé, M. Chéron surtout redoute l'absorption par les voies génitales.

Les *Annales de gynécologie* (3) publient d'après le compte rendu d'Hofmeier, deux cas d'empoisonnement, dont un survenu chez une éclamptique fut mortel. Ces cas sont ceux de Winter.

A New-York, le Dr Partridge (4) communique à la Société d'obstétrique, le cas d'une accouchée, morte intoxiquée après avoir reçu des injections de sublimé à 1/2000 ; il a vu trois autres cas d'empoisonnement qu'il attribue à la même cause.

Au Lying-in Hospital de Boston, le Dr Richardson (5) se sert du sublimé depuis 1884 ; il observa trois cas de stomatite grave avec salivation après des injections utérines ; 2 autres fois, après des injections vaginales, il y eut des symptômes marqués aux gencives et de la salivation ; des accidents semblables lui arrivèrent en clientèle ; aussi se sert-il d'acide phénique.

Le Dr Peabody (6) analyse les faits publiés en Europe et les fait suivre de 7 observations personnelles qui ont trait à la chirurgie.

A la maternité de Turin, Lessona (7) emploie le sublimé depuis 1882. Il a vu trois fois de la roséole mercurielle et une fois des acci dents qu'il rapporte au sublimé. Il recommande les solutions à 1/2000 et 1/4000.

Dans le rapport du service du professeur Gusserow, à la Charité, le Dr Hümmerlich (8) discute la valeur des injections utérines et penche pour l'emploi de l'acide phénique. Le sublimé n'a pourtant pas été méchant pour lui ; il lui reproche d'avoir causé, pendant 24 heures, une diarrhée intense chez une femme atteinte d'endométrite

(1) CHERON. *Rev. méd.-chirur. des mal. des femmes,* janv. 1885.
(2) RICKLIN. *Gaz. méd. de Paris,* 11 juill. 1885.
(3) HOFMEIER. *Ann. de gynéc.,* 1885, p. 222, et *Americ. Journ. of obs.,* 1885.
(4) PARTRIDGE. *Americ. Jour. of obstetric.,* 1885, p. 405.
(5) RICHARDSON. *Boston med. and surg. Journal,* 1885, p. 413.
(6) PEABODY. *New-York med. Rev.,* mars 1885.
(7) LESSONA. *Ann. di ostetric.,* nov. 1884.
(8) HUMMERLICH. *Charité-Annalen,* 1885.

grave et à laquelle on avait fait, dans l'espace de 14 heures, deux injections de sublimé à 1/2000 ; mais chaque injection avait duré de 15 à 30 minutes !

A la clinique de Stockholm, Netzel (1) a introduit le sublimé le 1er juillet 1884. Depuis cette époque, il s'en sert exclusivement à 1/1000 pour l'usage externe à 1/3000 ou 1/5000 en injection vaginale ou utérine. Sur 400 accouchées, il n'a pas eu de septicémie et la morbidité a été faible ; mais une femme a eu de la diarrhée, une seconde est morte empoisonnée. Il conseille de ne pas confier le sublimé aux sages-femmes, et d'employer les solutions faibles.

Thorn (2) pense que les avantages du sublimé ne peuvent être mis en balance avec ses dangers surtout en obstétrique. A la clinique de Halle-a-S. on s'est servi exclusivement du sublimé du 28 octobre 1883 au 28 octobre 1884 et à la polyclinique du 19 octobre 1883 au 1er novembre 1884. Thorn prétend qu'il obtient d'aussi beaux résultats avec l'acide phénique. Dans 292 cas il a fait des injections de sublimé à 1 ou 0,5/1000. 125 fois les injections furent vaginales, 67 fois intra-utérines. Il vit 3 intoxications, dont une mortelle. Il rapporte le cas du Dr Schwarz.

Taenzer (3) n'approuve pas les théories de Winter et de Thorn qui proscrivent le sublimé. Selon lui, sa puissance de désinfection est hors de doute, et les phénomènes d'intoxication doivent être évités par l'emploi de solutions plus faibles et avec des précautions plus sévères.

Keller (4), dans un article intitulé « Contribution à la question du sublimé », rappelle qu'à la clinique obstétricale de Berne on se sert du sublimé depuis le 10 janvier 1884. Pour la toilette des organes génitaux comme pour les injections vaginales, on prend la solution à 1/2000. Dans les cas d'accouchement laborieux, de fœtus macéré, de fièvre, de lochies fétides, il a recours à la solution à 1/1000 pour le vagin et l'utérus. Du 10 janvier 1884 au 10 janvier 1885, sur 373 entrées, il y eût 321 accouchements. Il fut fait 53 injections intra-utérines. Les suites de couches furent meilleures que jamais. Deux femmes eurent de la stomatite mercurielle avec salivation, une troisième

(1) Netzel. In *Nordiskt medicinskt Archiv.*, B. XVII, 1885, n° 11.
(2) Thorn. *Sammlung klin. Vortrage*, 1885, n° 250.
(3) Taenzer. *Central bl. f. Gyn.*, 1885, n° 18, p. 273.
(4) Keller. *Arch f. Gynach.* t. XXVI, p. 107.

de la gingivite. Keller n'a pas observé de diarrhée sanguinolente, mais 18 fois, il vit des évacuations abondantes, liquides et de mauvaise odeur. Deux cas de collapsus légers ne peuvent, suivant l'auteur, être attribués avec certitude à l'intoxication mercurielle.

Von Herff (1), après avoir fait la critique des cas d'empoisonnement connus, recherche l'étiologie de l'intoxication, il pense que la rétention du liquide dans l'utérus et surtout dans le vagin est bien plus dangereuse que le titre élevé de la solution, il en déduit quelques principes prophylactiques. Ce mémoire très important m'a inspiré plus d'une fois.

Fritsch (2), en même temps que les bons résultats obtenus par le sublimé, reconnaît les dangers qu'il fait courir, il conseille d'en user avec prudence et de soulever et de comprimer l'utérus après l'injection.

C. Fürst (3) indique aussi les moyens d'éviter l'intoxication ; il insiste sur les contre-indications du sublimé, il recommande, d'après Fritsch, la compression de l'utérus, et croit avec Sänger qu'il est bon de faire suivre le lavage d'une injection antiseptique non dangereuse.

Enfin, en 1885, Fränkel (4), fait une étude anatomique de l'entérite causée par le sublimé.

En avril 1886, paraît l'important mémoire de M. Butte (5), le premier qui ait été publié en France sur les accidents causés par « le sublimé comme antiseptique ». M. Butte, après avoir décrit les symptômes et lésions anatomo-pathologiques des intoxications mercurielles survenues en obstétrique et en chirurgie, proteste qu'il a « voulu seulement mettre les médecins en garde contre les dangers du sublimé et non en déconseiller l'emploi. »

Peu après, M. Brun (6) soutenait sa remarquable thèse sur « les accidents imputables à l'emploi chirurgical des antiseptiques » après M. Butte, il reprend les observations et les travaux parus sur le

(1) Von Herff. *Arch. f. Gyn.*, t. XXV, 1885, p. 387.
(2) Fritsch. *Traité de la fièvre puerpérale.* Trad. de Lauwers, 1885.
(3) C. Furst. *Wiener. med. Blatter*, 1885, n° 21-24.
(4) Frankel. *Arch. f. path. Anat.*, XCIX, p. 276.
(5) Butte. *Nouv. arch. d'obst. et de gyn.*, 25 avril 1886.
(6) Brun. Th. d'Agre. Paris, 1886.

sublimé, discute les symptômes et conclut que dans la plupart des cas il s'agit bien d'intoxication mercurielle. Ce travail, ainsi que celui de M. Butte m'a fourni de précieux documents.

A Vienne, le professeur Braun (1) s'est servi heureusement du sublimé dans son service d'accouchement à 1/2000 d'abord, plus tard à 1/3000 et 1/5000. Sur 3101 accouchements qui eurent lieu du 16 octobre 1884 au 16 octobre 1885, il y eut 475 fois indication dè faire des injectious vaginales ou utérines. Une femme mourut intoxiquée. Alors, Braun rechercha le mercure dans les garde-robes des femmes, irriguées avec le sublimé, il le rencontra presque toujours, même quand il n'existait pas de symptômes d'hydrargyrisme.

Le Dr C. Braun (2) (de Fernvald) n'avait eu que deux fois de la stomatite mercurielle chez ses accouchées traitées par le bichlorure, quand au commencement de janvier 1886, il observa un cas de mort par cet agent. Il conseille alors de substituer le thymol au sublimé.

Bokelmann (3) considère la femme en couches comme n'ayant pas besoin de désinfection. L'accoucheur emploiera pour ses mains la solution de sublimé à 1/1000.

Ziegenspeck (4), après avoir étudié les causes qui altèrent les solutions de sublimé, déclare, qu'avec le professeur Schultze, il en demeure toujours partisan, et cela malgré le cas mortel qu'il rapporte, parce que le sublimé est le plus puissant antiseptique.

A la clinique de Breisky, à Prague, on se sert du sublimé depuis le commencement de 1885, à 1/2000 pour le vagin, à 1/4000 en injection utérine. 1620 accouchements avaient eu lieu dans ces conditions, sans le moindre accident, quand survînt le cas fatal publié par Fleischmann (5). Emu par ce malheur, Fleischmann n'emploiera plus le sublimé pour le vagin et l'utérus ni pendant ni après l'accouchement ; il revient à l'acide phénique.

Le professeur Breisky (6) lui-même, prenant possession de la chaire d'accouchement, à Vienne (23 novembre 1886), déclare qu'il ne se

(1) G. BRAUN. *Wiener. med. Wochensc.*, n°s 21-24.
(2) C. BRAUN (de Fernvald). *Wien. med. Woch.*, 1886, n° 35.
(3) BOKELMANN. *Berlin... klin. Woch.*, 1886, n° 41.
(4) ZIEGENSPECK. *Central. f. Gyn.*, 1886, n° 34, p. 546.
(5) FLEISCHMANN. *Cent. f. Gyn.*, 1886, n° 47.
(6) BREISKY. *Semaine médicale*, 1886, p. 436.

servira du sublimé que pour les mains et la toilette des organes génitaux externes.

Mynlieff (1) rapporte deux cas d'hématurie chez des femmes en couches, et les attribue au sublimé, il demeure cependant partisan de solutions faibles dont il se trouve bien.

Bidder (2), de St-Pétersbourg, qui se sert du sublimé, publie une statistique de 2,856 accouchements sans intoxication.

Jasper Anderson (3), dans une revue sur le sublimé en obstétrique, donne des conseils pour prévenir les accidents.

Le 1er octobre 1886, le Dr Dakin (4) expose à la Société obstétricale de Londres, le résultat de sa pratique et de celle de ses collègues J. Williams et Champeneys au General Lying-in Hospital. Depuis mai 1884, on donne avant et après la délivrance des injections vaginales de deux litres de solution de sublimé à 1/2000 ; puis, quotidiennement, deux fois par jour à partir du second jour des couches, on fait usage d'une solution à 1/4000. Malgré les précautions, il y eut 14 intoxications mercurielles, 13 cas léger et 1 mortel.

A Edimbourg, le Dr Croom (5) reconnaît que le sublimé est à la fois puissant et dangereux ; il le préfère à l'acide phénique même en injection utérine.

Le Dr G. Shrady (6), de New-York expose les divergences d'opinions qui existent parmi les médecins et les chirurgiens à propos du sublimé et résume la symptomatologie des accidents connus. Son confrère, le Dr Clark (7), publie un cas terminé favorablement. Dans une discussion à la Société obstétricale de Cincinnati (8), les Drs Wike, Mitchell C. S. et Mitchell E. W. et Palmer, se prononcent en faveur des injections vaginales de sublimé dans le post puerperum et les Drs Zinke et Wirght contre.

En décembre 1886, parurent des recherches expérimentales de MM. Doleris et Butte (9) sur l'intoxication par le sublimé. D'après ces

(1) MYNLIEFF. *Der Frauenarzt*, 1884, t. II, p. 636.
(2) BIDDER. In MYNLIÉFF. *Loc. cit.*
(3) JASPER ANDERSON. *Th. med. chronic.*, fév. 1886.
(4) DAKIN. *Transac. obst.*, 1886. London, 1887.
(5) CROOM. *Transac. obst. Soc.* Edinburgh, 1886-87.
(6) SHRADY. *Med. Record. N. Y*, 2 juillet 1886.
(7) CLARK. *Med. Record New-York*, 25 septembre 1886.
(8) *Americ. Journ. of obst.*, novembre 1887.
(9) DOLÉRIS et BUTTE. *Nouv. arch. d'obst. et gyn.*, décembre 1886.

auteurs, le lavage des muqueûses saines est incapable de produire des accidents graves, celui des plaies, au contraire, amène de la diarrhée sanguinolente, du ténesme, des vomissements, de l'albumi-nnrie et la mort. Les lésions portent sur les reins et l'intestin, elles sont identiques à celles décrites par Prévost, Charrin et Roger dans l'intoxication par le sublimé.

En 1887, tandis que Vincent (1) (de Lyon) conseille les injections intra-utérines sublimées chaudes, dans les retards et les accidents de la délivrance, Vinay (2) (de Lyon) trouve que les chirurgiens et les accoucheurs « se sont livrés à des débauches d'antisepsie » qui ont amené des accidents chez les parturientes, comme Sécheyron (3) (de Paris), il conclut qu'il faut chercher bien plus l'asepsie qu'à faire de l'antisepsie.

Albertini (4), dans sa thèse, dit qu'il n'a jamais vu d'accidents avec les injections de sublimé à 1/2000 ; il les fait suivre d'une injection phéniquée pour éviter la stagnation du liquide.

Au mois de juin 1887, M. Pinard (5) donne la statistique de son service à l'hôpital Lariboisière depuis 1883 jusqu'en 1887. La statistique brute donne une mortalité de 0.70 0/0. Ces heureux résultats sont dus à l'antisepsie par les sels de mercure (bichlorure et biodure). Il ne signale pas d'intoxication

L'année précédente (octobre 1886), la Maternité avait eu à déplorer la mort d'une femme intoxiquée après 1 injection utérine et 8 injections vaginales. M. Berthod (6) a publié l'observation dans la *Gazette médicale* du 7 mai 1887.

Le Dr Lagrange (7) publie les observations de trois malades qui chaque fois qu'on faisait des injections intra-utérines sublimées éprouvaient des accidents fébriles. Rien ne prouve qu'on doive incriminer la nature du liquide.

Le doute n'est pas possible sur les observations de M. Mangin (8),

(1) VINCENT. *Lyon méd.*, t. V, 1888, n° 492.
(2) VINAY. *Lyon méd.*, juillet 1887.
(3) SÉCHEYRON. *Gaz. des hôp.*, 2C novembre 1887.
(4) ALBERTINI. Th. de Lyon, 1887.
(5) PINARD. *Ann. de gyn.*, juin 1887.
(6) BERTHOD. *Gaz. méd.*, 7 mai 1887.
(7) LAGRANGE. *Paris médical*, 20 août 1887, p. 271.
(8) MANGIN. *Nouv. arch. d'obs. et gyn.*, décembre 1887 et suivants.

dans son étude sur les accidents des injections utérines, les phénomènes observés sont classiques.

Dans sa thèse sur « l'antisepsie à la Maternité de l'hôpital Saint-Louis », le Dr Charles (1) met en relief les résultats obtenus par le sublimé et constate que sur 500 accouchées à qui il a vu donner des injections intra-utérines au sublimé, elles n'ont jamais causé d'accidents.

Mais une autre thèse parût, d'une hardiesse étonnante ! M. le Dr Bordes (2) ne croit pas que le sublimé ait jamais causé la mort chez les femmes en couches. Les observateurs se sont trompés, les symptômes qu'ils décrivent sont ceux de la septicémie.

M. Budin (3), à la Charité, eût, en comprenant les cas d'infection venus du dehors, la statistique suivante. Sur 1349 accouchements qui eurent lieu de 1883 à 1886 inclus, dans son service, à *l'hôpital*, il y eut 21 décès, dont 9 par septicémie. Plusieurs femmes étaient venues du dehors avec des infections graves. Pendant la même période, chez les sages-femmes qui dépendent du service de M. Budin, il y eut 767 accouchements et 4 décès par septicémie. Aucune intoxication n'a été observée.

Le professeur Leopold (4) publie dans le *Centralblatt* les résultats qu'il a obtenus à la Maternité de Dresde. En décembre 1886, il les avait fait connaître à la Société obstétricale de cette ville. Depuis qu'il se sert du sublimé (1884), il y eut 7 décès par infection seulement sur 3196 accouchements.

En Allemagne, Von Herff (5) et Ziegenspeck engagent une polémique à propos de l'étiologie de l'intoxication par le sublimé, le premier pense que l'absorption se fait par le vagin le second soutient qu'elle a lieu dans la cavité utérine.

Le Dr Litthauer (6), médecin inspecteur, conseille aux sages-femmes l'emploi de l'acide phénique à l'exclusion du sublimé.

A sa clinique de Giessen, Hofmeier (7), eut encore une intoxica-

(1) CHARLES. Th. de Paris, 1887.
(2) BORDES. Th. de Paris, 1887.
(3) BUDIN. *Progrès médical*, 1887, p. 497.
(4) LEOPOLD. *Centralb. f. Gyn.*, n° 8, 1887.
(5) VON HERFF et ZIEGENSPECK. *Centralb. f. Gyn.*, 1887, n°s 16, 36, 37.
(6) LITTHAUER. *Deut. med. Wochen*, 1887, n° 21.
(7) HOFMEIER. *Berliner klin. Wochen*, 1887, n° 16.

tion par le sublimé. J'ignore dans quelles conditions et quelles furent les suites, n'ayant pu me procurer le journal où l'observation est publiée ; je pense qu'il s'agit du cas publié par Steffeck.

Dans son rapport sur la clinique d'accouchement de la Charité de Berlin, pour 1885, le D' Groeningen (1) rappelle qu'on emploie 8 litres de solution de sublimé à 1/4000 rarement à 1/2000 pour une injection utérine et la lavage du vagin et de la vulve. Il donne rarement deux injections par jour, jamais plus. Avec cette méthode il a observé 9 cas d'intoxication légère.

Von Szabo (2) a publié, le 4 juin 1884, le résultat de 572 accouchements à la Clinique de Buda-Pesth. Depuis, on emploie le sublimé de la même façon, mais à 1/4000 et dans le cas d'inertie utérine à 1/8000. Sur 2629 accouchements, il a été fait 167 injections vaginales après la délivrance sans intoxication et 156 injections intra-utérines à la suite desquelles il y eut 19 cas légers d'empoisonnement mercuriel, plus trois cas douteux.

A St-Pétersbourg, C.-J. Chazan (3) demande la propreté de l'accoucheur et de la parturiente. Le sublimé et l'acide phénique qu'il tient pour dangereux, ne valent pas un savonnage minutieux.

C'est en 1887 que Laplace (4), de la Nouvelle-Orléans, préconisa dans un article sur le sublimé la solution aqueuse au 1/1000 avec l'adjontion de 5 gr. d'acide tartrique.

En Amérique, Davis et Benton (5) insistent sur les dangers du sublimé tant en chirurgie qu'en obstétrique.

Le D' Hoag (6), à propos du traitement de la fièvre puerpérale, rappelle l'excellence du sublimé, il montre également les dangers auxquels donne lieu son absorption par les plaies génitales. Il conseille son emploi modéré en solution à 1/2000 lorsque la température est élevée, où que des accidents puerpéraux sont menaçants.

En avril 1888, le D' Gehé (7), de Toulouse, et le D' Turgard (7), de Lille, publient l'un et l'autre un cas d'intoxication terminés

(1) GROENINGEN. *Charité-Annalen*, 12ᵉ année, 1887, p. 710.
(2) VON SZABO. *Achiv. f. Gynack.*, B. XXX, 1887, p. 143.
(3) CHAZAN. *Jour. d'obst. de St-Pétersbourg*, 1887, p. 411.
(4) LAPLACE. *Dcut. med. Wochen.*, 1887, n° 40.
(5) DAVIS. *N-Y. med. Jour.*, janv. 1887.
(6) HOAG. Puerperal fever and its Treatment. *Amer. Journ. of obstet.*, août 1887.
(7) GEHÉ et TURGARD. *Nouv. arch. d'obst.*, avril 1888.

favorablement. Ces deux observations sont entachées de symptômes infectieux, nous ne les rapporterons pas.

A la même époque, M. Porak (1) communique à la Société obstétricale de Paris un cas d'intoxication mortelle chez une femme dont on avait dû provoquer l'avortement.

Le Dr Quantin (2) observa de la gingivite, des vomissements et de la diarrhée chez une femme enceinte de 4 mois, ayant une ulcération du col pour laquelle il avait été fait 5 injections vaginales à 1/1000.

Dans un mémoire important le Dr E. Blanc (3) fait l'historique du sublimé, il dit : « Qu'il est inconstestable que son emploi en injections intra-utérine ou même vaginale puisse donner lieu à des accidents ». Il passe en revue les faits publiés, rapporte les phénomènes légers qu'il a vus et conclut qu'il ne faut pas abandonner le sublimé, mais l'appliquer d'une façon méthodique et raisonnée.

Le Dr Abelin (4), dans les *Archives de toxicologie* (1888) fait aussi une revue et une étude des accidents par le sublimé.

Dans le traité d'antisepsie, M. Lepage (5) qui a vu des cas d'intoxication mercurielle légère, conseille timidement le sublimé en obstétrique.

Le 4 janvier 1888, le professeur Virchow (6) apporte à la Société médicale de Berlin, trois cas nouveaux d'intoxications par le sublimé, deux étaient survenus chez des femmes en couches.

Le Dr Sommer (7) qui fit le rapport sur la maternité de l'hôpital de la Charité de Berlin, expose la méthode suivie et que nous connaissons déjà (p. 26) puis donne la statistique générale. Sur 5,027 accouchées traitées depuis mai 1884 à la fin de décembre 1887 il y eut 19 empoisonnements dont un mortel.

Steffeck (8) eut une femme qui mourut intoxiquée après avoir reçu en 6 jours, en injections utérines et vaginales six litres de solution à 1/3000

(1) PORAK. *Bull. de la Société d'obstétrique*, 1888. Paris, 1889.

(2) QUANTIN. *Nouv. arch. d'obst. et de gynéc.*, sept. 1888.

(3) EMILE BLANC. *Lyon médical*, 1888.

(4) ABELIN. *Arch. de tocologie*, 1888.

(5) LEGENDRE, BARETTE et LEPAGE. *Traité d'antisepsie*, 1888.

(6) VIRCHOW. *Berlin. klin Wochen.*, 1888, p. 72.

(7) SOMMER. *Charité-Annalen*, 1888.

(8) STEFFECK. *Central. f. Gynach.*, 1888, n° 5.

(2 gr. de sublimé). Steffeck se servira encore du sublimé mais pas en injection utérine.

· Le professeur C. Schrœder (1) dans son traité d'accouchement préconise les injections phéniquées de préférence à tout autre antiseptique. Le sublimé même à 1/4000 et 1/5000 dans le vagin comme dans l'utérus, peut selon lui « produire des accidents d'autant plus redoutables qu'ils apparaissent quelquefois plusieurs jours après l'irrigation. »

Le Dʳ Kauffmann (2), dans sa thèse inaugurale a étudié l'action du sublimé sur des chiens. Il a trouvé des thromboses capillaires dans le poumon, les intestins et les reins. Dans ces derniers organes, il a constaté des concrétions calcaires.

En 1888, devant la Société obstétricale de Londres, le Dʳ Boxall (3) pour faire suite à la communication du Dʳ Dakin (décembre 1886) rapporte que, du 1ᵉʳ juillet au 31 décembre 1886, sur 200 accouchements au Liyng-in hospital de Londres, il a vu 11 cas de mercurialisme. Il recherche ensuite les causes de l'intoxication et met en relief les symptômes qu'il a observés. Après Boxall, le Dʳ Hermann expose la statistique des 5 premiers mois de 1886 au même hôpital. Sur 182 femmes traitées par le sublimé il a eu également onze intoxications légères.

Le Dʳ Sommer (4), assistant dans le service d'accouchements de l'hôpital de la Charité (Berlin), craint que les communications faites à la Société obstétricale en attirant l'attention sur le sublimé, ne fassent abandonner un agent qui donne de si beaux résultats ; cependant si l'on sait approprier le sublimé aux différents cas, son emploi est exempt de dangers sérieux. Il rappelle les statistiques antérieures de 1884 à 1887, que j'ai déjà mentionnées et termine en donnant 7 observations d'empoisonnement mercuriel très bénin.

En 1889, M. H. Legrand publie dans les *Annales de gynécologie* un cas de mort par le sublimé survenu en décembre 1888 dans le service de la Charité.

En Allemagne (6) paraissent de nouvelles théories tendant à consi-

(1) SCHRŒDER. *Lehrbuch des Geburtshulfe*, 1888.
(2) KAUFFMANN. Th. de Breslau.
(3) BOXALL. *Transac. of Obst.*, 1888. London, 1889.
(4) SOMMER. *Annales de la Charité* (Berlin), 1888.
(5) LEGRAND. *Ann. de gynée*, 1889, v. XXXI, p. 410.
(6) CONGRÈS DE FRIBOURG-EN-BRISGAU, 12 et 14 juin 1889.

dérer le vagin des femmes en couches comme aseptique ; les injections vaginales deviennent donc inutiles sinon dangereuses. La plupart des accoucheurs repoussent ces théories, mais émus par les accidents dus au sublimé et encore plus à l'acide phénique se servent pour les mains et le vagin pendant l'accouchement de solutions de sublimé, mais après la délivrance ils ne font plus d'injections si les suites de couches sont normales.

A la Société américaine de Gynécologie (Boston, sept. 1889), le Dr Garrigues (New-York) (1), discutant le traitement de la fièvre puerpérale, dit que pour les injections il préfère les solutions de créoline à celles de sublimé car « il a pu réunir 22 cas de mort par « empoisonnement mercuriel dans la pratique obstétricale ; dans « quelques-uns de ces cas l'issue fatale était due aux fautes commi- « ses dans l'usage du bichlorure de mercure ; d'autres faits sont « au-dessus de toute critique ». Le Dr Haynes partage l'opinion de Garrigues.

Jusqu'à présent je n'ai point parlé des applications du sublimé en Belgique ; c'est qu'en ce pays un nom revient sans cesse dans la question du sublimé ; celui du professeur Charles (2), de Liège, il était préférable de ne pas diviser l'intérêt.

Déjà, en 1885, à l'Académie de médecine de Bruxelles, le sublimé avait rencontré des partisans convaincus (Kuborn) et des adversaires (Crocq-Lefebvre). Ardent propagateur de l'antisepsie en obstétrique, M. Charles s'est fait, en Belgique le champion du sublimé, et plus d'une fois ses convictions profondes lui valurent des attaques assez vives.

En 4 années, de 1886 à 1891 on trouvera des articles sur le sublimé dans plus de trente numéros du *Journal d'accouchements* (3).

Ici le Dr Charles vante le sublimé, en fait l'historique, montre la manière de l'employer pour éviter les dangers, publie des statistiques vraiment remarquables, et « les accidents hydrargyriques, il peut l'af- « firmer sont nuls ou insignifiants ; dans quelques cas il s'est mani- « festé un peu de rougeur des gencives ; le sublimé était alors rem-

(1) GARRIGUES. *Americ. Jour. of obstetric*, 1889, p. 1048.

(2) Je tiens à remercier M. le professeur Charles, qui a bien voulu m'adresser des documents intéressants et 32 n^{os} de son journal d'accouchement.

(3) *Journal d'accouchements*. Année 1886, n°s 12, 18, 20 et 21. Année 1887, n°s 1, 12, 22, 23. Année 1888, n° 1 à 10. Année 1889, n°s 7 à 10 et 14 à 19. Année 1890, n°s 2 à 7 et n° 13.

« placé par l'acide phénique et bientôt tout phénomène morbide avait
« disparu ». Là sont publiées les instructions aux sages-femmes, et
en particulier celles qui autorisent les sages-femmes de la province
de Liège à se servir du sublimé.

Ailleurs, le professeur Charles cite les accidents survenus à l'étranger, les discute, indique les moyens prophylactiques, soutient une
polémique contre MM. Lermuseau, Herpain, Belval, Doléris.

C'est encore dans le Journal d'accouchements que paraît la statistique du D^r de St-Moulin qui attribue ses succès au sublimé.

La méthode suivie à la Maternité de Liège, très voisine de celle
instituée par M. le professeur Tarnier à la Maternité de Paris, est
exposée par le Dr Charles dans son cours d'accouchements (1). Il y
donne en même temps ses résultats. En 1883 et jusqu'au 5 mai 1884,
il y eut à la maternité de Liège 11 décès par septicémie sur 751 accouchées. « A partir du 15 mai 1884 nous avons, dit-il, employé le sublimé
« d'une façon régulière et minutieuse. De cette date au 1er septem-
« bre 1887 sur un total de 1262 femmes qui sont venues faire leurs
« couches dans notre service *aucune* n'est morte de septicémie ».

Le 17 décembre 1890, le professeur Charles m'écrivait : « Mon
« modus faciendi est resté le même. Une ou 2 injections intra-uté-
« rines après tous les accouchements ; injections vaginales dans les
« suites de couches. Dans les cas spéciaux, injections intra-utérines
« plus ou moins nombreuses et prolongées (dans les cas d'enfants
« macérés, rétention de débris divers, lochies odorantes, température,
« élevée, etc., etc.).

« J'ai diminué toutes les doses de moitié depuis l'adjonction de
« l'acide tartrique au sublimé, excepté pour la désinfection des
« mains (1/1000); mais les injections vaginales sont faites à 1/4me et les
« intra-utérines à 1/8me pour 1000. Toujours on se sert d'eau récem-
« ment bouillie et à la T. de 40° à 45°.

« Dans les cas d'albuminurie, néphrite, ou quand on doit faire des
« irigations abondantes, quand il y a de la diarrhée, des gencives un
« peu rouges, je diminue encore la dose de sublimé (1/8 pour le
« vagin et 1/16 pour 1000 pour l'utérus); parfois même je n'emploie
« que l'eau bouillie, par prudence et si la septicémie ne paraît pas à

_____

(1) N. CHARLES. *Cours d'accouchements*, t. II. Paris et Liège, 1887.

« craindre. Quant aux accidents, ils sont NULS. JAMAIS je n'ai eu un
« accident sérieux. A peine un peu de gingivite insignifiante. (Au
« début, dans les premiers mois de 1884 j'ai eu quelques gingivites
« assez intenses, mais aujourd'hui, il n'y a jamais rien. »

Le Dr Hensoldt (1), 1890, « se basant sur les indications données
par Sommer (Charité-Annalen 1888) », avait conservé les injections
utérines au sublimé à la Maternité de Berlin. Il y eut toute une série
heureuse, quand en juillet 1888, survinrent deux cas d'intoxication,
l'un après une seule injection utérine à 1/4000 fut mortel, dans le
second, terminé par la guérison, on avait fait trois injections vaginales
à 1/4000. A la suite de ces faits, on a renoncé au sublimé pour
reprendre l'acide phénique.

Le Dr Herzfeld (2), assistant, après avoir publié la statistique de la
clinique du professeur Braun, dit qu'on se sert de sublimé à 1/1000
pour les mains, et de l'acide phénique pour les parties génitales et
les injections.

Le Dr Mermann (3) (de Mannhein), publie une série de 200 accouchements sans désinfection interne, en mai 1891, il fait paraître une
seconde série dans les mêmes conditions.

Axmann (4), considère le sublimé et l'acide phénique comme des
poisons très dangereux entre les mains inexpérimentées des sages-
femmes ; il exige seulement l'antisepsie de son personnel et obtient à
Dresde des résultats excellents.

Hégar (5) est dans les mêmes principes, il se préoccupe surtout
d'écarter des organes génitaux les poisons du dehors. De la statistique du duché de Bade, il conclut que l'emploi des antiseptiques n'a
pas donné entre les mains des sages-femmes les résultats espérés. Il
demande une propreté plus rigoureuse de la part des sages-femmes,
et la suppression des lavages et des touchers vaginaux.

A la Société obstétricale de Hambourg (6),15 décembre 1889,Lomer
rejette le sublimé à cause des cas de mort qu'il a produits ; Raether,
ne l'emploie qu'à 1/6000 et jamais après l'accouchement.

(1) HENSOLDT. *Charité-Annalen*. Berlin 1890.
(2) HERZFELD. *Arch. de tocol.*, janv. 1890.
(3) MERMANN. *Centralb. f. Gynack.*, 1890, n° 18, et mai 1891.
(4) AXMANN. *Centralb.f. Gynack.*, 1890, n° 37, p. 665.
(5) HÉGAR. *Sammlung. klin. Vortrage*, n° 351, 1890.
(6) *Centralb. f. Gynack.*, 1890, n° 35.

Au Congrès de Berlin, 1890, le Dr Galabin (de Londres), proclame que la mortalité est descendue dans les cliniques anglaises, de 10 à 2 pour 1000. Ces résultats brillants sont surtout dus au sublimé, qui, à 1/4000 s'est montré supérieur aux autres antiseptiques.

Le Dr Fritsch (Breslau) (1), rapporteur, constate, lui aussi, les progrès en obstétrique. Après une période d'essais d'antisepsie, d'expériences plus ou moins prudentes, après une période d'extension, où l'admiration va jusqu'à l'enthousiasme et l'engouement, les accoucheurs sont arrivés à la modération actuelle. On usera d'une façon raisonnée de l'antisepsie. Chez les accouchées bien portantes tout traitement local sera rejeté ; s'il y a une fièvre intense, on fera des injections intra-utérines. Voilà pour les principes, quant à la méthode elle lui paraît avoir une faible influence sur la morbidité : acide phénique, sublimé, eau pure ont donné de bons résultats. Fritsch pense être l'interprète des opinions actuelles de la plupart des médecins allemands.

En Italie, le Dr Concato publia dans les *Annali di ostetricia* un cas « d'hydrargyrose mortelle » j'ignore, n'ayant pu me procurer le journal, s'il s'agit d'une femme en couches.

En France, le Dr Brunon (2), expose sa pratique, semblable à celle de M. Maygrier dont il est l'élève ; le sublimé à 1/1000 et 1/2000 lui donne des succès et pas d'accidents.

M. Auvard (3), dans une bonne étude sur les précautions à prendre chez les femmes en couches, ne voit que deux contre-indications à l'emploi du sublimé : 1° l'altération des reins ; 2° les plaies étendues des organes génitaux. Quand l'antisepsie a été faite pendant la grossesse et l'accouchement les injections vaginales lui paraissent inutiles dans les suites de couches normales.

Dans sa thèse sur les ruptures de l'utérus, M. le Dr Brossard (4) recommande, lorsque la matrice est déchirée, de ne pas faire d'injection utérine de sublimé, mais seulement des injections vaginales avec la plus grande précaution.

M. P. Grossier (5), dans sa statistique de « la Maternité de l'hôpital

(1) FRITSCH. *Nouv archiv. d'obst. et de gyn.*, nov. 1890.
(2) BRUNON: *Normandie méd.*, 1er fév. 1890.
(3) AUVARD. *Arch. de tocol.*, mai 1890 et suivants.
(4) BROSSARD. *Th. de Paris*, 1890.
(5) P. GROSSIER. *Th. de Paris*, 1890.

Saint-Louis » mentionne trois cas d'intoxication mortelle, dont un par le bi-odure et deux par le bichlorure de mercure.

Dans une étude très originale, M. le Dr Galippe (1) fait rentrer la stomatite mercurielle dans les stomatites septiques. Selon M. Galippe, l'on devrait absoudre les préparations mercurielles des méfaits dont on les accuse pour les rejetter sur l'infection.

Dans son *Traité de gynécologie*, M. le Dr S. Pozzi (2) convient qu'on a usé du sublimé avec trop peu de ménagements ; il est plus dangereux chez les femmes en couches qu'en gynécologie. Il pense qu'une injection de sublimé à 1/2000 suivie d'une autre irrigation est exempte d'inconvénients, et recommande de se servir pour la solution d'eau filtrée et bouillie, additionnée de 6/1000 de sel marin. Pour M. Pozzi « cette adjonction modifie heureusement le pouvoir endos-« motique et irritant de la solution en rapprochant sa composition de « celle du sérum du sang ».

Mais, en 1890, un fait domine tous les autres sur le sujet qui nous occupe, c'est la discussion qui suivit, à l'Académie de médecine de Paris, le rapport de M. Budin (3) sur la question de savoir *s'il convient d'autoriser les sages-femmes à prescrire les antiseptiques.* M. Budin, après avoir montré les conséquences funestes de la négligence et de la malpropreté des sages-femmes, rappelle les prescriptions qui leur sont imposées dans les différents pays, et il demande à ce qu'en France les sages-femmes soient armées d'un antiseptique : LE SUBLIMÉ, qu'elles emploieront au 1/4000.

La commission, dont M. Budin était rapporteur, se composait avec lui de MM. Bourgoin, Brouardel, Guéniot, Nocard et Tarnier.

En outre, des divergences d'opinions sur les questions secondaires, comme la formule à adopter, la couleur et la forme à donner à la préparation, l'accord n'était unanime, ni dans l'Académie, ni au sein de la commission, sur le principe même. MM. Guéniot et Charpentier (4) se sont plus particulièrement fait les interprètes des craintes inspirées par l'abandon du sublimé aux mains des sages-femmes.

M. Guéniot porta, ce me semble, la question sur son véritable ter-

---

(1) GALIPPE. *Journ. des connaissances méd.*, n°s 24 et suivants, juin 1890.
(2) POZZI. *Traité de gynécologie*, 1890.
(3) BUDIN. *Bull. de l'Acad. de médecine*, séance du 4 février 1890.
(4) *Bull. de l'Acad. de médecine de Paris*, séance du 11 février 1890.

rain : « Il s'agit, dit-il, non pas seulement de conseiller l'emploi des
« pratiques antiseptiques simples aux sages-femmes, ou de leur
« conseiller l'emploi d'un antiseptique spécial, mais bien de les
« contraindre à se servir de cet antiseptique. En employant toujours
« et partout le sublimé » les sages-femmes pourront avoir des
accidents parce que la plupart d'entre elles ne connaissent pas les
contre-indications.

M. Charpentier demande pour les sages-femmes des connaissances
plus solides et réclame pour elles « la liberté pleine et entière du
choix de l'antiseptique à employer, c'est-à-dire la libre pratique de
l'antisepsie » mais aussi « avec toutes les responsabilités qui en découlent ».

Cependant le sublimé triompha, grâce à son défenseur aussi ardent
que convaincu, et les conclusions de M. Budin furent votées.

En dehors de l'Académie, on s'émut des conséquences que pou-
vaient avoir l'abandon du sublimé aux sages-femmes. A la Société
de thérapeutique (1) deux accidents graves rapportés par M. le D\ Créquy, chez des femmes soignées par le sublimé, provoquèrent une discussion sur ce sujet. La presse médicale se montra généralement
assez réservée ; le rapport de M. Budin et la discussion à l'Académie,
furent enregistrés sans commentaires ; il y eut cependant quelques
applaudissements, mais aussi de vives critiques.

Le D\ Goldschmidt (2), de Strasbourg, déconseille, pour les sages-
femmes, l'usage du sublimé, « toxique aussi violent que puissant
antiseptique » et lui préfère la créoline.

M. le D\ Pichevin (3) s'élève avec force contre l'autorisation donnée
aux sages-femmes. Pour celles surtout « qui ont vécu dans l'igno-
rance absolue des pratiques antiseptiques », le sublimé est un danger
permanent.

M. le professeur Tarnier (4), aussi soucieux d'éviter les accidents
toxiques que ceux de la septicémie, aurait voulu que le titre adopté
pour la solution de sublimé fût 1/5000, et que les sages-femmes pus-
sent disposer au moins d'un second antiseptique moins dangereux. Il a
tenu à le dire dans ses leçons cliniques. « Je regrette, ainsi s'exprime

(1) *Bull. de la Société thérapeutique*, mars 1890.
(2) GOLDSCHMIDT. *Méd. moderne*, 20 mars 1890.
(3) PICHEVIN. *Nouv. arch. d'obst. et de gyn.*, 25 mai 1890.
(4) TARNIER. *Semaine médicale*, 24 septembre 1890, p. 353.

« M. Tarnier, que les sages-femmes ne soient pas autorisées à
« prescrire deux antiseptiques *au moins*. C'est l'opinion que j'ai
« soutenue à plusieurs reprises devant la commission de l'Académie,
« mais mes efforts ont été inutiles et mon avis n'a pas été partagé
« par mes collègues. Je le regrette d'autant plus que bon nombre
« de médecins ont pensé bien à tort que c'était à mon instiga-
« tion que le bichlorure avait été le seul antiseptique octroyé aux
« sages-femmes. Je tiens donc à rétablir la vérité afin de dégager ma
« responsabilité. »

En 1891, il ne paraît pas de travaux importants sur le sublimé.

En France, le Dr Getten (1), dans sa thèse sur les *Injections intra-
utérines* consacre quelques lignes à l'intoxication par le bichlorure,
et cherche à en esquisser la symptomatologie.

Au Congrès de *Bonn* (2) (du 21 au 23 mai 1891) la plupart des
accoucheurs, qui ne veulent plus de désinfection du vagin dans les cas
normaux apportent leurs statistiques.

M. le Dr Joachim Bartoschevitsch, médecin assistant à la clinique
obstétricale à Varsovie, a bien voulu me retracer l'emploi fait du sublimé dans le service du professeur Iastreboff.

On se sert du sublimé à la clinique de Varsovie depuis 1885, en
irrigation vaginale avant l'accouchement à 1/3000. Après la délivrance
il n'est pas fait d'injection utérine s'il n'y a rien d'anormal, et pas d'intervention opératoire. Quand il faut faire une injection utérine (1/1000)
elle est suivie d'une injection phéniquée. Malgré cette précaution, il
survint des accidents légers ; diarrhée, gingivite, érythèmes. *La proportion des intoxications ne s'élève pas à 1 0/0.* Dans les suites
de couches, à moins d'indications contraires, on fait des injections
vaginales seulement le quatrième ou le cinquième jour, quand les
lochies ont cessé d'être *rouges*. Il se fait à la clinique, 4 à 500 accouchements par an.

Comme je poursuivais, mes recherches sur la méthode antiseptique
suivie dans les différents services d'accouchements de Paris. M. J.
Lucas-Championnière publiait une revue sur ce sujet.

M. Lucas-Championnière (3), connaît tous les secrets de l'acide

(1) GETTEN. Th. de Paris, 1891.
(2) *Congrès de la Société allemande de gynécologie tenu à Bonn.*
(3) LUCAS-CHAMPIONNIÈRE. *Com. orale et Jour. de méd. et de chimie*, décembre
1890 et suivants.

phénique et en a obtenu de brillants succès, particulièrement.chez
les femmes en couches lorsqu'il était chargé de la maternité de Co-
chin. Il n'est pourtant pas hostile au sublimé dont il se sert parfois
en chirurgie, mais il le voit avec regret livré aux sages-femmes.
M. Championnière avait pour principe de faire des injections très peu
.abondantes, mais avec des solutions fortes, ainsi il n'eut pas d'accidents. De plus, il est le *premier* en France qui ait employé *systéma-
tiquement* l'injection d'ergotine avant de faire une injection utérine.
Cette pratique peut mettre un obstacle à l'absorption utérine, quelle
que soit la nature du liquide injecté. M. Championnière, recommande,
.afin d'éviter une contraction trop rapide et par suite douloureuse, de
faire à un court intervalle deux injections de 0,50 cent. d'ergotine, et
non une seule de 1 gr. L'action de l'ergotine est d'après lui, puissamment augmentée, si en même temps on donne à l'intérieur des
boissons alcooliques.

Dans le service de M. le professeur Tarnier, à la Clinique d'accouchements (rue d'Assas), depuis l'intoxication malheureuse survenue en
avril 1890, on ne pratique plus immédiatement après la délivrance,
d'injections intra-utérines avec les solutions de sublimé, mais avec
divers antiseptiques ; avec le sulfate de cuivre, d'abord, depuis quelques mois avec la microcidine. On se sert du permanganate de potasse
dans le cas de fièvre, ou de lochies fétides. Pour les mains, le sublimé à 1/1000 coule à flots, aussi, malgré le grand nombre d'élèves
suivant la clinique, l'état sanitaire est excellent.

En injections vaginales, on se sert toujours du sublimé à 1/5000,
il n'a jamais donné d'accident sérieux ; il y eut quelques cas d'érythèmes dont les observations curieuses seront rapportées.

A la clinique Baudelocque, M. le professeur Pinard (1), emploie le biiodure de mercure ; c'est un rival du sublimé, « qui n'a jamais donné
à M. Pinard d'accidents locaux, ni généraux depuis qu'il l'emploie ».

M. Guéniot, chirurgien de la Maternité de Paris (com. orale), est
partisan de l'acide phénique, qui, lui a donné de bons résultats et pas
d'accidents. Lorsqu'il prit à la maternité, le service créé par M. Tarnier, il ne changea pas les pratiques déjà établies, et l'on continua à se
servir du sublimé à 1/5000 pour les lavages vaginaux et utérins ; mais
il fait usage de l'acide phénique le plus fréquemment possible ; sur-

_____
(1) LUCAS-CHAMPIONNIÈRE. *Loc. cit.*

tout dans les cas d'albuminurie, les hémorrhagies, les rétentions du délivre.

Une seule fois l'on vit des symptômes légers d'hydrargyrisme ; gingivite, salivation et diarrhée qui disparurent par la cessation du sublimé, l'observation n'a pas été prise.

Depuis 8 ans, dans sa clientèle, M. Charpentier (com. orale) fait des injections vaginales seulement (si rien ne commande les injections utérines) avec la *liqueur de Van Swicten pure ou dédoublée,* il n'a jamais eu d'accidents ni graves, ni légers.

M Budin (1) dans son service de la Charité a de très beaux succès. 90 pour cent des femmes traitées ont des suites normales, 6 pour cent ont eu une seule fois plus de 38° et 4 pour cent seulement offrent véritablement de la morbidité. Depuis le mois de février 1888 jusqu'au 20 janvier 1890, pas une femme n'a succombé.

La solution mère est une solution alcoolique de sublimé à 1 p. 1000. On l'emploie pure pour les mains et pour laver les parquets des salles. Pour les organes génitaux et le vagin, pendant et après l'accouchement on se sert d'une solution à 1/4000, jamais dans les cas ordinaires on ne fait d'injection intra-utérine. Dans les jours qui suivent l'accouchement, on fait la toilette des organes génitaux externes ; sauf indications, le vagin n'est pas irrigué.

M. Ribemont-Dessaignes (com. orale), à l'hôpital Beaujon, se sert depuis plus d'un an du biiodure de mercure. Lorsqu'il employait le sublimé, il vit plusieurs intoxications bénignes se manifestant, soit par la diarrhée, soit par une légère stomatite, soit par les deux réunies. Ces symptômes disparaissaient bientôt après cessation du bichlorure. En clientèle M. Ribemont a observé une éruption généralisée avec la liqueur de Van Swicten. L'observation sera rapportée ici. (Obs. CXIII.)

A l'hôpital Lariboisière (com. orale) M. le Dr Porak (2) fait laver les organes génitaux avec une solution de sublimé à 1/1000 et le vagin pendant l'accouchement avec la solution à 1/2000 ; s'il l'on doit redouter l'absorption c'est le 1/4000 qu'on emploie. Le toucher est

---

(1) Je dois remercier M. Budin, pour la bienveillance avec laquelle il m'a communiqué son observation et pour les renseignements qu'il m'a donnés.

Budin. *Com. orale, et Lucas-Championnicre. Loc. cit.*

(2) Porak. *Com. orale et J. Lucas-Championnière. Loc. cit.*

rarement pratiqué et après la délivrance on se sert de la solution au 1/4000 pour le vagin seulement. Les injections utérines sont réservées pour le cas de fœtus macéré, d'intervention opératoire, etc. M. Porak a eu quelques accidents, il a eu l'obligeance de me les communiquer.

M. Maygrier (1), à la Pitié, fait laver les organes génitaux et donner des irrigations vaginales à 1/4000 pendant l'accouchement, avec la même solution, il fait à toutes les femmes après la délivrance une injection intra-utérine. Dans les suites de couches, la toilette est faite rigoureusement plusieurs fois par jour avec de l'eau sublimatée ; et il n'est jamais donné d'injections aux femmes bien portantes. Chez les albuminuriques on emploie l'eau bouillie et surtout les solutions phéniquées. Jamais M. Maygrier n'a observé d'accidents mercuriels méritant d'être notés.

A St-Louis, c'est M. Bar (2) qui dirige le service d'accouchement, comme moi, il est persuadé de la supériorité des solutions alcooliques, et pense que l'adjonction de l'acide tartrique en diminuant le pouvoir coagulant du sublimé favorise son absorption. « Il a observé « un cas d'intoxication qui a failli devenir mortel à la suite d'une « injection vaginale faite avec une solution à 1/4000 à laquelle était « ajouté de l'acide tartrique. » M. Bar, sauf indication spéciale, ne fait pas d'injection vaginale pendant le travail. Les mains des élèves et des sages-femmes sont lavées avec une solution de sublimé à 1/1000 et jamais essuyées. La toilette vulvaire de la femme est renouvelée fréquemment. Après l'accouchement il est pratiqué une irrigation vaginale, voire même utérine si on le juge à propos. Dans les suites de couches lorsque tout est normal il n'est fait que des pansements vulvaires ; si les lochies sont fétides, si la fièvre s'allume on fait des injections utérines.

M. Champetier de Ribes suit à peu de chose près la même méthode ; à 1/1000 il emploie le sublimé pour les organes génitaux externes, à 1/4000 en injections vaginales ; si le travail a été long on fait une irrigation de l'utérus ; pour les albuminuriques, il use de l'acide phénique ou du permanganate en injection utérine.

(1) MAYGRIER. *Com. orale et L.-Championnière. Loc. cit.*
(2) BAR. *Com. orale et J. Lucas-Championnière. Loc. cit.*

A la Maternité de Nancy, le professeur Herrgott (comm. écrite), ployait la liqueur de Van Swieten, 1/1000. « Une seule fois à la suite « des injections habituelles j'ai observé, m'écrit-il, des accidents « d'intoxication hydrargyrique ; selles abondantes, fétides, grande « soif et abattement. On cessa le sublimé, la femme guérit parfai- « tement. » Une autre fois il observa une légère gingivite, avec salivation et fétidité de l'haleine. A la suite de ces accidents on ne prit plus que la liqueur de Van Swieten dédoublée. Les injections uté- rines n'étaient pratiquées qu'exceptionnellement.

M. Le Dr Remy (de Nancy) (com. écrite), n'a jamais été témoin d'in- toxication mercurielle chez ses accouchées. Sa solution de sublimé est à 1/4000 ; il prend des précautions pour éviter que le liquide soit retenu dans le vagin. Il a observé un cas de rétention assez curieux.

Depuis cinq ans, le professeur Gaulard (comm. écrite) fait donner aux accouchées de la Maternité de Lille des injections sublimées à 1/4000 ; le titre est élevé à 1/2000 voire même à 1/1000 dans les cas d'accidents puerpéraux. « Les injections sont vaginales ou intra-utérines, plus ou moins nombreuses suivant les cas. Jamais je n'ai vu se produire d'accident sérieux. Deux femmes ont eu de la gingivite, elles étaient albuminuriques. » D'un autre côté, « les accidents puerpéraux sont aujourd'hui exceptionnels ».

A Lyon, M. Fochier, professeur de clinique (comm. écrite), « ne « fait guère usage, dans son service, que de sublimé en injections « *très chaudes* à 1/4000 ; quelquefois à 1/6000. A ce titre, nous n'a- « vons jamais d'accidents ». Il survint seulement quelques cas d'éry- thèmes publiés par M. Blanc, en 1888.

Il n'a pas été possible de recueillir le moindre renseignement sur la Maternité de Montpellier, où il se fait très peu d'accouchements, paraît-il.

A la Faculté de Toulouse, qui vient d'être créée, il n'y a encore aucune expérience, mais le professeur titulaire, M. Crouzat, est un élève de M. Tarnier et de M. Budin ; partisan convaincu des solutions de sublimé, il les a substituées à son arrivée aux solutions de bi-iodure.

A l'hôpital Saint-André, de Bordeaux, M. le professeur Moussous (comm. écrite), « a une statistique absolument vierge de tout cas « d'intoxication mercurielle. Tous les matins, les femmes reçoivent « une injection vaginale d'environ un litre d'une solution de bichlo-

« rure de mercure au 1/2000. Chaque fois qu'elles ont eu à subir un
« ou plusieurs touchers, on leur donne une injection au même titre ».
En arrivant dans la salle d'accouchement, « chaque fois que l'avance-
« ment du travail le permet, un bain au sublimé est donné. Si le tra-
« vail est trop avancé pour permettre qu'on les envoie au bain, on
« fait un lavage complet de la vulve avec une solution de sublimé à
« 1/2000 ; puis on leur donne une injection vaginale de deux litres de
« la même solution ».

Si le travail est long, la femme reçoit encore des injections vagi-
nalès, ainsi qu'après les touchers et toute espèce d'intervention. Après
la délivrance, mêmes injections vaginales. « Dans les cas où une
« hémorrhagie, amène à faire des injections intra-utérines chaudes,
« nous employons alors le sublimé au 1/4000. En tout cas, l'injection
» vaginale donnée après la délivrance ne reste jamais au-dessous de
« 4 litres et atteint souvent 6, 8 et quelquefois 10 litres.

« Pendant les suites de couches, les femmes reçoivent tous les
« jours, matin et soir, une injection vaginale de 2 litres de solution
« de bichlorure de mercure au 1/2000. Si, malgré les précautions
« prises, il y a de l'infection, on donne alors des injections vaginales
« au 1/2000 toutes les quatre heures et tous les jours deux injec-
« tions intra-utérines à 1/3000. Depuis le 1er janvier 1887 jusqu'au
« 15 avril 1881, il y a eu 1471 accouchements et je n'ai observé en
« aucun cas le moindre symptôme d'intoxication mercurielle. Un seul
« érythème s'est produit il y a environ un mois (24 avril 1891) ».

Le Dr Rivière, également de Bordeaux (comm. écrite, 20 avril 1891,
n'a jamais eu à regretter le sublimé, soit en ville soit à l'hôpital de)
puis bientôt dix ans qu'il l'emploie.

« Une seule fois, dit-il, une femme de la clinique, nous présenta
« tous les phénomènes d'une grave intoxication ; il est vrai qu'on
« avait institué l'irrigation continue et bien que la dose de sublimé
« fut très minime plus de 10 litres à 1/5000 avaient néanmoins tra-
« versé la cavité utérine ; la patiente guérit, mais non sans peine ».

Si l'on se sert de sublimé à 0,25/1000 plusieurs jours de suite, il se
produit des érythèmes, « aussi ai-je l'habitude, dès le troisième jour-
« lorsque les suites de couches sont normales de substituer l'acide
« borique au sublimé ». M. Rivière obtient à sa clinique une mortalité de 1/500 et en clientèle il n'a jamais la plus petite complication.

A Besançon, le Dr Druhen (jeune) (Com. écrite) n'a trouvé, tant en ville qu'à l'hôpital, aucun cas d'intoxication à me communiquer (19 avril 1891).

M. le Dr L. Bleynie, de Limoges, (Com. écrite) est tout aussi heureux que son collègue de Besançon. Depuis deux ans, il fait des injections intra-utérines après tous les accouchements et des injections vaginales pendant les suites de couches ; il n'y a pas eu d'accidents.

Maintenant, M. Bleynie ne fait plus faire d'injections utérines si ce n'est après les manœuvres ou dans les affections puerpérales. Il a bien soin d'éviter toute rétention utérine ou vaginale.

M. le Dr Gallois (Com. écrite) est, depuis 1889 seulement, chargé du service d'accouchement de la Maternité de Grenoble. Les accouchées sont nombreuses, et « malgré un emploi presque continu des antiseptiques « mercuriels » M. Gallois n'a observé que « deux gingivites et une « diarrhée, cette dernière dans un cas où il existait une rupture « de la cloison recto-vaginale ».

En ville, où il emploie indifféremment le bi-chlorure ou le bi-iodure M. Gallois n'a pas eu d'accidents. Il s'étonne de n'en avoir pas vu à l'hôpital où « les élèves accoucheuses font parfois une véritable orgie « d'antiseptiques, comme le prouve l'état de leurs mains souvent « martyrisées par le sublimé ou même le biiodure. En résumé, je « n'ai observé aucun accident sérieux ».

Pendant le travail, il est fait des injections de sublimé à 1/4000 ; puis frictions « abdominales. Il n'est fait pendant les suites de cou- « ches qu'une toilette vulvaire quotidienne, et une injection vagi- « nale si la température rectale atteint 38° ».

Les résultats sont bons tant au point de vue de la morbidité que de la mortalité ; ils sont excellents pendant les vacances après le départ des élèves accoucheuses.

Depuis 15 jours (16 avril 1891) M. le Dr Gallois n'emploie plus que la microcidine, antiseptique nouveau dû à son collègue M. Berlioz.

A la Maternité de Pau, le Dr Constant Robert fait depuis le mois d'octobre 1888 usage du sulfate de cuivre dont il est très satisfait. (*Nouv. arch. d'obst. et de gyn.*, 25 mai 1891, p. 286).

M. le Dr Herpin, de Tours (Com. écrite), fait l'antisepsie de ses accouchées avec l'acide phénique. Autrefois, il s'est servi à la Maternité de sublimé à 1/2000 et d'acide phénique il n'a pas eu d'accident à déplorer.

Disons pour terminer que, dans plusieurs services d'accouchements de Paris, concurremment avec le sublimé, on fait usage en ce moment de la microcidine préconisée par le Dr Berlioz, de Grenoble ; jusqu'à présent ce nouvel antiseptique paraît donner des résultats satisfaisants.

Postscriptum. — Pendant la correction des épreuves d'imprimerie vient de paraître dans le *Zeitschrift für Geburtshülfe und Gynækologie* (B^d XXI. Heft 2, juillet 1891) un article du Dr Gebhard avec ce titre *Sublimatintoxication.* L'auteur après avoir rappelé les premiers cas d'intoxication par le sublimé rapporte l'observation d'une femme atteinte d'endométrite traitée par les irrigations intra-utérines de sublimé ; on perfora l'utérus et l'injection tomba dans le péritoine ; la malade mourut 8 jours après avec des symptômes d'empoisonnement : diarrhée, stomatite, etc. Le Dr Gebhard trace ensuite, d'après ce cas et d'après les travaux antérieurs, un court tableau des lésions anatomiques et des symptômes d'intoxication mercurielle ; il y a beaucoup d'analogie entre sa description et la nôtre.

CHAPITRE II

Conditions de l'absorption du sublimé par les organes génitaux et de son élimination

Deux conditions générales favorisent l'intoxication chez les femmes en couches traitées par le sublimé : d'abord l'absorption excessive, puis l'élimination insuffisante.

La connaissance exacte des causes et du mécanisme d'absorption est d'une importance capitale, elle permettra souvent d'éviter les accidents, et si cependant ceux-ci se présentent, en sachant favoriser l'excrétion on pourra peut-être conjurer le péril.

§ 1. **Absorption.**— La pénétration de la solution de sublimé dans l'organisme peut se faire en trois points différents : le péritoine, l'utérus et le vagin.

Le passage de la solution dans le péritoine où elle serait absorbée se ferait par les trompes dilatées et malades.

Cette perméabilité des trompes utérines est encore discutée aujourd'hui; cependant, à la suite de M. Rendu (1) la plupart des auteurs la regardent comme impossible, ou tout au moins comme très difficile. Rossi (2) en Italie ; Gruenwald (3) en Russie pensent de même.

De ses expériences, en 1869, M. Fontaine (4) concluait à la nécessité « *d'une pression de 15 à 20 centimètres au minimum pou-*

(1) JOANNY RENDU. Th. de Paris, 1879. *De l'utilité des lavages intra-utérins antiseptiques dans l'infection puerpérale.*

(2) ROSSI. Injections intra-utérines. *Gaz. degli Hospitali*, n° 1, 1888.

(3) GRUENWALD. *Petersburg. med. Wochens.* 1879.

(4) FONTAINE. *Des injections intra-utérines.* Th. de Paris, 1869.

vant aller jusqu'à 2 mètres avant que le liquide refluât par les trompes ». Mais on ne saurait trop faire remarquer quelle différence existe entre les expériences cadavériques et ce qui se passe pendant la vie ; les faits cliniques offrent donc un intérêt plus grand que les résultats de l'expérimentation. M. Mangin (1) rapporte un certain nombre de ces faits dans son travail, et si l'on doit admettre avec lui la perméabilité des trompes aux liquides injectés, il faut, je crois, la tenir pour très rare chez les nouvelles accouchées à cause des conditions nécessaires à sa production.

La pénétration par les trompes a été incriminée dans les cas de Stadfeldt et de Wöhtz, bien que les phénomènes rapides d'intoxication, les douleurs vives pendant l'injection et jusqu'au liquide trouvé dans le péritoine puissent, ainsi que nous le verrons, recevoir une autre explication.

Ce chapitre était écrit, depuis quelque temps déjà, lorsque je fus témoin de l'observation cadavérique suivante :

Une jeune femme étant morte d'éclampsie, dans le service de M. le professeur Tarnier ; le lundi de la Pentecôte (18 mai 1891), M. Tissier, chef de clinique, pratiqua l'examen post mortem. Après avoir libéré l'utérus de ses attaches pelviennes et vaginales, il introduisit dans la cavité une canule rigide sur laquelle il lia fortement le col. Une injection fut pratiquée et le récipient élevé à une hauteur de 4 mètres, sans que le liquide passât par les trompes, mais bientôt on le vit ruisseler par les ligaments larges coupés ; puis, le tissu utérin, et plus particulièrement le tissu cellulaire qui enveloppe les trompes, s'hydrotomisa, formant une boule d'œdème, sans que le canal de la trompe se soit laissé pénétrer.

A quelques jours de là, un fait semblable fut observé. Retenu par des devoirs militaires, j'étais absent ; M. Tissier a bien voulu me communiquer ses notes.

Tous les organes du petit bassin, utérus, rectum, vessie, jusques et y compris le péritoine pariétal, furent enlevés avec le plus grand soin ; l'aorte et la veine cave sectionnés très haut et la pièce portée dans un bain à 40°. Le col de l'utérus fut fixé sur la canule au moyen d'une ligature élastique. Le liquide de l'injection était coloré par le bleu de

_____

(1) MANGIN. Accidents provoqués par les injections intra-utérines. *Nour. archiv. d'obstétrique et de gyn.*, déc. 1887, janv. et fév. 1888.

méthyle. Le récipient porté à 2ᵐ,20, l'injection distendit fortement l'utérus, et les vaisseaux commencèrent à se remplir ; à 3ᵐ,35, les veines de l'utérus, des ligaments et des autres organes, gorgées, distendues, formaient des saillies serpentines et l'on vit le liquide suinter par la section des veines des ligaments ronds et par celle de quelques autres veinules ; la boule d'œdème se développait, les trompes restaient imperméables ; le récipient élevé à 3ᵐ,75, il se fit un écoulement de liquide si abondant que M. Tarnier, M. Tissier, les assistants crurent tout d'abord l'utérus perforé ; il n'en était rien, l'injection s'échappait à flots par la veine cave. A la section, le tissu utérin, dans toute son épaisseur, péritoine compris, était coloré comme le sont des membranes souillées par le méconium ; le liquide n'avait pas pénétré dans les trompes.

M. Tissier me dit avoir vu souvent M. le Dʳ Al. Mayor, alors que M. Mayor était interne de mon regretté maître, M. Siredey, pratiquer des injections semblables à celles que nous venons de décrire et obtenir des résultats identiques ; le liquide ne s'échappait jamais par les trompes.

Le doute que j'avais conçu sur des expériences pourtant bien réglées grandit donc dans mon esprit, et j'aurais voulu répéter et varier mes observations ; mais si les femmes abondent dans les maternités, les sujets pour semblables observations manquent maintenant, grâce à l'antisepsie.

En général, l'absorption se fait par les voies génitales ; bien différemment, il est vrai, selon qu'il s'agit du vagin ou de l'utérus, des plaies ou de l'insertion du placenta.

A l'état sain, le museau de tanche et la muqueuse vaginale possèdent-ils la faculté d'absorber ? Question d'une haute importance sur laquelle on n'est pas d'accord. Jusqu'à ces derniers temps, le vagin était considéré comme peu favorable à l'absorption des liquides et des substances médicamenteuses. Ahlfeld, von Herrff, d'autres sont venus affirmer le contraire, et les expériences de Doléris et Butte sembleraient leur donner raison. Remarquons que dans ces observations souvent la muqueuse vaginale était lésée où son épithélium altéré par des actions mécaniques ou chimiques, car la structure du vagin, l'enduit muqueux, épais et adhérent qui le recouvre à l'état normal ne sont pas propices à l'absorption.

Afin d'avoir une opinion personnelle, j'ai relevé sur huit femmes, trois séries d'observations dans les conditions suivantes :

Deux étaient grosses de huit mois et demi et l'une d'elles présentait de l'irritation du vagin avec prurit vulvaire ; la troisième, accouchée depuis 65 jours, n'avait pas encore revu ses règles (elle n'allaitait pas) ; parmi les cinq dernières, l'une était soignée pour un corps fibreux de l'utérus, les autres pour des métrites légères.

Dans une première séance, le col de l'utérus étant isolé, 70 gr. d'une solution d'iodure de potassium à 5 0/0 fut, pendant 10 minutes, mise en contact avec la muqueuse vaginale au moyen d'un spéculum de bain de Siredey.

Il me semble bon d'indiquer de quelle manière le col fut soustrait à l'action du liquide. Le petit instrument dont je me servis, assez connu, paraît-il, des femmes qui ne *veulent pas avoir d'enfants*, porte plusieurs noms vulgaires, aucun scientifique, que je sache ; il se compose de deux parties : un anneau en caoutchouc semblable au pessaire Dumontpallier, mais plus mince ; sur son pourtour s'insère un petit capuchon formé par une fine membrane également en caoutchouc. L'anneau vient s'appliquer sur les culs-de-sac vaginaux comme le pessaire, tandis que le col de l'utérus se loge dans cavité du capuchon.

, Dans la seconde série d'observations (8 femmes) tout se passe comme dans la première, sauf que, le col de l'utérus sain ne fût pas isolé.

Enfin, dans la troisième, non seulement le col ne fut pas isolé, mais le vagin fut encore détergé de toutes ses mucosités au moyen de tampons d'ouate hydrophile abondamment imbibée avec l'émulsion savonneuse suivante :

> Carbonate de soude....   2 gr. (1)
> Résine de copahu.......   1 gr.
> Eau, goutte à goutte....   Q. s.
> Gomme arabique.. ....   Q. s.

La solution d'iodure de potassium avait le double avantage de n'être pas caustique et de posséder un grand pouvoir de diffusion. Après

(1) Cette formule doit, si je ne me trompe, être attribuée à M. Vial, qui en 1888 la donna à M. F. Siredey pour enlever le mucus si épais et si adhérent des femmes atteintes d'endométrite.

chaque série d'injections, les urines des 18 heures suivantes furent recueillies et examinées par l'acide nitrique et l'eau amidonnée ; dans aucun cas il n'y eut de coloration bleue, caractéristique de la présence de l'iode.

De ce qui précède, on peut conclure : qu'une irrigation de dix minutes dans le vagin lorsque la muqueuse vaginale et celle du col sont saines, n'est pas suivie d'une absorption appréciable. Les observations de Chéron (1) confirment cette manière de voir. « Nous traitâmes, dit-il, par l'acide picrique, employé en poudre et en solution, de nombreux cas de vaginite et d'ulcération du col. Toutes les fois qu'il y avait desquamation, il y avait absorption, et la preuve en était indéniable, puisque l'ictère picrique généralisé ne tardait pas à faire son apparition. Si au contraire les applications de poudre ou les injections étaient faites sur un col et un vagin dont l'épithélium était intact il y avait une sorte de *tannage* des parties, mais rien de plus, c'est-à-dire aucune manifestation, aucune preuve d'absorption quelles que fussent les doses employées. »

Les solutions de sublimé irritent l'épithélium sain, ce n'est pas douteux, mais cette irritation ne saurait permettre une absorption sensible. Je rapporterai à ce sujet les 2 observations suivantes :

A une jeune femme saine, je fis faire chaque jour matin et soir, une irrigation vaginale avec 3 à 4 litres d'une solution de sublimé à 1/1000. Les irrigations furent continuées pendant plus d'un mois et demi, alors seulement il y eut un peu de sensibilité des gencives qui saignaient facilement, je n'observai ni salivation, ni liséré, ni aucun phénomène intestinal.

Dans le second cas, il s'agissait d'une femme de 24 ans, avec de très belles dents, bien soignées. Elle eut une fausse couche de six semaines environ et l'orifice du col mou, était un peu ulcéré. En 15 jours, on fit 34 injections vaginales avec 2 litres de sublimé à 1/4000 chaque fois. La solution était préparée avec l'acide tartrique. Le 15e jour, le rebord gingival non tuméfié présentait une coloration bleu ardoisé qui persista près d'une semaine.

Ces faits nous amènent à considérer le rôle que jouent les lésions du col, du vagin et du périnée. Nul ne conteste l'absorption au niveau

(1) CHÉRON. *Rev. méd.-chirurgic. des mal. des femmes*, 1885, p. 5.

des fissures et des plaies du vagin et de l'utérus; cependant qu'il me soit permis d'insister à cause de la facilité et de l'énergie très grande avec lesquelles elle se produit et de rapporter le fait suivant.

Un tampon vaginal, imprégné de glycérine créosotée fut laissé huit heures sans provoquer le moindre phénomène. Chez la même femme, je fis plus tard le même pansement, après 3 ou 4 scarifications superficielles du col. Elle ignorait, comme la première fois, ce qui avait été fait, quand moins de 10 minutes après l'application, elle accusa, spontanément, dans la gorge, une saveur de goudron qui persista toute la journée.

La richesse en lymphatiques sous-muqueux des voies génitales rend bien compte de cette absorption si active. Après l'accouchement, son énergie s'accroît encore par les modifications survenues dans l'appareil circulatoire, par la présence d'une plaie placentaire, par la multiplicité des déchirures du col, des érosions du vagin, des ruptures du périnée. Fréquemment ces lésions apparentes sont notées dans les cas d'intoxication et elles paraissent quelquefois avoir joué un grand rôle. A la malade de Lomer, on fit une suture périnéale sous une irrigation continue du sublimé; celle de Berthod avait le col de l'utérus et le vagin très lacérés. Enfin, dans l'observation de Doléris, les ravages était tels qu'ils me semblent avoir favorisé l'empoisonnement, bien plus que les injections utérines.

Dans plus de la moitié des cas, les phénomènes d'intoxication sont survenus chez des primipares ; cela me paraît tenir à ce que chez elles, beaucoup plus souvent que chez les multipares, on trouve des blessures parfois considérables du canal génital. Ces lésions sont fréquentes, et bien des femmes venant consulter en gynécologie, présentent sur les parois du vagin des stries longitudinales, ce sont des cicatrices, marques indélébiles des déchirures linéaires antérieures. Ces blessures surviennent surtout après une intervention manuelle ou instrumentale; on les observe aussi dans les accouchements les plus simples.

En décembre 1890, une primipare mourut subitement à la Clinique, six heures après un accouchement NORMAL et RAPIDE; à l'autopsie, on trouva une large lacération de la muqueuse du vagin, favorisée peut-être par l'existence d'une vaginite granuleuse. Le vagin avait craqué à sa partie postéro-supérieure. Il est à remarquer que c'est là le

siège le plus ordinaire de ces lésions et que la paroi postérieure forme
une sorte de bas-fond vaginal qui favorise la rétention du liquide et
assure son contact avec la plaie.

Au niveau de l'insertion placentaire, l'absorption est encore plus
active; presque tous les accidents mortels ou graves sont survenus
après des injections utérines. « Les vaisseaux sanguins, les vaisseaux
et les espaces lymphatiques, ainsi que le disent MM. Tarnier et
Chantreuil (1), sont largement ouverts et communiquent avec la cavité utérine, fait important à noter, car les réservoirs vasculaires cons-
tituent des espèces de portes ouvertes à la résorption ».

Dans sa thèse, Melle Mendelssohn (2) rapporte les observations de
36 femmes, qui reçurent, immédiatement après la délivrance, une
seule injection intra-utérine, iodo-iodurée de 2 litres, à 45°. Trente-
deux fois la présence de l'iode fut recherchée et trouvée dans la salive
et les urines. Une élimniation très rapide (trois minutes après l'injection, on pouvait constater la présence de l'iode dans les urines et la
salive) de longue durée (six à sept jours en moyenne) prouve que la
solution iodurée passait directement et en quantité notable dans le
torrent circulatoire.

Les recherches de Keller (3), de Berne, sont encore plus curieuses
au point de vue qui nous occupe. Sur 18 femmes accouchées, 16
avaient eu des irrigations utérines et vaginales au sublimé, 2 reçurent des injections vaginales seulement.

Les urines furent recueillies par la sonde pendant les 24 ou 48 heures
qui suivirent l'injection et par différentes méthodes on rechercha la
présence du mercure. Douze fois les résultats furent absolument pos-
sitifs. Les urines de 2 femmes offraient une réaction douteuse, celle
des 4 autres ne renfermaient certainement pas de mercure. Il est à
noter que 10 fois, Keller trouva de l'albuminurie coïncidant toujours,
sauf une fois, avec la présence du mercure. Ce métal ne fut pas rencontré chez une des 2 femmes n'ayant eu que des injections vaginales
et chez une syphilitique traitée antérieurement par les préparations
mercurielles.

Nous pensons donc qu'avec l'injection utérine il y a toujours ab-

______

(1) TARNIER et CHANTREUIL. *Traité d'accouchements*, vol. I, p. 75.
(2) MENDELSSOHN. Th. de Paris, 1890, p. 19.
(J) KELLER. *Archiv. f. Gynaek.* Bd XXVI, 1885, p. 107.

sorption ; celle-ci serait insuffisante dans les cas ordinaires pour provoquer des accidents graves, il n'en serait plus de même si la solution pénètre directement dans les sinus ou si elle reste en contact prolongé avec les surfaces cruentées.

A notre avis, l'inertie utérine joue aussi un grand rôle, en permettant au tissu utérin mou et spongieux de se laisser imbiber d'un liquide qui passe dans les vaisseaux lorsque l'énergie des fibres musculaires se réveille et que la contraction se produit. Il est même permis de supposer une succession de relâchements et de contractions qui ferait de l'utérus, une véritable pompe aspirante et foulante chassant dans la circulation des quantités considérables de liquide.

Avec Math. Duncan (1), Winckel, Fritsch regardent ce refoulement du liquide par la contraction utérine comme très fréquent et lui imputent la plupart des accidents. J. Guérin (2), en 1868, avait déjà imaginé la théorie de l'aspiration utérine, qu'il croyait, d'ailleurs à tort, capable de faire passer du liquide de la cavité utérine dans le péritoine par les trompes, et inversement du péritoine dans la cavité utérine.

L'atonie de l'utérus est quelquefois très grande ; dans certaines observations où il y eut des phénomènes toxiques, il avait fallu pour la vaincre faire des irrigations très abondantes ; dans d'autres cas elle avait permis à l'utérus de se distendre pendant des injections, mêmes vaginales. Cette distension se perçoit facilement en palpant l'abdomen, d'où le conseil de Taenzer de presser à pleine main le fond de la matrice pendant et après l'injection utérine.

Parmi les autres causes locales ou générales qui, en dehors de l'inertie utérine, augmentant la faculté d'absorption, une des plus importantes est la rétention du placenta ou de lambeaux placentaires ou membraneux dans la cavité utérine. Leur présence empêche la contraction, maintient les orifices vasculaires béants et le passage dans la circulation des liquides injectés peut alors être si rapide qu'il suffit de quelques secondes pour amener les accidents les plus graves. L'observation suivante est bien démonstrative.

---

(1) DUNCAN. In BAR *Loc. cit.*

(2) J. GUÉRIN. Péritonite puerpérale. Aspiration utérine. *Acad. de médecine,* séance du 22 sept. 1868.

Obs. I (Personnelle). — *Avortement. — Rétention du placenta. — Injection utérine phéniquée suivie d'accidents graves. — Guérison.*

Mme St..., 38 ans, VIIIpare, dégraisseuse dans une boyauderie, entre à la clinique d'accouchements le 12 novembre 1890 à 8 heures du matin.

Antécédents héréditaires et personnels obscurs.

Réglée à 13 ans, sans douleurs, régulièrement tous les mois, 3 jours.

Les 5 premières grossesses normales et à terme, les 6e et 7e terminées prématurément à 6 mois 1/2 et 8 mois.

Dernières règles le 25 août 1890, moins abondantes et moins longues qu'à l'ordinaire. Vomissements. Pas de mouvements actifs du fœtus.

Quatre jours avant son entrée, le samedi matin 8 novembre 1890, cette femme s'aperçoit qu'elle perd des eaux sans douleurs, elle s'alite et malgré cette précaution expulse à 9 heures un fœtus de 4 mois environ.

Rétention du placenta. Pas d'hémorrhagie, ni de douleurs abdominales mais vomissements glaireux, qui empêchent l'alimentation.

Une sage-femme donne tous les jours 3 injections d'eau boriquée.

Cette femme est fatiguée, amaigrie, pâle ; squelette bien conformé. Le fond de l'utérus remonte à 4 travers de doigt au-dessous de l'ombilic.

Au toucher, le col élevé, mou, regarde en arrière, il est perméable sur 1 cent. 1/2 ; orifice interne fermé. Grand bain. Immédiatement après (10 heures du matin), le col ramolli et plus dilaté est largement perméable pour le doigt qui arrive sur la face fœtale d'un placenta fixé à droite et au fond de l'utérus.

A 11 heures 30, une injection de 2 litres est préparée avec 1 litre de solution phéniquée à 5/100 et 1 litre d'eau bouilllie très chaude.

La sonde intra-utérine en verre de M. le professeur Tarnier, non munie de son armature, mais expurgée d'air est introduite dans la cavité utérine sur l'index de la main droite, sans douleur et sans difficulté aucune.

Le récipient est élevé à peu près à 0.80 cent. au-dessus du lit. A peine s'est-il écoulé 100 gr. de liquide, la malade se plaint de douleur, dit qu'il faut s'arrêter, qu'elle va se trouver mal et se lève sur son séant, les yeux et la figure bouleversés.

Le cours du liquide est suspendu et la canule retirée, mais la malade retombe inerte, les yeux fermés, la bouche entr'ouverte, la face et les lèvres rouges et vultueuses, la respiration se suspend, le pouls devient imperceptible.

Immédiatement, la tête est placée bas, le cou dégagé, la face frappée avec des linges mouillés ; la respiration reprend alors très faible, les membres s'agitent, la face reste violacée, le pouls très petit est impossible à compter.

M. Tarnier encore présent à la Clinique est prévenu de cet accident. A son arrivée la respiration est plus fréquente et plus ample mais des mucosités amassées dans le larynx et la trachée la rendent rauque, semblable à celle des agonisants. La tête est tournée sur le côté, aussitôt la respiration devient plus libre, moins effrayante et moins bruyante ; des glaires en quantité notable sont rendues par la bouche, le pouls est plus fort, la chaleur et la circulation sont ramenées dans les membres qui déjà étaient blancs et froids au moyen de frictions avec de l'alcool.

Un quart d'heure après le début de l'accident la malade ouvrait les yeux, se soulevait sur son lit regardant étonnée, ne comprenant rien à ce qui se passait autour d'elle. A midi 5 minutes seulement, elle répondait par signes, puis quelques paroles. Elle ne se souvenait de rien, si ce n'est qu'elle « avait eu mal et s'était sentie mourir. » Tout l'après-midi affaissement et dépression, le ventre n'est pas tendu ; de temps à autre coliques utérines légères, nausées et vomissements bilieux peu abondants, léger écoulement sanguin par la vulve.

A 2 heures 1/2, besoin et impossibilité d'uriner. Par la sonde je retire 70 gr. d'une urine franchement sanguinolente et foncée.

A 6 heures, nouveau cathétérisme, 80 gr. d'urine moins sauguinolente et moins foncée.

A 10 heures du soir, je retire encore avec la sonde 50 gr. environ d'urine, celle-ci à peine rosée. A ce moment la femme ne perd plus de sang et le doigt rencontre le col de l'utérus fermé par le placenta qui s'engage. Température 37°,8, pouls petit et fréquent.

13 novembre. Température matin 36°,6, soir 37°,5. La nuit a été bonne, quelques petites douleurs d'expulsion, nausées, pas de perte de sang ; le placenta fait saillie par l'orifice interne. La malade est toujours déprimée abattue. Dans la journée plusieurs injections vaginales au permanganate de potasse à 0.50/1000. Par le cathétérisme 120 gr. d'urine non sanguinolente mais encore foncée.

Les urines (du 12 et du 13) conservées avec soin sont analysées par M. Galippe chef du laboratoire. Toutes renferment de l'acide phénique. Les urines du 12 contiennent en outre des globules sanguins altérés, celles du 13 n'ont ni globules, ni albumine.

Le 14. Température, matin, 37° ; soir, 36°,8. Après des coliques un peu plus fortes, mais, sans perte de sang, le placenta est expulsé, à 5 heures du matin. Il est complet ; les membranes ne le sont pas, il pèse 100 gr. ; sur sa face utérine il y a un caillot hémorrhagique. Le tissu placentaire est complètement noir et présente à la coupe l'aspect d'une truffe cuite. On fait seulement des injections vaginales. Les urines ne sont plus phéniquées.

Ce jour et les quatre ou cinq suivants la malade présente un peu de somnolence, l'esprit n'est pas éveillé ; ventre un peu sensible ; pas de mauvaise odeur.

Le 15. Même état. T. matin, 37° ; soir, 36°,6.

Le 16. Même état. T. matin, 36°,5 ; soir 37°,3.

Le 17. T. matin, 37°,4 ; soir, 37°,7.

Le 18. T. matin, 37°,9 ; pas de fétidité, sensibilité du ventre surtout du côté gauche.

Injections vaginales plus fréquentes. T. du soir, 38°,2 ; 2 gr. d'antipyrine, glace sur le ventre.

Le 19. T. matin, 37°,2 ; soir, 38° ; même traitement.

Le 20. T. matin, 37° ; soir, 37°,4.

Le 21. T. matin, 36°,7 ; soir, 37°,4.

Le 22. T. matin, 37°,6 ; soir, 36°,9.

Le 23. T. matin, 36°,5 ; soir, 36°,4. A partir de ce jour, la température reste plutôt au-dessous de 37°, les douleurs cessent, le visage s'éveille, la malade s'alimente mieux. Le 27, elle se lève pour la première fois ; le 29, elle se lève à nouveau, encore faible mais bien portante ; elle sort guérie le 30 novembre 1890, après 18 jours passés à la clinique.

L'état syncopal (choc de l'acide phénique), les urines noires, l'hématurie, signes d'une intoxication phéniquée suraiguë, l'analyse chimique témoignent de la pénétration directe du liquide dans le courant sanguin.

M. Mangin (1) rapporte deux observations dans lesquelles une injection de sublimé produisit des symptômes à peu près semblables.

Obs. II (Obs. de M. Mangin, résumée).

Rosine B..., 32 ans, expulse le 16 septembre 1887, un embryon de deux mois et demi, macéré. Injections vaginales de sublimé à 1/4000. Le 26, hémorrhagie. Injection intra-utérine chaude de sublimé à 1/2000 avec la sonde de Doléris sous une pression de 1ᵐ,20. La sonde pénètre facilement, les deux tiges sont écartées de 0ᵐ,01 1/2. Le retour du liquide qui s'effectue bien pendant quelques secondes cesse. Douleurs violentes dans l'abdomen. Arrêt de l'injection, la sonde fut retirée et réintroduite pour éviter toute rétention du liquide. L'injection avait en tout duré une minute au plus. Presque aussitôt, la malade accusa dans la bouche un goût métallique fort désagréable. Trois heures après, gencives un peu gonflées, saignantes ; dents douloureuses, légère salivation.

Quelques vomissements bilieux, deux selles diarrhéiques dans la nuit. Les accidents buccaux disparaissent vers le cinquième jour.

Obs. III (Obs. du Dr Petit, in Mancin, résumée).

Mᵐᵉ G .. Avortement de trois mois. Rétention du placenta. Le 4ᵉ jour, injection utérine de sublimé, rien de particulier. Le 8ᵉ jour, hémorrhagie.

(1) MANGIN. *Loc. cit.*

Deuxième injection utérine avec une sonde uréthrale en caoutchouc adaptée à un irrigateur. Au bout de quelques instants, le retour du liquide se fit mal, douleurs abdominales, arrêt de l'injection. Expulsion du délivre quelques heures plus tard, mais trois ou quatre heures après l'injection, diarrhée noire, puis séreuse, qui persista plusieurs jours. Le lendemain, stomatite intense avec salivation abondante. Il y eut anurie complète pendant cinq jours. Guérison le 15° jour. Les reins étaient sains avant l'accident.

Dans l'observation de Couder, la caduque manquait ; dans celle de Legrand, le placenta et un second fœtus restaient dans la cavité utérine, quand on fit des injections intra-utérines. Dans tous ces cas, selon nous, en quelques secondes, par suite de la rétention, le liquide pénètre dans les vaisseaux et cause un empoissonnement aigu.

Relevons un détail de l'observation I. Le surlendemain de l'injection le placenta fut expulsé, il était sans odeur, mais noir comme une truffe cuite. Cet aspect particulier était dû à l'imprégnation du tissu placentaire et du sang par l'acide phénique, le placenta s'était imbibé tout entier. Non seulement l'arrière-faix et les débris de l'œuf sont un danger d'absorption instantanée mais encore ils emmagasinent le poison, et jusqu'à leur sortie alimentent l'intoxication. La subinvolution de l'utérus, l'endométrite avec ses fongosités jouent un rôle semblable.

Le sublimé, même avec l'adjonction d'acide tartrique forme avec le sang et le tissu utérin lui-même des albuminates de mercure solubles dans un excès d'albumine. En même temps que se fait la régression des éléments hypertrophiés de la matrice, le poison est entraîné dans la circulation. Ainsi s'expliqueraient les intoxications tardives par accumulation des petites doses et absorption lente. Elles peuvent survenir, plusieurs jours après cessation du sublimé et sont généralement bénignes.

Lorsqu'à l'étendue des plaies vaginales et utérines, à l'inertie spontanée ou symptomatique d'une rétention placentaire s'ajoute une forte pression du liquide injecté, les chances d'empoisonnement augmentent.

Après un accouchement normal, la pression intra-vasculaire de l'utérus serait à peine égale à une colonne d'eau de 0,40 c., elle diminue beaucoup sous certaines influences. Parmi celles-ci, il faut citer l'hémorrhagie, un travail long et laborieux, un état général mauvais, les affections cardiaques.

Pendant l'injection utérine, les parois de la matrice subissent deux pressions de sens contraire : la pression vasculaire et la pression du liquide injecté. Si cette dernière est plus forte, l'équibre tendra à se faire par le passage du liquide dans les vaisseaux et cela avec une vitesse d'autant plus grande que la pression vasculaire sera plus faible.

La hauteur du récipient injecteur n'augmentera la pression d'une façon très sensible que si le reflux du liquide est insuffisant, si le col de l'utérus est contracté où l'orifice vulvaire fermé.

Dans le cas de contraction du col il peut se faire une rétention dans la cavité utérine, même quand on se sert d'une sonde à double courant comme cela est arrivé à M. Mangin avec la sonde de M. Doléris, comme c'est arrivé à d'autres avec diverses sondes.

Cependant, je crois que la rétention utérine est moins fréquente que la rétention vaginale. Rarement, en effet, la contraction portera sur l'orifice cervical seul, elle se fera, presque toujours sentir sur le muscle utérin tout entier, empêchant la distension de la cavité et fermant du même coup les orifices des trompes et des vaisseaux. Si la contraction de l'orifice interne du col se produit seule, on en sera averti pour ainsi dire aussitôt ; la main qui palpe sentira l'utérus se distendre comme je l'ai dit et le liquide ne coulera pas. Le constricteur du vagin et le releveur de l'anus, au contraire, sans qu'on s'en aperçoive, peuvent, par leur contracture, retenir jusqu'à un demi-litre, alors que le *liquide s'écoule bien en apparence.*

Ces phénomènes, bien vus par les gynécologistes et les accoucheurs, offrent un grand intérêt. Ils sont fréquents, bien que les cas publiés soient assez rares.

Le cul de sac postérieur du vagin, par le fait seul de sa position déclive et à la faveur d'une diminution sensible dans la pression intra-abdominale, après l'expulsion de l'enfant, peut conserver une certaine quantité de liquide. Le plus souvent cette rétention s'accroît d'une façon considérable par la contracture du sphincter du vagin surtout chez les primipares non déchirées, dont le périnée et le constricteur conservent leur tonicité. Il y a alors « ballonnement « du vagin, suivant l'expression employée surtout par les anglais. L'abondance du liquide et la pression qu'il acquiert sont bien mis en évidence par les faits suivants de Von Herff et du Dr Remy (de Nancy).

Obs. IV (Von Herff) (1).

Avortement chez une jeune primipare. Le placenta se putréfiant, on fit une injection intra-utérine de un litre de solution de sublimé à 1/1000.

Le doigt fut introduit dans le vagin pour s'assurer du libre écoulement du liquide hors de la cavité utérine. Mais bientôt le constricteur se contracte, le liquide est retenu dans le vagin qui se distend en forme de ballon sous une pression de trois pieds de haut. On fit écouler le liquide par une forte pression sur le périnée. Chaque fois qu'on donnait à cette malade une injection même vaginale, le phénomène se reproduisait, et l'expérience montra que, malgré un écoulement libre apparent, la quantité de liquide accumulée derrière le sphincter, dans le vagin dilaté, était considérable. Cette rétention pouvait durer un quart d'heure.

Obs. V (Dr Rémy, comm. écrite).

A la Maternité de Nancy, une femme accouchée à sept heures du matin après avoir reçu une injection vaginale, est portée à bout de bras par les sages-femmes de la chambre de travail dans une autre salle. Malgré ce transport, à la visite du matin, on trouvait le lit inondé et la malade baignant dans un liquide rosé. C'était l'injection qui venait de s'échapper.

Dakin (2) (de Londres), fut témoin d'un fait semblable ; une de ses accouchées retint dans son vagin plus de deux onces de l'injection pendant quatre heures.

Le releveur de l'anus peut agir comme le constricteur du vagin quoique plus faiblement. L'observation suivante est encore due à Von Herff (3).

Obs. VI (Von Herff).

Chez une femme de 47 ans, on fit, avant d'enlever des fongosités, causes d'hémorrhagie, un lavage au sublimé. Introduction d'un spéculum Cusco, légèrement ouvert.

Le constricteur vaincu, il s'écoula une petite quantité de liquide. En enfonçant davantage le spéculum, on triomphait d'une résistance plus considérable par une pression plus forte et il s'écoulait une grande quantité de

(1) Von Herff. *Loc. cit.*
(2) Dakin. *Trans. of. obst. Society of London*, 1887.
(3) Von Herff. *Loc. cit.*

liquide. On pouvait répéter cette expérience plusieurs fois et la constater avec le doigt.

Von Herff attribue la contraction des muscles du vagin à l'action irritante des solutions et en particulier du sublimé. Son opinion est trop absolue, il s'agit là d'un réflexe qui peut survenir après l'introduction d'un doigt, d'une canule, d'un liquide froid, etc.

Siredey nous faisait observer fréquemment cette rétention vaginale. J'ai vu dans son service de gynécologie plusieurs femmes venant à la consultation externe ; avant de les laisser partir on leur faisait une injection d'eau boriquée. Chaque fois qu'on n'avait pas déprimé la fourchette, elles nous racontaient que, rentrant chez elles (presque toujours en montant l'escalier), elles s'étaient senties mouillées et avaient perdu beaucoup d'eau.

Le professeur Tarnier insiste aussi sur ce sujet, d'autant plus que la position horizontale des accouchées favorise encore le phénomène.

Je veux rapporter le fait suivant, curieux par la régularité et la constance avec lesquelles il se renouvelait.

Mme B..., avant de sortir de chez elle, rue Guy-de-la-Brosse, pour se rendre à la Salpêtrière, faisait chaque fois une irrigation vaginale d'eau simple, avec un appareil à poire en caoutchouc. Elle descendait quatre étages, traversait le Jardin des Plantes et, près de l'hospice seulement, c'est-à-dire après un quart d'heure de marche elle perdait « toute l'eau », ce dont elle se plaignait amèrement.

Se basant sur ses observations, et en particulier sur un cas, où les urines étaient noires, après des injections d'acide phénique exclusivement vaginales, Von Herff pense que dans les rétentions de liquide les plaies vaginales sont plus dangereuses pour l'absorption que l'utérus. C'est aller trop loin et ses conclusions ne sont pas exactes. Quand il y a ballonnement vaginal, le col de l'utérus lacéré plonge dans la solution qui, même sans pression, monte par capillarité jusque dans la cavité utérine et se trouve ainsi en contact avec l'insertion placentaire et les plaies du col.

Ce que M. Lucas-Championnière (1) a affirmé et exprime en ces termes : « En réalité, après une très petite injection vaginale, il passe toujours un peu de celle-ci dans l'utérus ».

(1) LUCAS-CHAMPIONNIÈRE. *Application de la méthode antiseptique aux accouchements.* Coccoz, 1891.

Le Dr Boxall (1) a vérifié cliniquement et expérimentalement avec l'aide du Dr Hollowey l'exactitude de ces faits.

Chez une femme, le deuxième jour de son accouchement il observa une distension de l'utérus après une injection vaginale ; comprimant alors l'organe, il fit sortir une pinte de liquide.

Chez dix femmes, immédiatement après l'expulsion du placenta sans avoir auparavant fait d'injection au sublimé, il poussa dans la cavité utérine une pièce de cuivre polie. L'injection vaginale au sublimé fut donnée comme d'habitude. Après l'introduction du spéculum Fergusson, le col de l'utérus fut lavé à l'eau pure pour éviter un contact accidentel. La pièce de cuivre fut saisie et retirée avec une pince. Deux fois un dépôt sur la lame de cuivre témoignait de la présence du sublimé dans la cavité utérine.

Une injection intra-utérine n'est donc pas indispensable pour qu'il y ait absorption par le col et la surface interne de la matrice.

La nature, les qualités du liquide de l'injection ont aussi leur influence. Si sa température est au-dessous de 45°, l'utérus se relâche, les vaisseaux se dilatent et il a été dit plus haut combien alors la pénétration et l'imbibition sont actives. Les solutions fortes augmentent aussi le danger de mercurialisme ; les faits le démontrent. Certains auteurs pourtant, et le Dr Routh (2) en particulier pensent qu'au 1/1000, le sublimé irrite davantage l'utérus, le fait contracter et forme avec le sang des albuminates ne pénétrant pas dans la circulation, mais fermant les orifices veineux, je répéterai que ces albuminates solubles dans un excès d'albumine, suivent la régression de l'utérus et causent des accidents tardifs.

La solution était à 1/750 dans le cas de Wöhtz ; à 1/1000 dans ceux de Lomer, Winter, de Schwarz, de Thorn ; à 1/1500 dans ceux de Stadfeldt de Wirchow, à 1/2000 ou 1/3000 dans la plupart des autres cas ; elle était à 1/5000 pour la malade de Ziegenspeck et pour la nôtre.

Si l'on peut discuter sur le titre de la solution, il est hors de doute que son abondance fait courir les plus grands risques. Des quantités considérables de solutions très faibles ont amené des accidents mortels (Voir les observations).

Ainsi donc avec le sublimé, une irrigation continue ou très abon-

(1) Boxall. *Loc. cit.*
(2) Routh. *Trans. of. obst. Society of London*, 1887.

dante donnera une fausse sécurité. Plusieurs observations, nous venons de le dire, ne laissent aucun doute à ce sujet.

Le genre de solution n'est pas non plus indifférent. Il n'y eut pas d'accidents à déplorer à la Maternité tant que le professeur Tarnier put se servir de solutions alcooliques, de liqueur de Van Swieten et c'est le cri de ceux qui l'emploient encore aujourd'hui. Il faudrait expliquer cela par l'action astringente et hémostatique de l'alcool.

Un fait digne de remarque, c'est que dans les accidents par solutions faibles (et les cas les plus récents rentrent presque tous dans cette catégorie), il y avait adjonction d'acide tartrique. Peut-être la formule de Laplace serait-elle une erreur physiologique et thérapeutique. Le fait mérite examen.

Malgré la multiplicité des causes qui peuvent favoriser l'entrée du poison dans l'organisme, il faut admettre que souvent des doses très minimes de sublimé ont donné lieu à des symptômes toxiques. C'est que, pour le mercure comme pour d'autres médicaments, il y a des susceptibilités individuelles bien différentes.

Certains sujets peuvent supporter des doses relativement fortes ; d'autres ne sauraient absorber des quantités minimes de sels de mercure sans présenter des accidents sérieux. Les exemples ne nous manquent pas ; tels sont les cas de Steffeck, Maurer, Ruault. Pétrini, etc., etc., etc... Quelques auteurs ont mis, parfois, en doute l'intoxication mercurielle, parce que la quantité de sublimé absorbée ne pouvait, selon eux, causer des accidents mortels ; mais, en outre, que l'on ne peut toujours répondre du titre d'une solution préparée à l'avance, en grande quantité, où il peut se former des combinaisons et des dépôts, des faits malheureux, rares il est vrai, démontrent que le mercure introduit en minime quantité par la voie endermique peut produire des accidents, voire même la mort.

C'est ainsi qu'une femme (1) traitée pour des papules aux parties génitales et aux grandes lèvres par un badigeonnage avec une solution de sublimé succomba à une intoxication subaiguë.

Dans un autre cas, publié récemment par Cramer (2), une femme, après avoir baigné quelques minutes un doigt porteur d'une plaie dans une solution de sublimé à 0,50/1000 fut prise le lendemain

(1) *Wiener klin. Wochens.*, 1890, n° 16.
(2) *Deuts. med. Wochens.*, 1890, n° 14.

d'une salivation intense et d'albuminurie. L'urine renfermait du mercure.

Les faits d'empoisonnement survenus à la suite de l'ingestion de
préparations mercurielles et en particulier de sublimé, nous apprennent qu'une dose relativement très faible de sublimé est beaucoup
plus dangereuse lorsqu'elle est administrée d'un seul coup qu'une
dose plus considérable donnée en plusieurs jours. Bien plus, il résulte
des expériences de Prévost que la quantité de sublimé est dix fois
plus active et par suite dix fois plus nuisible quand elle pénètre par
les plaies ou la voie hypodermique, que si elle est absorbée par la
voie stomacale.

En 1834, le *Journal de chimie médicale* publie un cas où 0,15 c.
de sublimé ont suffi pour donner la mort. Cette idiosyncrasie, et toutes les causes qui amènent l'intoxication acquièrent une plus grande
importance, lorsque se trouve réalisée la seconde condition générale
qui favorise les mercurialisme : une élimination insuffisante.

Il faudra donc toujours chercher si les organes excréteurs ne sont
pas malades et favoriser leur bon fonctionnement.

2. **Elimination**. — Les reins, le tube digestif sont pour le
mercure les voies les plus ordinaires d'élimination.

Nous l'avons vu, la présence du mercure peut être très rapidement
décelée dans les urines. Chez 18 femmes Keller l'avait constaté 12 fois
dans les 24 ou 48 heures après l'irrigation au sublimé. Les altérations
rénales qui surviennent si souvent du fait de la grossesse, les néphrites aiguës ou chroniques, en gênant l'élimination aggravent les
dangers d'empoisonnement d'autant plus que celui-ci ne tarde pas à
causer dans l'épithélium du rein des lésions profondes qui amènent
l'albuminurie, l'hématurie et même une anurie complète.

La malade de Winter qui a succombé à des accidents toxiques
était éclamptique, elle avait eu de l'inertie utérine avec hémorrhagie,
de plus, on avait fait la suture du périnée sous une irrigation de bichlorure de mercure à 1/1000.

Les expériences de MM. Kronfeldt et Stein (1) pour ne citer que les
plus récentes, établissent qu'il s'élimine en général autant de mercure par la voie intestinale que par la voie urinaire. Ce fait important

(1) KRONFELD et STEIN. *Wiener klin. Wochens.*, 1890, nᵒˢ 16 et 52.

avait déjà été mis en relief, chez les accouchées traitées au sublimé par le professeur Braun (de Vienne).

Cet accoucheur fit examiner les fèces d'un certain nombre de parturientes, dans le laboratoire du professeur Ludwig. Il rapporte 35 observations ; 7 fois il n'avait été fait que des injections vaginales au sublimé au 1/3000, 22 fois des injections utérines de 1 litre 50, avec la même solution ; dans les six derniers cas l'irrigation utérine était à 1/4000. La présence du mercure fut constatée — parfois en quantité considérable — dans les fèces de 29 femmes, et à une époque variant du 1er au 10e jour après l'injection ; habituellement c'était du 2e au 5e jour que l'on trouvait le plus de mercure ; les six cas où il n'y eut pas de réaction mercurielle se décomposent ainsi : une fois on n'avait fait que des irrigations vaginales, 1 fois une injection utérine au 1/4000 et 4 fois des injections utérines au 1/3000.

La constipation pourra donc prolonger le séjour du poison dans l'organisme, comme dans le cas mortel de Boxall où elle fut très grande, elle fut passagère dans notre observation ; elle serait peut-être plus fréquente dans les cas légers avec stomatite. Ordinairement cette constipation ne sera pas de longue durée, car un des premiers effets de l'intoxication est de provoquer la diarrhée.

Lorsque les reins et l'intestin ne fonctionnent pas, l'élimination cherchera à se faire par la peau, la muqueuse buccale et peut-être les glandes salivaires, causant des troubles du côté de ces organes ; cependant l'excrétion sera faible dans ces cas ; c'est par traces très minimes qu'on rencontre le mercure dans la sueur, et l'on ne s'étonnera pas de voir Boxall (1) considérer la transpiration comme dangereuse parce qu'elle diminue l'excrétion urinaire, et par suite l'excrétion du mercure.

On peut aussi retrouver le mercure dans le lait de l'accouchée ; cela nous intéresse peu au point de vue de l'élimination pure, qui sera toujours très faible par cette voie, mais l'enfant qui tetera pourra-t-il s'en ressentir ? Dans la séance du 11 juin 1891, à la Société de dermatologie, M. Morel-Lavallée dit avoir observé des éruptions hydrargyriques chez un nourrisson dont la mère prenait de la liqueur de Van Swieten. L'intoxication chez les femmes en couches survient avec des doses de sublimé relativement faibles, qui s'élimine par

(1) BOXALL. *Loc. cit.*

d'autres voies que par la mamelle, et je ne crois pas qu'elle puisse, comme on l'a dit, causer la diarrhée dysentériforme observée chez certains enfants. D'ailleurs, dans l'intoxication grave, la sécrétion lactée se tarit vite et il faut donner l'enfant à une nourrice.

Les considérations développées dans ce chapitre ne sont pas de simples vues de l'esprit, elles reposent sur des faits ; je voudrais donc me résumer pour bien mettre en relief les conditions étiologiques de l'intoxication mercurielle chez les accouchées.

Résumé.

Les primipares sont plus fréquemment atteintes que les multipares, et les accidents sont d'autant plus faciles que l'état général de la femme est mauvais, qu'elle est épuisée par un travail laborieux ou anémiée par une hémorrhagie. Parfois l'étendue des plaies et la profondeur des déchirures ont ouvert une large porte à l'absorption ; ailleurs, c'est la contraction du col ou la tonicité du sphincter vaginal qui a retenu et emmagasiné la solution dangereuse. Rare dans les accouchements normaux, l'intoxication se rencontre dans les cas compliqués de rétention placentaire ou membraneuse, dans les avortements, les endométrites, lorsque le fœtus est mort ou macéré (obs. personnelle). L'inertie utérine expose à de grands risques, par l'hémorrhagie qu'elle produit, par la faible résistance qu'elle oppose à la pénétration du liquide, par l'abondance des irrigations nécessaires pour la vaincre. Les solutions fortes ont causé plus d'accidents que les faibles, bien que l'opinion contraire ait été soutenue. Je rappellerai la proportion donnée par les cas néfastes : 10 fois la solution de sublimé était à 1/1000 ou à un titre plus élevé (Vöhtz, 1/750), 2 fois à 1/1500, 10 fois à 1/2000 et dans les autres cas les solutions étaient faibles (à 1/4000 environ ou plus faibles encore). Dans presque toutes nos observations, les malades avaient reçu des injections utérines et vaginales, il nous est permis de croire que dans tous les cas où il n'existait pas de lésions vaginales étendues, l'absorption s'est faite par l'utérus, principalement au niveau de l'insertion placentaire. Enfin des reins manifestement malades ou insuffisants par suite des modifications survenues pendant la grossesse (Alb. Mayor) (1), l'*albuminurie principalement* la constipation, une saison chaude qui diminue la sécrétion urinaire par l'abondance des sueurs, peuvent gêner l'élimination et favoriser les prédispositions individuelles à l'intoxication par le sublimé.

(1) MAYOR. Th. de Paris, 1880.

CHAPITRE III

Anatomie pathologique.

Sur les cas de mort que nous avons relevés, 25 fois l'autopsie a été pratiquée, malheureusement les résultats de plusieurs d'entre-elles sont publiés d'une façon sommaire. En réalité, cette étude s'appuiera sur un nombre de faits plus considérables ; puisque les lésions signalées dans nos observations ont été retrouvées chez les individus qui succombèrent en chirurgie à la suite d'une application locale de sublimé ; bien plus, elles ont pu être reproduites expérimentalement chez les animaux.

Dans l'intoxication qui nous occupe, c'est l'appareil digestif et les reins qui sont plus particulièrement malades.

Tube digestif. — Dans la bouche, les altérations présentent des degrés bien différents selon les cas. Parfois on retrouve seulement les traces de l'inflammation constatée pendant la vie, la muqueuse est encore œdematiée, celle des joues, ainsi que les bords de la langue portent des dépressions qui marquent l'empreinte des dents surtout des grosses molaires. Les dents sont déchaussées et branlantes dans les alvéoles. Çà et là se rencontrent des fausses membranes grisâtres opaques, si elles sont plus étendues elles tapissent la cavité buccale toute entière, l'arrière-gorge jusqu'au fond du pharynx (Berthod, (ob. XXIII). Là où les plaques de gangrène sont tombées existent des ulcérations plus étendues que profondes avec des bords sinueux et irréguliers. Sur les amygdales ces ulcérations sont cratériformes (obs. XXII) et leurs bords nécrosés sont gris verdâtre.

Lorsque par le grattage on détache une fausse membrane, la muqueuse privée de son épithélium a un aspect rugueux (Braun, obs. XVIII) l'examen microscopique montre que cette fausse membrane est constituée par des cellules épithéliales altérées, des amas de leptothrix

(Braun obs. XVIII) et de nombreuses bactéridies (Braun, obs. XVIII; Galippe, obs. XXXII).

Les glandes parotides (obs. XXIX), maxillaires et sublinguales (obs. XVIII) peuvent être distendues et injectées.

L'œsophage a presque toujours été trouvé sain. Cependant, dans le cas de Netzel (obs. XIV), il était contracté et la muqueuse fortement injectée était presque totalement dépouillée de son épithélium. Ces altérations diminuaient de haut en bas. Chez notre malade (obs. XXXII) on trouva une congestion de l'œsophage; chez celle de Hensoldt (obs. XXXIII) existait une œsophagite ulcéro-membraneuse. Dans l'observation de Braun (de Vienne) (obs. XVIII), les replis de la partie inférieure de l'œsophage sont ulcérés, recouverts de fausses membranes, et injectés dans les intervalles.

L'estomac, contient quelquefois une bouillie gris verdâtre ou jaune; Les lésions y sont rares et peu accentuées. La muqueuse infiltrée et trouble (obs. XXVIII), parfois contractée et plissée (obs. XX et XVIII) peut présenter des suffusions sanguines ou des ecchymoses punctiformes. Ces ecchymoses siègent un peu partout, on les a vues, près du cardia (obs. XXI), au voisinage du pylore (obs. XVIII), sur la grande courbure (obs. XXXIV) ; quelquefois elles sont disséminées çà et là (obs. XX, XXII, XXXII).

Dans l'intestin grêle souvent normal l'on trouve peu de changement dans la partie supérieure et jusqu'à 15 ou 20 cent. de la valvule iléocæcale. En général il renferme des matières plus ou moins consistantes colorées en jaune ou en jaune verdâtre par la bile. Ses parois restent souples, mais on a les vues (obs. XVIII et XX) infiltrées, rigides, ne pouvant se plisser, avec une muqueuse encroûtée d'un exsudat gris sombre, depuis l'iléon jusqu'au cæcum. La muqueuse de l'intestin grêle est habituellement pâle ou colorée par la bile, dans certains cas (obs. XVIII, XX, XXVI, XXVII, XXVIII, XXXII et XXXVI) elle était congestionnée ou bien il y avait des suffusions et des ecchymoses sous-muqueuses.

C'est sur la dernière portion de l'intestin grêle et sur le gros intestin que portent les lésions les plus étendues et les plus remarquables. L'intestin grêle peut-être complètement indemne, le plus souvent il est malade dans la seconde moitié de l'iléon sur une hauteur très variable; dans certains cas la valvule iléo-cæcale est seule touchée, ou bien les altérations ne remontent qu'à 0,15 ou 0,20 cent. au-dessus d'elle ; dans d'autres, elles se voient beaucoup plus haut, jusqu'à 0, 50 cent. (obs. VII), 0,75 cent. (obs. XXVII) ou même davantage encore.

Le gros intestin est très inégalement altéré sur toute son étendue. C'est dans le *côlon ascendant*, l'S *iliaque* et le *rectum* que siègent les lésions les plus importantes. Je m'étonne de trouver dans le mémoire de M. Butte, et aussi dans la thèse d'agrégation de M. Brun, cette affirmation ; que, « l'S *iliaque* et le *rectum*, qui peuvent être « également lésés sont assez souvent indemnes. L'inflammation est « localisée au côlon.... ». C'est, il est vrai, l'opinion soutenue par Fraenkel et Virchow qui décrivent surtout la *colite* de l'intoxication mercurielle ; mais l'analyse des observations, me conduit des à conclusions un peu différentes. Dans les observations VII, XIII, XXIII, XXVII et XXIX, la nécrose de la muqueuse est plus développée et les ulcérations plus abondantes dans le rectum, que dans le reste du gros intestin. Rarement la colite existe seule (obs. XXXIII, XXIV) ou est plus marquée que la rectite (obs. XVIII, XVIII *bis*, XXVI) ; quelquefois (obs; XIII, XXIX) les désordres sont notables sur la muqueuse du côlon ascendant, s'atténuent et même disparaissent dans les portions transverse et descendante, pour reprendre leur intensité première dans l'S iliaque et le rectum. Dans les observatious XIV, XVII, XX, XXII, et XXVIII, le côlon et le rectum étaient aussi atteints l'un que l'autre.

Suivant le degré de la lésion, la muqueuse intestinale peut présenter bien des aspects différents, depuis une congestion intense, avec suffusion sanguine, ou des ecchymoses punctiformes jusqu'à l'ulcération étendue et profonde.

Tout d'abord, les couches de l'intestin et principalement la muqueuse s'infiltrent et par leur épaisseur (obs. IX, XIII) retrécissent le calibre de l'intestin. Dans certains cas la muqueuse est frappée superficiellement de nécrose par places plus ou moins étendues, et la couche gangrenée d'un gris clair, ressemble à de l'épithélium détaché ; d'autres fois il existe des exsudats diphtéritiques disposés par îlots et infiltrant les couches sous-jacentes ; à leur niveau, la muqueuse est rouge ou jaunâtre. A la coupe d'une de ces infiltrations (obs. XXVII) la couche musculaire est fortement œdématiée, les couches sousmuqueuses sont en partie dures et infiltrées, en partie molles et diffluentes, de couleur gris verdâtre. Lorsque les couches infiltrées sont dures, l'intestin conserve une certaine rigidité.

En général, ces lésions occupent les points saillants, le sommet des plis transverses de la muqueuse intestinale ; tantôt isolées et arrondies, elles sont le plus souvent allongées transversalement en cercle incomplet (obs. XXIX, Legrand) ; près de l'anus elles deviennent longitudinales. M. Legrand les a vues disposées par « bandes respectivement perpendiculaires et d'aspect quadrillé ».

Les membranes diphtéroïdes, les plaques gangrenées, naturellement grises, deviennent jaunes, verdâtres, sous l'influence de la bile et prennent une coloration plus foncée dans les cas d'hémorrhagie intestinale ; elles sont dures au toucher, parfois adhérentes, dans d'autres cas assez faciles à détacher (obs. VII) ; il peut à leur périphérie se creuser un sillon rougâtre d'élimination (obs. XXIX).

En tombant l'eschare forme une ulcération superficielle, arrondie ou sinueuse, à bords épaissis, comme taillés à l'emporte-pièce ; le fond de l'ulcération est grisâtre ou rosé et bourgeonnant. Là où il n'y a ni fausses membranes ni gangrène, la muqueuse est gonflée, rouge, quelquefois ecchymotique.

L'examen microscopique nous apprend que dans l'intervalle des ulcérations où la muqueuse paraît normale, il y a une infiltration et une tuméfaction des follicules et des cellules épithéliales. Au niveau de l'ulcération, le tissu cellulaire sous-muqueux est gonflé, il a doublé ou triplé d'épaisseur. Comme dans l'ulcération dysentérique « il est le siège d'un véritable phlegmon », on y trouve des éléments altérés, des hémorrhagies interstitielles, des globules rouges et des globules de pus. La couche glandulaire est altérée, elle est en voie de disparition sur le pourtour de l'ulcération. A la surface existe une substance finement grenue, d'aspect homogène ; il se fait sur certains points un véritable processus d'élimination « caractérisée par un sillon et « une zone active de prolifération. L'eschare et le tissu exubérant « des ulcérations sont infiltrées de nombreuses bactéries (Legrand « obs. XXIX) ».

Reins. — Les reins sont le siège d'altérations profondes. Ils sont gros, augmentés de poids, pâles et blancs, surtout très mous. La capsule se détache facilement, les étoiles de Verheyen ne se voient généralement pas. A la coupe, le tissu gonflé peut faire saillie sur la surface de section (obs. XIII et XXI), La couche corticale, hypertrophiée, molle, pâle, de couleur gris clair, quelquefois comme lavée (obs. XX) ou ayant l'aspect de terre glaise (obs. XVIII), peut présenter des taches ou des stries dont la couleur varie du gris jaune au rouge. Les pyramides tranchent sur la zone corticale par leur couleur très rouge, rouge sombre, ardoisé (obs. VII, XXI, XXVII) ou lie de vin (obs. XXXII). On a signalé de petites hémorrhagies rénales. Même à l'œil les tubes et les canaux collecteurs paraissent distendus et altérés ; le bassinet peut contenir un liquide épais, peu abondant, où l'on a trouvé des cylindres épithéliaux. La muqueuse du bassinet, des uretères et de la vessie est souvent rouge et injectée. Dans cette dernière on a noté des ecchymoses et des exsudats muqueux ou diphtéroïdes.

A l'examen microscopique du rein, on constate une néphrite parenchymateuse aiguë, quelquefois une néphrite diffuse (obs. XIII), ou si la mort a été rapide une simple congestion. La néphrite de l'empoisonnement mercuriel aigu peut être facilement produite chez les animaux avec des lésions semblables à celles qu'on trouve chez l'homme ; elle fut étudiée par M. Gaucher (1) dans sa thèse d'agrégation.

M. Gaucher rapporte les expériences de M. Charrin et celles qu'il a faites lui-même avec M. Armand Siredey.

Les glomérules légèrement distendus paraissent peu modifiés, les altérations les plus considérables portent sur les épithéliums. La lumière des tubes contournés, des anses de Henle se trouve beaucoup plus grande qu'à l'état normal, elle est doublée, même triplée. En beaucoup de points les épithéliums manquent complètement, ou à demi détachés de la paroi, ils flottent dans la cavité ; ailleurs la lumière du tube est complètement obstruée par des masses amorphes. Les cellules épithéliales sont privées de leurs noyaux. Les stries, que l'on voyait à l'œil nu sur la coupe sont formées par des amas de cristaux brillants en forme de couvercle de cercueil, qui encombrent les tubes du rein. L'examen chimique nous apprend qu'il s'agit là de cristaux de phosphate de chaux. Ils ont été notés dans les observations VII, XIII, XX, XXVII, XXVIII, et se déposent dans la substance corticale et dans les tubes contournés.

M. Legrand a trouvé dans les pyramides de Ferrein des boules for-

(1) GAUCHER. *Pathogénie des néphrites*. Th. d'agr., 1886.

mées par des amas de substance sans enveloppe; ces boules. sont ambrées, brillantes, vitreuses ; il lui a été impossible d'en déterminer la nature.

Ces dépôts calcaires, dont nous venons de parler, Braun les a trouvés dans les selles de sa malade (obs. XVIII) et Steffeck dans l'urine (obs. XXVII). M. Bouchard les avait déjà vus chez l'homme. Saikowsky (1) en 1866 et Prévost (2) en 1882 les ont constatés chez des animaux intoxiqués par le sublimé. D'après les recherches de Prévost la formation des phosphates de chaux serait due à la décalcification des os. Virchow et Senger pensent que la présence ou l'absence de dépôts calcaires dans le rein dépend du mode d'intoxication. D'après eux, si l'alcalinite du sang diminue, il se fait de l'acide lactique qui, agisssant sur les os forme des lactates de chaux, ces lactates de chaux sont transformés par le sang en carbonate de chaux qui est éliminé par le rein si celui-ci est sain, qui au contraire s'y dépose dans le cas de néphrite parenchymateuse.

Si comme Braun, on avait plus souvent examiné les garde-robes, peut être aurait-on trouvé comme lui le phosphate de chaux et cela expliquerait pourquoi, dans les cas de diarrhée abondante, de lésions intestinales étendues, les reins ne contenaient pas des dépôts calcaires.

Les autres organes sont beaucoup moins touchés que le tube digestif et les reins par l'intoxication. Le *cerveau*, qui malheureusement n'a pas toujours été examiné, n'offre pas de lésion macroscopique, il est ordinairement ferme, et le piqueté congestif signalé par M. Doléris est loin d'être constant. Le *cœur* sain, en général, a présenté des ecchymoses sur l'endocarde de l'oreillette et du ventricule gauches (obs. XVIII) ; des suffusions punctiformes ont été relevées sur le médiastin et sur le péricarde. Les *poumons* sont plus souvent lésés, il n'est pas rare d'y trouver des noyaux broncho-pneumoniques, de la bronchite, de l'œdème ou une congestion simple (obs. XVIII, XIX, XXI, XXVII, XXVIII, XXIX, XXX, XXXIII, XXXIV). Dans ces cas la muqueuse du *larynx* est rouge et injectée. Sur les *plèvres* existent quelquefois des ecchymoses. Dans le *péritoine* presque toujours sain, parfois congestionné, plusieurs fois il y avait du liquide

(1) SAIKOWSKY. *Virchow's archiv.*, t. XXXVII.
(2) PRÉVOST. *Rev. med. de la Suisse romande*, 1882, nos 11 et 12, et 1883, n° 1.

épanché. Stadfeldt qui a trouvé du liquide dans le petit bassin de sa malade, pensait qu'il était dû au passage de l'injection par les trompes. Mais on a noté un épanchement semblable dans d'autres cas d'entérite mercurielle, où ce mécanisme ne saurait être invoqué, il est, selon moi, produit par l'irritation du péritoine viscéral.

Le *foie* et la *rate* gros et hyperhémiés dans certaines observations, sont généralement normaux. Le *pancréas* est normal.

Les organes génitaux, l'*utérus* en particulier sont dans un état d'intégrité rare dans beaucoup de nos observations. Quelquefois, il existe sur le *vagin* et l'*utérus* des fausses membranes diphtéritiques, elles siègent sur les excoriations ou sur la plaie placentaire.

Kauffmann, chez des chiens intoxiqués avec du sublimé corrosif, a trouvé des thromboses, des veinules et des capillaires. M. F. Siredey (in these de Hallopeau. 1879), a vu une phlébite superficielle qu'il rattache à l'usage du mercure ; notre malade (obs. XXXII) a montré également une légère inflammation des veines cutanées de la jambe gauche.

Plusieurs fois, la présence du mercure a été constatée dans les reins, le foie et au niveau des lésions intestinales. Les reins en renfermaient proportionnellement plus que le foie.

CHAPITRE IV

Symptômes.

Tardieu, qui, le premier, a fait de l'empoisonnement mercuriel une
étude complète et restée classique, décrit, lorsque le sublimé pénètre
par la *voie stomacale*, trois formes d'empoisonnement : la forme
suraiguë, la forme aiguë et la forme lente ; dans la première, la forme
suraiguë, il fait rentrer l'empoisonnement par *application externe* du
bichlorure de mercure. Dans l'intoxication qui nous occupe, je dois
m'écarter de cette division ; elle ne cadre pas avec les faits observés.
Ce que nous voyons, ce sont des accidents survenir après des irrigations intra-utérines ou vaginales avec des solutions de sublimé à un
titre parfois très faible ; la plupart du temps, il est impossible de déterminer la dose absorbée, et de savoir si la pénétration a été lente ou
instantanée ; quant aux accidents observés, ils sont de deux ordres
bien différents : les uns peu marqués, de courte durée sont bénins et
pour ainsi dire insignifiants ; d'autres au contraire par leur gravité,
par leur prolongation font courir à la malade les plus grands dangers
et peuvent entraîner la mort. Je distinguerai donc deux formes, aux
accidents mercuriels provoqués par les irrigations de sublimé chez les
femmes en couches, et je décrirai des *intoxications légères* et des
intoxications graves.

§ 1. **Intoxications légères**. — Dans les cas légers, les accidents peuvent débuter insidieusement. Une femme est accouchée ;
pendant le travail, elle reçu une ou plusiers injections vaginales sublimées, après la délivrance utérus et vagin ont été irrigués, puis tous
les jours les lavages vaginaux sont renouvelés matin et soir. Tout va
bien, la nouvelle accouchée ne souffre pas, la température marque
37°, quand vers le 3ᵉ ou le 4° jour, rarement plus tôt quelquefois seule-

ment le 6ᵉ ou le 7ᵉ jour apparaît la diarrhée. Les selles fréquentes sont abondantes et glaireuses, elles répandent une odeur infecte très désagréable, contiennent du sang et s'accompagnent de coliques et de ténesme. En même temps sur les gencives gonflées, on voit un liséré rouge ; la bouche devient sensible, la malade éprouve de la sécheresse de la gorge et de l'agacement des dents. Il n'est pas rare que la stomatite soit plus marquée ; la langue s'épaissit, est blanche et chargée, sur ses bords et sur la muqueuse des joues les dents forment des dépressions. Parfois la salivation s'établit modérée ordinairement, plus abondante dans quelques cas. Puis les gencives saignent, leur muqueuse et celle des joues se recouvrent d'un exsudat pseudo-membraneux et même s'ulcère. Les dents deviennent branlantes. L'haleine sèche exhale une odeur désagréable, fétide.

Malgré ces symptômes, l'état général reste presque toujours bon, l'appétit et les forces sont conservés, la température est normale. Cependant chez les femmes anémiées par une hémorrhagie ou mal portantes, il n'est pas rare de constater de l'abattement, une légère somnolence ; parfois il y a un peu de surexcitation nerveuse, surtout dans les cas où la stomatite domine avec ou sans diarrhée; enfin certaines femmes ont des nausées, et même des vomissements.

Les urines émises en quantité normale, d'ordinaire, sont quelquefois moins abondantes, fréquemment elles sont albumineuses, surtout vers le 8ᵉ jour des couches (Dakin). Cette albuminurie est légère, et peut se montrer 2 ou 3 jours après la suppression des injections de sublimé (Dakin) ; elle dure 24 ou 48 heures au plus. Les urines peuvent être troubles, épaisses, elles contiennent des cellules épithéliales du rein, des globules rouges du sang; on y a constaté aussi la présence du mercure.

Dès l'apparition des accidents, les injections de sublimé ont été supprimées, et bientôt les symptômes s'amendent. L'abdomen qui était tendu, mais non sensible à la pression, reprend sa forme normale, les coliques disparaissent, les selles sont moins fréquentes et la diarrhée cesse après avoir duré de 2 à 4 jours. La stomatite diminue plus lentement ; le gonflement et l'endolorissement s'atténuent, les fausses membranes disparaissent, les ulcérations guérissent peu à peu, le liséré rouge persiste quelquefois longtemps.

Lorsque les accidents toxiques arrivent à une époque plus rapprochée de l'accouchement ou peu après une injection intra-utérine, ils sont plus sérieux et se succèdent dans un ordre différent. Pendant l'injection même la malade peut accuser une légère douleur dans le bas-ventre, dans la gorge des picotements et une sensation de brûlure, dans la bouche un goût métallique et mauvais. La céphalée, des nausées et des vomissements ne sont pas rares ; le pouls s'agite un peu, mais la fièvre ne s'allume pas.

Bientôt survient la diarrhée qui se manifeste quelques heures, un jour après l'injection. Les coliques, le ténesme, les selles sanguinolentes, s'observent plus fréquemment que dans les cas précédents. La diarrhée plus abondante est aussi plus longue et plus rebelle au traitement. La stomatite si elle existe, commence 2, 3, 5 jours après le début de la diarrhée ; son intensité varie depuis le simple liséré gingival jusqu'aux plaques diphtéritiques et l'ulcération. La salivation est modérée ; elle peut faire complètement défaut, ou bien être très abondante. Cette stomatite disparaît lentement.

Dans les cas où les symptômes d'hydrargyrisme n'apparaissent que vers le 6e ou 8e jour, ou plus tard encore, après un certain nombre d'injections vaginales de sublimé, soit que l'intoxication ait été lente, soit pour une cause qui nous échappe, les accidents diffèrent encore de ceux que j'ai décrits. L'intestin semble épargné, il n'y a pas ou peu de diarrhée, pas de coliques ni de météorisme de l'abdomen ; quelquefois il y a constipation. La bouche paraît seule malade ; c'est une gingivite et une stomatite peu intenses, avec une faible salivation. Si elle n'est pas soignée, l'inflammation buccale augmentera sans jamais devenir sérieuse ; une médication appropriée la fait disparaître rapidement. Ces cas sont, de tous, les plus légers, certainement aussi les plus fréquents ; il n'est pas d'accoucheur se servant du sublimé qui n'en ait observé.

Mynlieff a regardé une hématurie observée en dehors de tout autre accident comme symptomatique d'une intoxication mercurielle. Cette hématurie fut très passagère.

Sous le titre d'*intoxications légères* doit prendre place la description de l'hydrargyrie, des érythèmes qui se manifestent après les irrigations de sublimé. Suivant la division établie par Bazin, je séparerai la dermatite vésiculeuse de l'hydrargyrie par absorption. La première est une irritation toute locale qui survient par *l'usage externe* des préparations mercurielles ; j'en dirai peu de chose, elle est bien connue et n'était pas rare à une époque récente encore où l'on faisait un plus large emploi de l'onguent napolitain. Cette éruption est caractérisée par des vésicules miliaires, égales de volume et assez semblables aux vésicules de l'eczéma. Elle s'accompagne d'une légère teinte érythémateuse et provoque de vives démangeaisons. « La sérosité qui gonfle les vésicules, limpide à leur début, devient « rapidement lactescente ; la plupart se dessèchent sans rupture de « leur enveloppe, et ressemblent alors assez bien à des gouttelettes « de cire concrétée ; d'autres sont déchirées par les ongles des ma- « lades et se recouvrent de petites croûtes foliacées. Dans l'espace « de quelques jours, tout est revenu à l'état normal (1). »

L'hydrargyrie par absorption du sublimé nous arrêtera davantage. En 1886, M. Gaucherand (2), dans sa thèse d'agrégation, rapporte 13 observations d'*éruptions cutanées causées par l'administration interne du mercure* ; M. Morel-Lavallée (3) qui vient tout récemment (10 juin 1891) de reprendre cette question, consigne de nouveaux faits ; il constate que cette hydrargyrie se manifeste surtout après l'administration du calomel, avec Bazin et M. Gaucherand, il la considère comme très rare. Peut-être les faits vont-ils se multiplier, puisque nous avons pu depuis six mois recueillir plusieurs observations d'éruptions cutanées chez des femmes irriguées avec des solutions de sublimé. M. Brun (1886) a déjà cité une des observations que je rapporte (obs. XXXIX), et plusieurs cas d'érythème polymorphe dû à une intoxication par les injections vaginales de biiodure de mercure. Ces cas sont très curieux et très intéressants.

Le plus habituellement (4), l'éruption cutanée s'observe seule en dehors de toute autre manifestation hydrargyrique, quelquefois on la rencontre en même temps que la stomatite et la diarrhée (Mäurer, obs. XXXIX). Quant aux éruptions qui ont été observées dans les cas graves, il en sera question ailleurs.

(1) Bazin. *Affections cutanées artificielles*, 1862, p. 110.

(2) Gaucherand. *Éruptions cutanées causées par l'administration interne du mercure*. Th. d'agrég., 1886.

(3) Morel-Lavallée. *Hydrargyrie pathogénitique. Rev. de méd.*, n° 6, 1891.

(4) Je n'ai pas à faire l'historique de la question, on le trouvera dans la thèse de M. Gaucherand et dans le mémoire de M. Morel-Lavallée ; je me bornerai à décrire ce que j'ai vu.

C'est généralement quelques heures après les injections faites pendant le travail et après la délivrance que paraît l'éruption, cependant elle s'est montrée plus tardive, et des injections vaginales étaient données depuis plusieurs jours, quand elle est apparue. Elle débute par la face supéro-interne des cuisses : c'est aussi par là qu'on la voit commencer lorsqu'elle est consécutive à l'usage interne du mercure. Chez les accouchées, les régions vulvaires et inguinales qui ont été lavées, souvent abondamment, avec les solutions de sublimé, peuvent se couvrir de placards érythémateux qui servent de point de départ à l'éruption. Celle-ci est formée par des taches rouges, lenticulaires, à contours nets, ne faisant pas saillie ordinairement. Quelquefois, au contraire, formant un léger relief appréciable au doigt et visible quand on regarde à *jour frisant*. Au moment où l'éruption paraît, la malade ressent une sécheresse brûlante de la peau, et un prurit extrêmement pénible qui l'oblige à se gratter. Les symptômes généraux sont nuls, ou bien, au contraire, il se manifeste un grand malaise, la fièvre monte à 38° et 38°,5, et la malade, agitée, se plaint de la tête et de la gorge, que l'on trouve alors rouge et sèche. L'érythème se généralise en suivant toujours le même ordre ; il envahit d'abord l'hypogastre et les faces interne et antérieure des cuisses, puis continue à monter sur la poitrine et à descendre à la partie interne des jambes ; sur les membres supérieurs ainsi qu'à la face externe des jambes et des cuisses, l'éruption se fait beaucoup plus tard. Le visage reste indemne, il en est presque toujours de même des mains et des pieds. Ces taches d'un rouge vif s'effacent à la pression, elles peuvent rester isolées et discrètes ; elles offrent dans ce cas l'apparence des taches de la rougeole ou de l'urticaire. Rarement les choses se passent aussi discrètement. L'érythème devient confluent, les taches s'étendent à leur périphérie, ne tardent pas à former par leur réunion de larges nappes, d'où résulte une éruption érythémateuse diffuse, semblable à celle de la scarlatine. Cet érythème, on le voit, est essentiellement polymorphe, morbiliforme et d'un rose vif au début, il se fonce, prend l'aspect scarlatineux par suite de la confluence et de la réunion des taches ; il marche par poussées successives, et présente rarement de petites vésicules, seulement si le malade transpire beaucoup, on observe des sudamina. L'érythème pâlit et s'atténue progressivement, en suivant l'ordre dans lequel il est apparu. Les téguments de l'abdomen reprennent d'abord leur aspect normal, puis la poitrine, la face interne des membres inférieurs et enfin les bras et la face externe des cuisses et des jambes ; il n'y a d'exception que pour la face supéro-interne des cuisses dont la rougeur disparaît quelquefois la dernière. Souvent les taches qui se sont montrées les premières ont déjà pâli et même disparu alors que l'érythème continue toujours sa marche envahissante. Après une durée variable de quatre à dix jours, l'éruption n'existe plus, elle laisse après elle la peau sèche et légèrement rugueuse ; alors peut se produire, mais d'une façon inconstante, une desquamation furfuracée, dont les squames sont plus petites que celles de la scarlatine.

Chez la malade de M. Petrini (obs. CXV), à l'érythème de la peau succéda une éruption bulleuse. « Les bulles, d'abord de la dimension « d'un gros pois étaient sphériques, distendues par un liquide clair, « jaunâtre, avec des parois assez résistantes ». Puis leur volume s'accrût considérablement jusqu'à offrir les dimensions « d'une grosse noix ». Les bulles étaient résistantes, elles ne se vidèrent qu'après avoir été ouvertes avec une aiguille ; « mais le lendemain, sous les « parois des bulles vidées et affaissées, apparut une nouvelle quan- « tité de liquide jaune trouble » : on dut les exciser. L'apparition de ces bulles pemphigoïdes s'est accompagnée de fièvre légère et d'une forte démangeaison.

Quelquefois l'éruption se généralise si vite que plusieurs heures après le début seulement l'invasion est complète, on n'assiste plus alors aux diverses transformations que j'ai décrites, l'éruption que l'on voit d'un rouge framboisé est entièrement développée, et se manifeste sous la forme scarlatineuse.

Dans les observations d'hydragyrie que je cite, se trouvent les trois variétés décrites par Bazin. Habituellement, l'hydrargyrie est bénigne (hydrargyria mitis) et ne s'accompagne d'aucune réaction ni d'aucun phénomène général, dans d'autres cas, les plus fréquents peut-être, il y a, comme je l'ai déjà dit, du malaise, de la céphalalgie, une certaine surexcitation nerveuse, une chaleur mordicante de la gorge, des sueurs abondantes et une fièvre modérée (hydrargyria febrilis).

Enfin l'éruption observée par M. Petrini, par son intensité et son caractère, doit être, malgré une fièvre légère, rangée parmi les cas malins (hydrargyria maligna).

Intoxications graves.

Le mode de début des accidents graves est des plus variables ;
quelquefois pendant l'irrigation utérine même, éclatent des symptômes que l'on ne doit peut-être pas rattacher à l'intoxication par le
sublimé, mais qui feront craindre une absorption immédiate et notable du liquide injecté. Après un écoulement de quelques centaines
de grammes de solution, ou bien aussitôt l'injection terminée, sans
que rien permette de soupçonner un accident, subitement, la malade
accuse des maux de tête, de la suffocation, un goût métallique dans
la gorge et il n'est pas rare de voir se produire un frisson plus ou
moins prolongé ; d'autres fois il se manifeste une expression d'angoisse avec un état syncopal ; la face est pâle, la respiration rapide
et inégale, le pouls devient petit, fréquent, irrégulier. Quand elle
revient à elle, la femme se plaint de douleurs abdominales avec irra-
diation du côté des reins et du pli de l'aine ; elle se souvient que son
malaise est parti de l'utérus, et qu'elle a ressenti des coliques assez
vives ; la malade de Ziegenspeck les comparaît à des douleurs d'accouchement avec une sensation de brûlure dans le bas-ventre. Immédiatement après l'injection (obs. XIII et XXIV), mais le plus souvent,
1 heure, 2, 4 heures plus tard, quelquefois le lendemain, survient
la diarrhée ; c'est un des premiers symptômes, en même temps l'un
des plus constants.

Dans d'autres cas, et ce sont les plus fréquents, les injections se
passent bien, et c'est lorsque les femmes en ont reçu un nombre plus
ou moins considérable, trois, quatre, cinq jours et plus après le début
du traitement par les injections de sublimé, que se manifestent les
premiers symptômes de l'intoxication ; ici ce n'est pas toujours la
diarrhée qui débute, elle manque très rarement, c'est vrai, et ne tardera pas à paraître, mais la stomatite peut se montrer la première et
même par son intensité dominer la scène.

Lorsque l'intoxication est produite, elle se manifeste dans les cas
graves par des symptômes sévères et complexes.

La diarrhée, qui survient de bonne heure, est remarquable par la
constance de ces caractères ; profuse, extrêmement fréquente, elle

résiste aux différents traitements; bientôt elle s'accompagne de coliques intestinales très vives, d'épreintes et de ténesme.

Les selles ont une couleur gris noirâtre, liquides et séreuses, elles renferment des glaires et des mucosités qui leur donnent l'aspect du *frai de grenouille*, ou bien du *sagou cuit*. Très souvent, dès le second jour, quelquefois plus tôt, les matières sont striées de sang ou franchement sanguinolentes, d'autres fois elles sont sanieuses et renferment des débris de muqueuse gangrenée ou des lambeaux de fausses membranes; dans tous les cas elles répandent une odeur d'une extrême fétidité. Lorsque les garde-robes ont été examinées au microscope on y a trouvé du sang, des globules de pus, des cristaux de phosphate de chaux (obs. XVIII), des débris de muqueuse très altérés, plusieurs fois l'on pouvait y déceler la présence du mercure.

Le ventre se météorise, mais il reste habituellement insensible à la pression, parfois au bout de quelque temps la palpation peut éveiller de la douleur au niveau du cæcum ou de l'S iliaque. Lorsque la terminaison fatale approche, les selles deviennent involontaires et de plus en plus fréquentes jusqu'à ce que la mort arrive dans le coma.

En même temps que la diarrhée apparaît, souvent la malade éprouve des nausées, a des vomissements bilieux ou simplement muqueux; cette intolérance de l'estomac l'empêche de conserver les aliments qu'on lui donne et cause l'inanition. Dans quelques cas on a observé des éructations et du hoquet, très pénibles et très fatigants.

Comme l'intestin, la bouche est presque toujours touchée dans l'intoxication par le sublimé, mais la stomatite est habituellement plus tardive que la diarrhée surtout lorsque les accidents débutent brusquement aussitôt après une injection intra-utérine. Si les lésions de la stomatite sont parfois peu sensibles, il n'est pas exact, comme on l'a prétendu, qu'elles soient plus rares et moins marquées dans les cas graves.

Sur les 30 femmes qui sont mortes (malgré les lacunes de plusieurs observations), la stomatite fut très accentuée dans 12 cas (obs. X, XIV, XVIII, XIX, XX, XXI, XXII, XXIII, XXV, XXVII, XXIX, XXXII, et 2 fois l'autopsie révéla les lésions plus profondes et plus étendues qu'on ne l'avait soupçonné pendant la vie.

Dans la forme la plus simple, la bouche est sensible, les gencives rouges à peine tuméfiées présentent sur leurs bords le liséré métallique.

A un stade plus avancé les gencives s'excorient et saignent, les dents déchaussées branlent dans les alvéoles, l'inflammation gagne la muqueuse des joues qui rougit, s'œdématie à son tour, les amygdales se tuméfient, la langue devient épaisse. Alors il n'est pas rare de voir une joue, quelquefois les deux, se gonfler comme s'il s'agissait d'une simple fluxion dentaire ; cette fluxion dans certains cas, fut même le premier signe qui ait attiré l'attention. Bientôt une plaque blanchâtre se forme, de préférence au niveau des grosses molaires ou d'une dent cariée, c'est un enduit grisâtre constitué par de l'épithélium encore transparent et qui laisse voir la muqueuse d'un rouge vif (Netzel, obs. XIII) puis des globules de pus infiltrent les cellules épithéliales, l'exsudat devient opaque d'un gris foncé, quelquefois coloré en brun par le sang. Ces fausses membranes peuvent se développer avec une grande rapidité, elles se multiplient, s'étendent et arrivent à tapisser la cavité buccale toute entière, la langue, les amygdales et le pharynx ; le plus ordinairement elles sont limitées, occupant les gencives ou siégeant sur la face interne des joues et sur les bords de la langue correspondant aux dents. Si l'on détache une fausse membrane, on met à nu une muqueuse enflammée d'aspect rugueux. Le microscope nous apprend que cet exsudat en partie formé par des cellules altérées, infiltrées de pus, contient un grand nombre de bactéries. Par dessous l'exsudat, la muqueuse se gangrène, et tombe en formant une ulcération saignante, plus étendue que profonde et dont les bords sont sinueux et irréguliers. La chute de l'eschare peut amener une hémorrhagie buccale assez importante pour qu'il soit nécessaire d'une cautérisation ou d'un petit tamponnement pour l'arrêter A cette période de la stomatite la tuméfaction peut être telle que la malade ne puisse plus remuer sa langue et boive très difficilement (obs. XLVIII). Sur les bords de la langue et sur la muqueuse des joues existent des dépressions qui marquent comme sur une cire molle l'empreinte des dents.

Ce gonflement très douloureux est accompagné d'une sécheresse prononcée de la bouche et d'une vive sensation de brûlure. Dans cet état, la déglutition est très pénible, à ce point qu'il faut contraindre les malades pour leur faire avaler du lait ou des liquides. Malgré l'intensité de la stomatite, la salivation peut manquer ou être modérée ; dans plusieurs cas, elle s'est montrée d'une abondance extraordinaire. Alors c'est un spectacle des plus tristes. Une odeur d'une fétidité repoussante se répand tout autour du lit où la malade est à demi soulevée, le regard abattu et morne, ayant à peine la force de se soutenir ; elle demande par signes, ne pouvant parler, sa langue trop grosse, laisse passer son extrémité desséchée et empêche la bouche de se fermer ; les gencives sont plaquées de fausses membranes halées et formant des croûtes noirâtres, les dents sont fuligineuses, les lèvres épaissies ressemblent à deux bourrelets violacés et une salive abondante, visqueuse s'échappe sans cesse, mêlée de sang noir ou de débris gangreneux.

Une stomatite de cette gravité s'est rencontrée seulement dans 5 à 6 cas ; le plus habituellement elle est de moyenne intensité et se limite vite par le traitement à de la gingivite et à quelques ulcérations sur les joues et la langue.

Un fait remarquable que je veux mentionner à nouveau c'est que la salivation manque souvent ou qu'elle est très modérée. Enfin l'inflammation de la bouche s'accompagne presque toujours d'une soif très vive.

A côté des désordres de la bouche et des intestins, se manifestent des symptômes qui tiennent une place importante ; je veux parler des accidents rénaux. Malheureusement, l'état des reins n'est pas toujours noté, et surtout dans les premières observations les détails manquent sur le fonctionnement rénal. Dans quelques cas l'urine contenait déjà de l'albumine en plus ou moins grande quantité avant l'apparition de l'intoxication, d'autres fois elle n'en renfermait pas, et son abondance était normale. Mais dès les premiere symptômes de l'empoisonnement la sécrétion urinaire est généralement modifiée. Les urines sont troubles, épaisses, sanguinolentes dans quelques cas (obs. IX, XIX, XXVIII), leur abondance diminue rapidement, quelquefois dès le premier jour, le plus souvent le second et même le 3e jour de l'intoxication à une oligurie marquée succède une abolition totale des urines. On sonde alors la vessie et le cathéther ne ramène pas une goutte de liquide. Cette anurie peut persister 3, 4 jours, jusqu'à la mort même ; lorsque la sécrétion se rétablit, on ramène d'abord par la sonde quelques centimètres cubes d'un liquide foncé, parfois très épais, puis les urines augmentent surtout si la malade doit guérir, et atteignent progressivement 200, 400 gr. et au delà pour arriver lentement à la quantité normale. Très souvent dans les observations que je rapporte l'oligurie a été prolongée, l'anurie s'est montrée dans des cas graves suivis de guérison, 10 fois elle fut très marquée dans des cas terminés par la mort. A l'examen, ces urines se montrent toujours très chargées d'albumine, elles contiennent des éléments figurés en grand nombre ; il y a des cylindres épithéliaux, des gouttelettes graisseuses, des cristaux de phosphate de chaux (obs. XXI), des cellules épithéliales de la vessie. Ces urines peuvent être très pauvres en urée (4 gr. par litre (obs. XXXV) et Fischer a remarqué qu'elles présentent une coloration rouge spéciale. Hoppe Seyler a examiné ces urines rouges ; elles contenaient une notable proportion d'urobiline et une autre matière colorante qu'il n'a pu déterminer. On a aussi par l'examen chimique décelé la présence du mercure dans les urines (Netzel, Keller, etc.).

Dans plusieurs cas, il s'est manifesté du côté de l'appareil pulmonaire, des signes de congestion, de bronchite, de broncho-pneumonie même, il n'est pas irrationnel de rattacher ces accidents aux troubles produits par l'intoxication.

Les troubles fonctionnels s'accompagnent de symptômes généraux qui fréquemment se montrent de bonne heure.

Pendant l'injection même qui sera suivie d'intoxication, la malade se plaint parfois d'une céphalalgie vive qui peut disparaître assez vite ou persister jusqu'à la mort ; souvent la malade agitée, nerveuse, avec une expression d'angoisse aura une hyperesthésie généralisée ; elle ne dort pas, pousse des gémissements, et si la parole est difficile, elle s'agace, s'irrite de ne pouvoir se faire comprendre.

Apathique, plongée dans un état de torpeur et d'abattement dont on la tire avec peine, la malade conserve généralement son intelligence, et la connaissance des choses et des personnes qui l'entourent jusqu'à ce que, la somnolence et la prostration augmentant, elle succombe dans le collapsus.

Les battements du cœur sont sourds, mal frappés, irréguliers. Le pouls est profondément modifié, il s'affaiblit, augmente de fréquence (100 à 120 pulsations par minute) ; il est petit, filiforme. Plusieurs fois il s'est produit des épistaxis.

Cependant la température reste normale ou s'abaisse au-dessous de 37°, il est exceptionnel que la fièvre s'allume, et quand cela arrive il semble qu'on doive l'attribuer à l'intensité des accidents de la bouche ou de l'intestin.

La peau pâle, quelquefois cyanosée se recouvre dans certains cas d'une sueur froide et visqueuse, dans d'autres il existe de la sécheresse avec de vives démangaisons.

Ces démangeaisons précèdent fréquemment la mort (Wöhtz, Steffeck) et se sont accompagnées, trois fois (obs. XIV, XXV, XXXII) d'éruptions cutanées. Chez la malade de Netzel, deux jours avant la mort on observe « sur les hanches, sur la face interne des cuisses et sur la figure une éruption érythémateuse » qui n'est pas décrite davantage.

Dans l'observation XXV, l'éruption paraît aussi la veille de la mort en même temps que les urines se suppriment. La face est vultueuse, et présente de l'érythème. « Des plaques érythémateuses sont « disséminées sur le corps, sur les genoux, au sacrum, sur les articulations métacarpo-phalangiennes. » Le lendemain, jour de la mort, la face est toujours vultueuse, mais elle n'est plus le siège des taches érythémateuses, celles-ci existent seulement « disséminées sur l'abdomen et sur la face supérieure des cuisses ».

Chez notre malade, l'éruption a été beaucoup plus remarquable et sa longue durée a permis d'en mieux observer l'évolution.

Dans les planches (1) que je suis heureux de pouvoir publier, on retrouvera fidèlement reproduits les caractères de cette éruption. Neuf jours avant la mort (le 20 avril, au soir), au milieu de démangeaisons très violentes sur le front, les avant-bras et les cuisses, était apparue l'éruption ; c'étaient des taches lenticulaires isolées, rappelant la rougeole, très légèrement saillantes et disséminées sur les bras, les mains, les cuisses et les jambes. Le lendemain (21 avril), l'éruption s'étend sur les pommettes où elle s'étale en larges plaques rouges violacées, sur les membres, au contraire, les taches d'un rose vif sont arrondies et moins prurigineuses que la veille. On le voit, l'invasion débute comme chez la malade de M. Porak (obs. XXV) ; elle atteint les extrémités et la face avant de gagner l'abdomen et la poitrine ; sa marche est donc inverse de celle que nous avons décrite à l'hydrargyrie dans les intoxications légères, ses caractères sont aussi différents.

Les taches lenticulaires s'élargissent par leurs bords, présentent

(1) Ces planches appartiennent à M. le professeur Tarnier, à qui je les dois ; que mon cher maître, veuille bien accepter l'expression de ma vive reconnaissance. Les originaux sont dus au talent de mon ami Ernest Courtois, artiste peintre.

une coloration plus vive à leur périphérie qu'au centre qui pâlit légèrement. Bientôt, en s'étendant, elles se joignent par leurs bords, se
confondent pour former de larges plaques dont les contours sont
sinueux et irréguliers. Ainsi l'éruption se généralise aux membres
supérieurs d'abord, et presque en même temps sur les jambes et les
cuisses. L'érythème est toujours un peu plus pâle au centre qu'à la
périphérie ; chez notre malade, après avoir été d'un rouge vif, il est
devenu d'un rouge plus sombre, légèrement violacé. Ces différentes
phases de l'éruption peuvent être bien suivies sur les planches I et II.

Sur l'abdomen et la poitrine ou l'érythème apparaît en dernier lieu
les taches ont le même caractère et subissent la même évolution.
Cependant les plaques érythémateuses très nombreuses ne furent
jamais aussi étendues que sur les bras et les jambes et les taches
restèrent séparées par un intervalle de peau saine (planche III).
L'érythème disparaît en suivant l'ordre de son apparition. La face a
pâli lorsque l'abdomen présente les premières taches, et lorsque
celles-ci deviennent confluentes, l'éruption est à peu près terminée sur
les membres ; la peau reste sèche, ridée et, par places, l'épiderme se
desquame.

Quelle peut être la cause de cet érythème ? je ne saurais le dire ;
mais je crois que sa signification est grave ; il a été observé peu avant
la mort, dans des accidents de longue durée, où le traitement avait
triomphé des symptômes alarmants et où il était permis d'espérer
la guérison.

La marche de l'intoxication est des plus variables et ne peut guère
être déterminée avec précision. Les symptômes que nous avons
décrits, sont irréguliers dans leur apparition, tantôt c'est la diarrhée
qui se montre la première, tantôt au contraire c'est la stomatite, ailleurs,
les deux se voient en même temps, leur intensité, leur durée varient
de même avec chaque cas. Les différences dans les manifestations de
l'empoisonnement mercuriel tiennent à des causes que nous ignorons ; aux diverses susceptibilités individuelles, ou encore à des transformations que le sublimé peut subir dans l'organisme, transformations qui sont mal connues.

Dans les cas heureux, les accidents sont de courte durée, la stomatite, la salivation, la diarrhée, durent deux à trois jours, les symptômes s'amendent et la guérison est rapide. Dans les cas graves, la

diarrhée est plus particulièrement rebelle au traitement, la miction se fait mal, la stomatite est intense ; mais parfois tout se calme, les urines reviennent, la malade reprend ses forces, et guérit, d'autrefois tout fait espérer une terminaison heureuse, quand un affaissement imprévu survient et avec lui une mort rapide.

Celle-ci arrive à une époque extrêmement variable, on l'a vue après trois jours (obs. VII, IX, XVI), quatre jours (obs. XIX), cinq jours (obs. XVIII), fréquemment du 6e au 12e jour. D'autres fois la maladie a été beaucoup plus longue, elle a duré 15 et 16 jours (obs. XIII et XXII) et même 18 jours (obs. XXXII).

CHAPITRE V

Diagnostic et Pronostic.

Les lésions intestinales trouvées à l'autopsie sont-elles bien d'origine mercurielle ? Je ne crois pas que sur ce point le doute soit aujourd'hui permis, les faits observés tant en chirurgie qu'en obstétrique sont nombreux, dans lesquels les lésions qui ont été relevées dans l'intestin, les plaques de gangrène, les exsudats, les ulcérations étaient semblables à celles signalées dans les empoisonnements mercuriels par la voie stomacale. L'expérimentation est venue à son tour confirmer les données cliniques, et prouver que le sublimé à très petite dose peut, en injection sous-cutanée, amener de la gangrène et des ulcérations profondes du gros intestin. La pyohémie, la septicémie d'autres affections graves peuvent, il est vrai, produire des lésions intestinales, elles sont différentes de celles que cause le sublimé ; il s'agit alors « de tuméfaction des follicules clos ou des plaques de « Peyer, et quand il existe des ulcérations, elles sont petites, super- « ficielles et ne se trouvent que dans le jéjunum » ; dans l'intoxication le gros intestin est le siège constant des lésions.

Rien ne s'oppose à ce que l'on rattache la néphrite suraiguë à l'empoisonnement mercuriel, les faits cliniques antérieurs, les expériences, l'abondance du mercure trouvé dans les reins, prouvent que cette néphrite est bien d'origine toxique et qu'elle est due à l'élimination du mercure.

Quant aux lésions de la stomatite, naguère encore il n'eut pas été besoin d'insister sur leur origine ; mais M. Galippe a publié une étude où il cherche à démontrer que la stomatite mercurielle n'a pas de caractères qui lui soient propres et qu'elle doit rentrer dans la classe des stomatites septiques. M. Galippe pense que dans la production de la stomatite le mercure doit être rejeté au second plan, ce seraient les bactéries qui joueraient le principal rôle dans la production et la propagation de la stomatite. Que les lésions causées par le mercure dans la bouche soient un milieu favorable pour les micro-organimes qui peuvent à leur tour augmenter la lésion, par *auto-inoculation*, comme le veut M. Galippe (1) ou même causer chez une personne saine une stomatite septique (Diday. *Ann. de dermatologie*, 2 février 1891), je ne le nie pas, mais jusqu'à plus ample informé, je partagerai l'opinion générale qui regarde le mercure comme le coupable et comme étant la cause de la stomatite, je crois à l'existence de la stomatite mercurielle. Lorsque dans les organes et plus particulièrement dans les reins, le foie, au niveau des ulcérations intestinales, on trouvera le mercure, on ne pourra guère mettre en doute l'intoxication par le sublimé et l'origine vraiment mercurielle des lésions.

L'intoxication mercurielle doit être séparée des affections avec lesquelles on pourrait la confondre.

Lorsque l'éruption érythémateuse se manifeste seule, à part la dermatite locale qui sera reconnue sans peine, il ne sera pas toujours facile d'en affirmer l'origine mercurielle.

Les éruptions de l'hydrargyrie malgré leurs caractères assez particuliers dans les cas qui nous occupent, ressemblent beaucoup aux autres éruptions médicamenteuses ; mais ici le doute ne sera pas de longue durée ; les commémoratifs nous apprendront si la malade a pris du chloral, si elle fait usage des préparations iodurées ou bromurées ou de médicaments susceptibles de provoquer un érythème. Le diagnostic avec la rougeole et la scarlatine mérite de nous arrêter davantage.

La rougeole s'accompagne de phénomènes généraux graves, il y a de la toux, du larmoiement, du coryza, rien de cela n'existe dans l'hydrargyrie qui survient après les irrigations de sublimé ; il est rare que la fièvre s'allume, elle sera contemporaine de l'éruption, peu élevée ; elle présentera d'ordinaire des rémittences matinales. L'agitation et la courbature, lorsqu'il y en a, ne sont guère comparables à la courbature et à l'abattement des morbilleux ; la céphalalgie peut être vive dans les deux cas. On se souviendra que la rougeole est une

____

(1) GALIPPE. *Loc. cit.*

fièvre éruptive qui récidive rarement, et que presque tout le monde l'a eue dans son enfance ; enfin le mode d'invasion n'est pas le même, la face est bientôt couverte de boutons dans la rougeole, ici la figure, les extrémités des membres sont fréquemment indemnes, enfin dans l'hydrargyrie l'évolution est progressive et plus lente, et les taches morbilliformes ne tardent pas à se modifier et à prendre l'aspect scarlatineux.

Ce sera déjà un premier signe de diagnostic avec la scarlatine elle-même, et aussi un des meilleurs, car la scarlatine est une des maladies les plus variables dans ses manifestations et certaines de ses variétés offrent beaucoup d'analogie avec l'érythème hydragyrique. L'éruption de celui-ci débute en effet par le tronc comme la scarlatine pour s'étendre vers les extrémités, elle peut s'accompagner de fièvre, d'inappétence, de rougeur de la gorge, il est vrai que le plus souvent la fièvre manque dans l'hydrargyrie et que les phénomènes généraux sont nuls, mais le diagnostic est à coup sûr difficile, cependant la scarlatine est contagieuse et les érythèmes qui nous occupent n'étaient jamais épidémiques ; de plus, ils débutent toujours par les parties qui ont été soumises à l'action locale du sublimé, et plus particulièrement par les organes génitaux.

Il n'est pas possible de confondre ces éruptions avec celles qui surviennent dans le cours d'une septicémie puerpérale, elles n'ont ni la même forme ni le même siège, elles sont beaucoup plus abondantes ; de plus, les éruptions des puerpérales se montrent quand la maladie est nettement accusée ; dans nos observations, aucune femme ne présentait le moindre symptôme d'infection.

Je ne cite que pour mémoire, l'eczéma rubrum et l'érysipèle dont le diagnostic se fera sans difficulté.

Certains auteurs ont voulu rattacher les symptômes que nous avons décrits à de l'infection puerpérale. Lorsque le tableau symptomatique sera complet, qu'à la diarrhée, aux urines albumineuses et rares, s'ajouteront les symptômes si caractéristiques du côté de la bouche ; la gingivite avec son liséré métallique, les fausses membranes diphtéroïdes et la salivation, il sera difficile de confondre l'empoisonnement mercuriel avec l'infection puerpérale ; mais, lorsque la diarrhée existera seule avec les troubles rénaux il faut y regarder de plus près. On se souviendra que l'infection puerpérale s'accompagne d'une fièvre

vive avec rémission matinale et présentant une courbe à grandes oscil-
lations, de plus, la diarrhée n'a pas ce caractère de soudaineté observé
parfois dans l'intoxication ; elle survient quand la maladie est avancée.
Généralement peu durable, elle est d'un bon augure, elle annonce
d'ordinaire une amélioration prompte et définitive.

Les lochies sont abondantes et fétides, l'abdomen est douloureux,
et la pression au niveau de l'utérus et des annexes très pénible dans
la fièvre puerpérale. Rien de tout cela dans l'intoxication par le sublimé, la température est souvent au-dessous de la normale ; les selles
dysentériformes sont rebelles au traitement et durent jusqu'à la mort,
les organes génitaux sont sains, l'abdomen distendu n'est douloureux
nulle part. Enfin, l'examen des selles et des urines pourra dans bien
des cas faire découvrir du mercure et lever le doute. Dans l'infection
puerpérale des éruptions cutanées qui peuvent apparaître sont bien différentes. Les plaques érythémateuses de l'infection peuvent se produire
sur tous les points du corps, elles n'ont pas la marche régulière de celles
que nous avons décrites, de plus, elles sont généralement solitaires,
et leur diamètre, variable, dépasse d'ordinaire plusieurs centimètres.

Mais il s'agit bien d'une intoxication mercurielle, sera-t-elle bénigne
ou grave ? Lorsque les symptômes seront peu accentués du côté de
la bouche et surtout de l'intestin, qu'ils diminueront et cesseront avec
la suppression du sublimé, quand ils seront survenus peu à peu, à la
longue, l'intoxication sera bénigne. Lorsque l'apparition a été brusque
que les symptômes intestinaux dominent fréquents, avec des douleurs,
de l'hypothermie, des symptômes généraux alarmants, prostration,
faiblesse et rapidité du pouls, on se trouvera en présence d'un cas
grave. Le pronostic sera en cette occurence des plus réservés, la terminaison peut être heureuse, mais aussi la mort peut terminer brusquement la scène. La longue durée de la maladie ne doit pas non plus
nous donner une trop grande confiance, des femmes intoxiquées, nous
l'avons vu, ont succombé plus de deux semaines après le début de
l'intoxication.

CHAPITRE VI

Prophylaxie et traitement.

La prophylaxie de l'intoxication mercurielle chez les parturientes se résume en ces deux points : 1° ne pas faire usage du sublimé lorsqu'il y a contre-indication ; dans ces cas, M. Tarnier emploie et préconise le permanganate de potasse à la dose de 0,50 centigrammes par litre d'eau et nous pouvons affirmer que ce médicament est un antiseptique et un désinfectant très puissant qui a de plus l'avantage d'être inoffensif. 2° quand on fait des injections au bichlorure de mercure, prendre les précautions les plus minutieuses pour éviter l'absorption.

§ Ier. **Contre-indications.** — C'est de la connaissance des causes favorables à l'intoxication, étudiées dans un chapitre précédent, que découlent les contre-indications à l'emploi du sublimé chez les femmes en couches. Je vais les passer rapidement en revue.

L'état général doit tout d'abord attirer l'attention ; lorsqu'une femme se présentera dans un mauvais état, qu'elle soit débilitée par une maladie chronique ou du fait même de sa grossesse, il faudra renoncer aux injections de sublimé. L'épuisement, après un accouchement laborieux, comme l'anémie à la suite d'une perte abondante, quelle qu'en soit la cause, devront aussi les faire rejeter. C'est que, dans tous ces cas, les femmes offrent moins de résistance à l'absorption du liquide injecté ainsi qu'au poison.

Un second point très important est de savoir si les organes d'élimination ne sont pas malades. L'accoucheur s'assurera donc de l'intégrité parfaite des reins et du tube digestif. Pendant la grossesse, nous le savons, les reins subissent souvent de grandes modifications, et dans les derniers mois il peut survenir une diarrhée, parfois abondante et prolongée. Chez une femme albuminurique, ou qui l'a été pendant sa gestation, chez celle qui présentera du catarrhe gastro-intestinal on ne devra pas non plus se servir du sublimé. Un œdème étendu, même sans albuminurie, une urine peu abondante et très pauvre en urée, indiqueront aussi des fonctions rénales insuffisantes ou mauvaises et commanderont la même réserve.

Existe-t-il, dans les voies génitales, des plaies étendues, l'utérus est-il inerte, l'absorption peut être trop facile et trop grande pour qu'il soit permis d'employer des injections toxiques et plus particulièrement celles au bichlorure de mercure.

Enfin, parmi les causes qui favorisent le plus l'empoisonnement, nous avons cité : la rétention du placenta, peut-être celle des membranes, l'avortement. Dans tous ces cas, afin de ne pas s'exposer à des accidents toxiques, les irrigations utérines ou vaginales ne seront pas faites avec les solutions de sublimé.

Chacune de ces contre-indications devrait être plus formelle encore, si elle se rencontre chez des femmes primipares, puisque dans plus de la moitié des cas d'intoxication mercurielle, il s'agissait de femmes accouchées pour la première fois ; malheureusement nous ignorons si elles ne viennent pas à la Clinique dans une proportion plus grande que les multipares.

L'organisme, chez les individus soumis aux préparations mercurielles emmagasine, il ne faut pas l'oublier, des quantités assez notables de mercure, et quand le traitement a été intense et de longue durée, l'élimination peut se prolonger pendant des mois, même des années, a-t-on dit. Si donc une femme accuse dans ses antécédents morbides, une vérole soignée et guérie par le mercure, les faits nous apprennent qu'elle est plus sensible aux injections de sublimé, l'accoucheur devra se méfier et se montrer très prudent.

§ II. **Précautions à prendre pour les irrigations de sublimé.**—Ces précautions sont de deux ordres différents ; les unes ont trait à la nature, au titre, aux qualités de la solution employée, les autres concernent la manière de pratiquer l'injection.

Quelle solution de sublimé choisira-t-on ?

Les solutions aqueuses s'altèrent facilement ; elles peuvent former des dépôts et des combinaisons toutes les fois que l'eau n'est pas pure et contient des sels de chaux ou des alcalins terreux. Ces solutions seront rejetées, parce qu'il n'est pas permis d'employer un agent dont on ne connaît pas exactement la force ni la nature, surtout lorsqu'il est toxique.

Lorsqu'on emploie le chlorhydrate d'ammoniaque pour dissoudre le sublimé, on n'obtient pas des solutions beaucoup plus stables que les précédentes et, d'après les expériences de MM. Tarnier et Vignal, elles ont un pouvoir antiseptique moindre que la liqueur de Van Swieten.

J'ai déjà fait des réserves sur la solution de sublimé, avec adjonction de l'acide tartrique ; j'ajouterai que tous les chimistes n'admettent pas l'opinion de Laplace, qui prétend que l'acide tartrique empêche la formation d'albuminates de mercure ; le fait est assez important et demande à être contrôlé scientifiquement. Mais qu'il empêche les albuminates de se former, ou qu'il retarde seulement la coagulation, l'acide tartrique peut, dans les deux cas, favoriser une absorption rapide du sublimé et nous savons qu'une petite dose de sel mercuriel introduite d'un seul coup dans l'organisme, est plus redoutable qu'une quantité plus forte absorbée lentement. Je ne serai donc pas favorable aux solutions faites avec l'adjonction de l'acide tartrique.

M. Pozzi (1), pense qu'en ajoutant 6 grammes de sel marin par litre de solution sublimée, on obtient ainsi un liquide moins irritant et d'un pouvoir endosmotique plus faible. L'expérimentation animale peut seule nous fixer sur ce point.

Mais il est une solution qui a fait ses preuves ; c'est la solution alcoolique, la liqueur de Van Swieten pure ou mieux dédoublée, c'est elle que M. Tarnier a conseillée dès 1881. Il semble que moins que toute autre, elle ait donné lieu à des accidents sérieux ; elle est plus stable et doit à l'alcool qu'elle contient, d'être hémostatique et peut-être aussi moins absorbable ; de plus, elle s'est montrée la plus antiseptique (Tarnier et Vignal), de toutes les solutions de sublimé.

C'est donc la liqueur de Van Swieten que je préfère, et je voudrais

(1) Pozzi. Traité de Gynécologie, *loc. cit.*

qu'elle fut dédoublée, ou mieux *déquintuplée* pour les lavages vaginaux et utérins. Au 1/5000, en effet, la solution alcoolique de sublimé jouit encore d'un pouvoir antiseptique considérable, aussi considérable que la solution au 1/4000 (Tarnier et Vignal). Mais on l'emploiera en très petite quantité ; si l'on veut, en effet, une action mécanique, une *irrigation de balayage,* passez-moi l'expression, qu'on prenne d'autres solutions antiseptiques non dangereuses. De plus, la solution injectée sera chaude, à une température variant de 45° à 50° ; alors elle agit puissamment sur l'utérus qui se contracte et ferme les voies d'absorption ; le pouvoir antiseptique du sublimé serait même augmenté par l'élévation de température d'après les recherches expérimentales du Dr Ahl (1).

Autant que possible, on s'abstiendra du sublimé dans les injections intra-utérines ; cependant si l'on croit devoir s'en servir, les trop grandes quantités et les solutions fortes seront proscrites. Les irrigations utérines ne seront ni fréquentes, ni prolongées ; à fortiori devra-t-on se garder de faire des irrigations continues.

Dans ces injections intra-utérines, on se servira toujours d'une sonde à double courant, et, le récipient injecteur sera peu élevé, à une hauteur de 0,30 à 0,40 cent., 0,50 cent. au plus, afin que le liquide s'écoule sans pression, comme en *bavant.*

Que l'injection soit utérine ou vaginale, l'opérateur, avec une grande attention, veillera à ce que l'utérus se contracte bien et ne se laisse pas distendre. Toujours, la main gauche, placée sur l'hypogastre, embrassera le fond de l'utérus, le frictionnant et le comprimant pendant toute la durée de l'injection. Cette méthode a toujours été recommandée en France, Fritsch l'a mise en honneur en Allemagne. L'injection terminée, on s'assurera que l'utérus ne s'est pas distendu, que le vagin n'est pas ballonné, en un mot qu'il n'existe pas de rétention de liquide. En déprimant la fourchette, et en ouvrant la vulve après l'injection s'il reste du liquide dans le vagin, il pourra s'échapper. Comme Dakin et Boxall, on peut aussi mettre l'accouchée dans la position génu-pectorale, ou, selon le conseil de Sänger, faire suivre l'injection sublimée d'un lavage avec un antiseptique différent. Dans plusieurs cas cette précaution avait été prise, très minutieusement comme· on le voit dans les observations de M. Porak, de

(1) AHL. In *Medecine moderne,* 19 février 1891.

M. Legrand et dans la nôtre (obs. XXV, XXVIIII, XXXII) et cependant l'intoxication s'est produite.

Pour moi, je préférerais que l'injection intra-utérine de sublimé, fût à la fois *précédée et suivie* d'une irrigation avec un antiseptique non dangereux. Si les tissus des organes génitaux *ont soif* et si c'est au début de l'injection qu'ils absorbent ; ils ne *boiront* qu'un liquide inoffensif. Mais, il est à craindre que le pouvoir antiseptique de l'injection de sublimé ne soit, par ce fait, amoindrie.

On pourra aussi favoriser la sortie du liquide retenu, en abaissant brusquement le récipient dont on se sert pour l'irrigation, au moment où il va se vider et faire ainsi, fonctionner comme siphon le tube injecteur.

TRAITEMENT

Dès les premiers symptômes d'intoxication mercurielle, la première indication qui s'impose, est de cesser immédiatement et d'une façon absolue les injections du sublimé.

Si les symptômes sont légers, ils disparaîtront bientôt et pour ainsi dire spontanément après la suppression du sublimé. Cependant il faudra veiller à ce que l'état général reste bon. L'alimentation sera substantielle, on donnera des toniques ; mais avant tout le lait sera administré largement, il facilitera le bon fonctionnement rénal et activera la diurèse.

Contre l'inflammation de la bouche et des gencives : la propreté et l'antisepsie. Les dents seront nettoyées et brossées, soit avec de l'eau tiède aiguisée avec du jus de citron, soit avec une des solutions antiseptiques d'acide borique, d'acide phénique, de naphtol ; les lavages de la bouche seront fréquemment renouvelés avec les mêmes préparations. Pour apaiser la soif, s'il en existe, des boissons rafraîchissantes et diurétiques.

Lorsqu'il y aura de la constipation, ce qui n'est pas rare dans les cas légers, on la combattra par une purgation saline, le sulfate de soude ou de magnésie. Si au contraire la diarrhée domine, on donnera à l'intérieur du thé ou des boissons aromatiques alcoolisées, et pour débarrasser l'intestin d'un contenu irritant on administrera des lavements émollients ; la diarrhée s'accompagnant de coliques, d'épreintes, on ajoutera au lavement XX à XXX gouttes de laudanum de Sydenham. Si les lavements laudanisés devaient être répétés plusieurs fois, il ne faudrait y mettre que X à XV gouttes seulement de laudanum.

Dans les cas graves, l'état général sera maintenu par l'alimentation et les toniques. Parmi ceux-ci, on choisira de préférence les potions alcoolisées, la potion de Todd, l'extrait mou de quinquina, les grogs, le vin de Bordeaux ; le champagne glacé réussira bien dans les cas de nausées et de vomissements. L'alimentation sera aussi riche que possible sous un petit volume et de digestion facile : suivant les circonstances, ce seront les œufs peu cuits, le jus de viande, les peptones, les bouillons concentrés qui seront donnés ; mais avant et par-dessus tout le lait, en grande quantité. Si les lésions de la bouche empêchent la déglutition, on emploiera la sonde œsophagienne, introduite par le nez ; et même lorsque l'intestin n'est point trop malade on pourra recourir aux lavements alimentaires.

Trois voies peuvent servir à l'élimination du mercure : les reins, l'intestin, la peau ; il ne faudra négliger aucune de ces voies. Les reins sont rapidement atteints de néphrite parenchymateuse dans l'intoxication mercurielle, on ne tardera donc pas à leur venir en aide. C'est encore le lait, aliment et remède qu'il faudra faire prendre. A cet excellent diurétique, on pourra joindre la caféine ou la digitale qui en même temps augmenteront la quantité de l'urine et soutiendront l'énergie du cœur. L'iodure de potassium était regardé comme un bon agent d'élimination du mercure quand Winternitz est venu affirmer qu'il n'avait nulle influence sur celle-ci et qu'il ne l'augmentait ni ne la diminuait ; quoi qu'il en soit, il n'est pas irrationnel de donner l'iodure de potassium à faible dose, fut-ce simplement comme tonique cardiaque (G. Sée. Académie de médecine, séance du 30 juin 1891).

Quant à l'intestin, s'il présente de la constipation, ou même une diarrhée très faible on ne craindra pas d'administrer une purgation saline, et d'entretenir le ventre libre au moyen de laxatifs doux. Inutile de dire qu'entre tous les purgatifs on ne fera pas choix du calomel.

Mais lorsqu'il existe de la diarrhée, une diarrhée abondante, mêlée de sang, que doit-on faire ? Sera-t-il sage ou imprudent de l'arrêter. Les avis sont partagés. Il est certain que le mercure se retrouve dans les fèces et que la diarrhée aide à son élimination aussi je n'ai pas hésité à recommander les purgatifs lorsque la diarrhée est faible ou qu'il existe de la constipation. Mais dès que la diarrhée s'aggrave, il y aurait péril, à laisser la malade s'affaiblir, s'épuiser par des évacuations abondantes d'autant plus qu'il n'est pas démontré, que dans ces cas l'élimination du mercure croisse proportionnellement à l'intensité du flux intestinal. On modérera donc les diarrhées intenses par l'administration du bismuth, des astringuents, des boissons aromatisées, du rhum à l'intérieur. Afin de ne pas faire prendre de trop fortes quantités d'opium, ce qui pourrait augmenter la somnolence et le collapsus qui se rencontrent dans l'intoxication mercurielle, il vaut peut-être mieux ne pas donner par la bouche les préparations opiacées et administrer seulement des lavements laudanisés. On y joindra les lavements émollients, amidonnés, à l'eau de chaux, qui, renouvelés souvent, balayeront les produits putrides et empêcheront la résorption. Dans les cas d'hémorrhagies intestinales on mettra dans le lavement XV à XX gouttes de perchlorure de fer.

Afin d'activer l'élimination du mercure par la peau, on a conseillé la pilocarpine, surtout en injections sous-cutanées. Je ne partage pas cette opinion, la pilocarpine, il est vrai, provoque une sueur abondante, mais au détriment de la sécrétion urinaire.

Axenfeld (1) a imaginé de faire sortir le mercure par le moyen des bains électriques ; ce n'est pas toujours pratique, de plus il n'est pas bien sûr que le mercure recueilli sur l'électrode n'ait pas été déjà éliminé par la sueur ; le bain dans cette hypothèse n'agirait pas mieux qu'une simple friction.

M. Porak (obs. XXV) a donné à une de ses malades deux bains de vapeur. Le bain de vapeur a des effets analogues à ceux de la pilocarpine ; il fait transpirer mais il diminue les urines.

Cependant il y a un grand intérêt, non seulement à ne pas négliger l'élimination par la peau, mais encore à l'activer. M'inspirant d'un mode de traitement de l'éclampsie, préconisé par M. Bar, je crois que les bains chauds savonneux peuvent avoir une influence très heureuse dans le traitement de l'intoxication mercurielle. Les bains

(1) Axenfeld. *Gaz. des hôp.*, 1870, n° 25.

chauds avec friction savonneuse, enlèveront cette sueur gluante qui survient souvent dans les cas qui nous occupent, ils faciliteront le bon fonctionnement de la peau ; et un de leurs effets les plus constants est de ramener la sécrétion urinaire, si elle fait défaut, de l'augmenter lorsqu'elle est seulement diminuée.

Dès le début d'une intoxication par le sublimé, la malade prendra donc un bain, elle sera frictionnée et savonnée ; s'il y a lieu, on renouvellera le bain.

Lorsqu'il existe une stomatite grave, un traitement énergique, rigoureux presque de tous les instants s'impose, sans cela les lésions s'accroissent rapidement.

Grâce au traitement de M. Gallippe, notre malade (obs. XXXII) avait guéri de sa stomatite. Dès que l'on verra apparaître l'inflammation de la muqueuse des gencives et de la bouche, on ordonnera les soins de propreté et d'antisepsie recommandés pour les cas légers. Les enduits pseudo-membraneux seront cautérisés, et nous avons vu l'acide phénique bien réussir ; on évitera le contact des dents avec la joue au moyen de petits bourdonnets. On isolera de la même façon les ulcérations ; c'est un foyer très favorable à la pullulation des microbes, M. Gallippe en a trouvé un grand nombre, et ces microbes semblent jouer un rôle dans la formation des pseudo-membranes et des ulcérations.

Lorsque la nécrose de la muqueuse est très étendue, avec des ulcérations de la langue, une tuméfaction buccale considérable, les irrigations antiseptiques chaudes, renouvelées, toutes les heures, toutes les demi-heures même, rendront les plus grands services.

Le Dr Bockhart (New-York) recommande dans la stomatite mercurielle de toucher les gencives et la muqueuse buccale avec une solution de cocaïne à 5 0/0 avec un pinceau soigneusement désinfecté avant et après chaque badigeonnage. Si la stomatite est intense, il emploie des solutions à 10 et 20 0/0. La cocaïne soulagera la douleur et peut être modifiera-t-elle l'inflammation en décongestionnant la muqueuse.

Quant au chlorate de potasse, je crois avec M. Panas qu'il n'est guère efficace aussi bien à l'intérieur qu'en gargarismes. Nous savons, d'ailleurs, que le chlorate de potasse trouble les fonctions rénales et altère l'épithélium des anses de Henle. Si l'on ne partage pas cette

opinion, du moins on ne donnera pas le chlorate de potasse en pastilles ; le sucre de ces pastilles peut se transformer en acide lactique
et causer des désordres dans les cas qui nous occupent.

Enfin, dans les cas très graves avec anémie on pourrait peut-être
retirer de grands avantages de la transfusion sanguine.

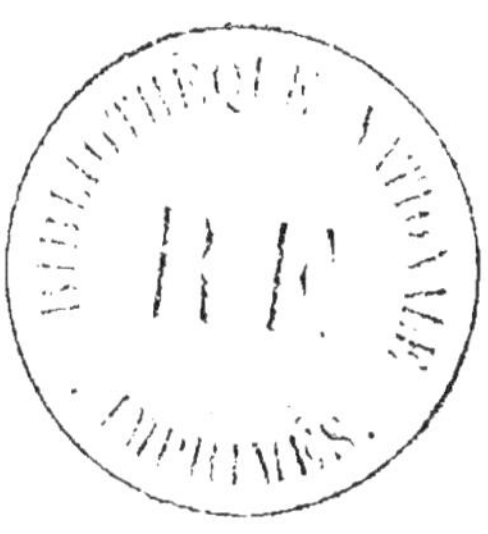

CHAPITRE VII

Conclusion

Faut-il conclure des faits que j'ai étudiés à l'abandon du sublimé en obstétrique ? Ce n'est pas le but que je me suis proposé, car c'est grâce à ce puissant antiseptique que la mortalité et la morbidité ont à peu près disparu de nos maternités. Mais j'ai voulu montrer que cet agent est très toxique, qu'il a causé en injections utérines quelquefois même en irrigations vaginales des accidents terribles. J'ai recherché les causes capables de favoriser l'intoxication, j'en ai étudié les symptômes pour arriver aux moyens d'éviter l'empoisonnement ou d'y remédier, et je terminerai par cette seule conclusion :

Que le sublimé doit être employé chez les femmes en couches avec SCIENCE et PRUDENCE et qu'il est *dangereux* en des mains *inexpérimentées*.

OBSERVATIONS

Intoxications graves.

Obs. VII. — Stadfeldt. *Centralb. f. Gynæk.*, 1884, n° 77, p. 97.

Une primipare, non mariée, de 23 ans, fut amenée à la salle d'accouchement le 25 décembre 1883. Toujours saine, elle se croyait enceinte depuis le milieu du mois de mars. Elle se trouva bien durant sa grossesse. Une heure et demie *après l'entrée à l'hôpital*, l'enfant en présentation du sommet, sortit naturellement. Le placenta fut retenu et donna naissance à une hémorrhagie (800 gr. de sang furent réunis). *C'est pourquoi le placenta fut extrait après un décollement partiel. Injection utérine et vaginale à l'eau phéniquée à 3 0/0.* Anémie sans importance.

Le 26 T. 37°, 8 le soir.

Le 27 — 36°,8 le matin, 37°,4 le soir.

Le 28 — 37°,1   —   38°,4   —

Le 29 — 37°,8   —   39°,6   —

Ce jour-là la malade eut un frisson de fièvre dans l'après-midi.

Le 30 décembre, à 1 heure de l'après-midi, on fit une injection de sublimé à 1/1500. Elle passa très facilement et durant la première partie de l'injection il n'y eut rien à remarquer. Le liquide injecté sortit librement et n'était ensanglanté que d'une façon insignifiante. Lorsqu'environ 3 ou 400 gr. de liquide furent écoulés, elle se prit le front et se plaignit de douleurs de tête, indépendamment d'une sensation de suffocation dans le gosier, on la voyait souffrante, un peu égarée. La conscience était pourtant conservée, bien que la compréhension ainsi que les réponses fussent un peu paresseuses. On arrêta aussitôt l'injection et la patiente prit quelques gouttes d'éther. Il y avait très peu de temps (une à deux minutes) que les premiers symptômes ci-dessus étaient apparus, lorsqu'elle commença à se plaindre de fortes douleurs dans l'hypogastre avec rayonnement dans l'aine et les reins.

Le bas-ventre un peu sensible, mais sans gonflement. Lorsque plus tard elle fut plus tranquille, elle déclara que les douleurs au bas-ventre avaient commencé les premières. Pouls : 76, régulier. Pupilles et coloration *de la face* normales. Après une heure ou deux, les douleurs cessèrent, elle tomba dans une sueur profuse et se plaignit seulement de faiblesse et de vertige. Le soir elle eut du ténesme vésical et deux selles peu abondantes. L'urine prise avec la sonde contenait une quantité notable d'albumine. Pouls : 76. Température : 37°.

Le 31 décembre, temp. 36° le matin et 36°,5 le soir. Plusieurs selles *liquides* avec quelques stries de sang ; faiblesse et vertige constants ; elle se plaint de douleurs de tête. Quelquefois vomissements glaireux.

Le 1er janvier, temp. 37°. La diarrhée, le ténesme vésical et les vomissements persistent. Sensibilité des dents sans salivation. A la base des dents, près du bord des gencives, on découvre plusieurs ulcérations, pas trop petites, de couleur grise.

Le 2 janvier, temp. 37°,7 le matin, 36°,9 le soir. La diarrhée et les vomissements persistent, surtout les derniers. La malade ne goutte plus que de l'eau et du vin ; elle se plaint d'une soif inextinguible et d'une sensation de chaleur, quoique la chaleur de la peau soit sensiblement rabattue. Le bas-ventre n'était plus douloureux.

Les moyens convenables contre les affections d'estomac et d'intestins furent employés ; nous nous servîmes de tous les moyens que nous avions à notre disposition, mais bien que la diarrhée s'arrêtât, la situation ne cessa de s'empirer.

A partir du 3 janvier, il y eut anurie complète. La malade se plaignait et l'expression de son visage indiquait la souffrance, sans qu'elle pût montrer qu'elle souffrît à un endroit déterminé. Elle tomba de plus en plus, le teint devint cyanosé, les pupilles contractées, le regard vitreux, la sensibilité troublée. Le pouls petit, irrégulier, et le 4 janvier à midi, un peu après un bain, qui lui procura quelque repos, elle mourut doucement à 2 heures et demie de l'après-midi, dix jours après l'accouchement et cinq jours après l'injection au sublimé.

Autopsie. — Elle fut faite 22 heures après la mort ; il y avait de la raideur cadavérique, le corps un peu amaigri. A l'ouverture du bas-ventre on trouva une petite quantité de liquide, 100 c.c. environ, liquide citrin, péritonéal, non enkysté. Le feuillet viscéral et pariétal du péritoine uniforme et indemne, pas trace d'inflammation. La position des organes génitaux internes normale, correspondant à la période de la puerpéralité, l'utérus était à 3 travers au-dessus de la symphyse pubienne. Le vagin et les autres parties génitales naturels. La face interne de l'utérus normale, la partie seule de l'insertion du placenta, qui se trouvait à gauche et en bas, était rugueuse à la surface, recouverte d'une couche d'un gris rougeâtre, usée, sans odeur et peu résistante. Toute la cavité de l'utérus mesurait 12 cent. 5 de longueur, sur à peine 8 cent. de largeur. La paroi utérine et ses sinus ne présentaient rien d'anormal à la coupe.

L'orifice utérin de la trompe était perméable à une sonde de chirurgie ordinaire, quand elle était enfoncée par l'ouverture de la trompe, la trompe même et les ovaires étaient normaux.

Le corps jaune existait dans l'ovaire gauche. La vessie fortement contractée totalement vide, ayant une muqueuse normale.

Les deux reins, gros, pâles, mous. La capsule se détachait facilement. La couche corticale considérablement hypertrophiée était jaune gris par places, blanc opaque dans le reste. Les glomérules décolorés, de couleur habituelle. La couche corticale contre les pyramides bleu rouge, fortement délimitée. Les voies urinaires normales.

A l'ouverture du gros intestin, on vit sur la muqueuse de nombreuses ulcérations, de formes irrégulières, la plupart rondes recouvertes de croûtes d'un gris jaunâtre, *pouvant être en partie détachées ;* les plus grandes d'environ 8 millim. en coupe transversale. La muqueuse partout hyperhémiée.

Le processus ulcératif inflammatoire était surtout développé dans le rectum, perdait vers la partie supérieure en intensité et se prolongeait pourtant jusque dans le cæcum. Dans le dernier demi-mètre inférieur de l'intestin grêle, la muqueuse était hyperhémiée et l'épithélium pouvait *également se détacher.* Intestin grêle, estomac, œsophage, normaux. Pas d'hypertrophie des plaques de Peyer. Rate petite, ferme; rien d'anormal dans le foie.

Dans la cavité thoracique, rien d'anormal; le cœur était vide, contracté, muscles et valvules sains.

Dans la cavité crânienne, la dure-mère était pâle, résistante, adhérente à la table interne. Le cerveau ferme; les coupes ne démontrent rien d'anormal, si ce n'est une anémie du cerveau. Les ventricules sont vides.

A l'examen microscopique des reins, on trouve les canaux altérés; leur épithélium est fortement granuleux, augmenté de volume et rempli en plusieurs endroits de gouttelettes graisseuses.

Des lésions de même nature, mais moindres, s'observent dans les canaux droits. Tout autour de nombreux cylindres hyalins. Les glomérules ne sont pas modifiés; de petites masses de sang dans les vaisseaux.

On n'a pas trouvé de mercure dans le foie, le cerveau et l'un des reins, au laboratoire de chimie.

Si j'étais très sanguin, j'essaierais peut-être de disculper le sublimé de cette mort. On n'a pas retrouvé le poison dans le cadavre, et plusieurs des symptômes pourraient être expliqués par une urémie née soudain chez une patiente souffrant auparavant du mal de Bright. Il y a même un point faible dans la preuve qu'il s'agit ici d'un empoisonnement par le sublimé, à savoir que l'urine n'avait pas été examinée avant l'arrivée de l'accident. Mais je dois dire qu'il n'y a pas ici la moindre probabilité d'un pareil mal préexistant, puisque la patiente, aussi bien pendant la grossesse qu'avant, avait joui d'une bonne santé.

Je suis donc persuadé qu'il y a ici un empoisonnement par le sublimé.

L'arrivée soudaine des accidents pendant l'injection, les symptômes et altérations caractéristiques dans le cadavre, ainsi que les altérations du rein, suffisent pour prouver l'empoisonnement, et si, après cinq jours, on n'a pas retrouvé de mercure, il faut remarquer que le poison était en petite quantité et avait été éliminé de l'organisme avant la mort. Les médecins légistes ont souvent affaire à de pareils cas.

Obs. VIII. — Lomer. *Centralb. f. Gynæk.*, 1884, n⁰ 14, p. 221.

M. Lömer présente à la Société d'obstétrique et de Gynécologie de Berlin (séance du 25 janvier 1884), les pièces anatomiques d'une malade ayant eu une déchirure complète du périnée; on fit la suture et des lavages avec une solution de sublimé à 1/1000. La malade mourut le douzième jour avec une diarrhée très fétide et une fièvre modérée. La préparation montre le gros intestin avec une gangrène très prononcée de toute la muqueuse jusqu'à la valvule iléo-cæcale, puis la nécrose va en diminuant sur l'intestin grêle. On trouva du mercure dans les tissus malades.

Obs. IX. — Winter. *Centralb. f. Gynæk.*, 1884, n⁰ 28, p. 443, et *Société d'obstétr. et de gynéc. de Berlin*, 13 juin 1884.

Jeune primipare, accouchée au forceps, le 7 juin 1884, vers midi, au milieu d'accidents éclamptiques. Après l'accouchement, hémorrhagie par inertie utérine, qui anémia rapidement la malade. Contre cette perte, irrigation intra-utérine chaude avec une solution de sublimé à 1/1000. Pendant la suture du périnée, irrigation semblable de 1 à 1 litre 1/2.

Dans l'après-midi, la malade se porte bien; on est frappé de sa grande pâleur; pouls fréquent. La nuit, douleurs abdominales et ténesme; diarrhée fréquente amenant des évacuations abondantes, très fétides, de couleur gris verdâtre, sans mélange de sang. Aux gencives, liséré bleuâtre étendu; deux jours plus tard, sur la muqueuse buccale de grandes plaques gangreneuses.

L'état général était très mauvais. En plus de la grande anémie, on remarquait la température cutanée très basse et une hyperesthésie générale.

La malade était en outre très agitée, poussait des gémissements. Réagissant encore aux impressions extérieures, elle prenait peu de part à ce qui se passait autour d'elle. Pas de somnolence pourtant. Elle dormait peu.

L'urine, claire, avec sédiment foncé et légèrement albumineux, avant l'accouchement, présentait des changements notables. De quantité beaucoup moindre, elle est épaisse, trouble, striée de sang et très albumineuse et contient des éléments figurés en abondance. Au microscope, le sang présente une augmentation considérable du nombre des globules blancs.

Ces phénomènes d'intoxication persistent avec la même intensité et le troisième jour après l'accouchement la mort survient dans le collapsus.

L'autopsie révèle des lésions organiques semblables à celles observées dans les cas de Stadfeldt et de Lömer.

Le segment inférieur de l'intestin, de l'anus à la valvule de Bauhin, est très altéré dans ses parois. Toutes les couches sont épaissies, mais surtout la muqueuse. Les plis sont gonflés de telle sorte qu'en certains endroits le calibre se trouve rétréci ; à leur niveau, ecchymoses étendues, de couleur uniforme ; la muqueuse présente des plaques gris verdâtre.

Les parois de la cavité du col et du corps de l'utérus sont aussi colorées en gris verdâtre.

Dans l'épaisseur du muscle utérin, au niveau de la corne gauche, ramollissement hémorrhagique de la grandeur d'une pièce de 1 franc. A cet endroit le péritoine a mauvaise couleur. Cette lésion ne doit certainement pas être attribuée au sublimé ; il n'en est pas de même d'un exsudat séro-fibrineux qui agglutinait les parties inférieures de la cavité abdominale.

Le péritoine pelvien est libre. Les autres organes, ainsi que l'urine et les fèces, seront examinés au point de vue du mercure.

D'après l'auteur, l'absorption favorisée par l'anémie fut d'autant plus néfaste que les reins étaient malades.

Obs. X. — Wöutz. *Hospitals Tidende*, 1884, n° 22, et in. *Centralb. f. Gynæk*, 1884, n° 31, p. 493.

M. N..., 33 ans. 3 accouchements et un avortement antérieurs. Après une suppression des règles de 3 mois, hémorragie violente dans la nuit du 23 avril 1883. Extraction manuelle de l'œuf. Introduction d'une sonde anglaise dans l'utérus et injection d'une solution de sublimé à 1/750. L'injection ne rencontra pas de résistance. Quand les 2/3 du liquide de la seringue furent sortis, la malade se plaignit de violentes douleurs à l'hypogastre et devint très inquiète.

..Injection de morphine de 0,03 cent. Hypogastre naturel, nulle part sensible. Connaissance bien conservée. A 6 heures de l'après-midi, vomissements fréquents, légère sensibilité au côté droit de l'hypogastre. T. 36°,2. P. vigoureux, 92.

Le 24 avril au matin, vomissements forts et diarrhée muqueuse d'une extrême intensité avec ténesme violent. Un enduit mercuriel très marqué sur les gencives, sans salivation considérable. L'hypogastre normal. T. 36°,2. Suppositoire à l'opium. Chlorate de potasse, vin. Le soir, aggravation considérable de la stomatite.

Le 25. La diarrhée et les vomissements diminuent, salivation.

Le 26. La diarrhée et les vomissements ont cessé ; forte congestion de la tête. Pas d'évacuations d'urine depuis 36 heures ; la vessie est complètement vide.

Le 27. De nouveau, selles fréquentes, muqueuses, démangeaisons très désagréables de la peau qui est très sèche. Bain.

Le 28. Très grande congestion, mais sensorium libre ; pas de somnolence. Dans les selles, du sang. La vessie toujours vide (4 jours). On donne de l'alcool de Mindererus avec de l'éther chloralé.

Le 29. Pas d'urine, vomissements, selles fortement sanguinolentes ; un lavement amidonné avec du vin thébaïque.

Le 30. Par le toucher on sent des ulcérations étendues du rectum.

1er mai. Le matin 150 gr., le soir 100 gr. d'une urine fortement albumineuse. Les évacuations, les selles sanglantes persistent. La patiente très somnolente, reste étendue et inconsciente jusqu'au 3 mai où la mort arrive 10 jours après l'avortement.

On n'a pas pu faire l'autopsie.

Obs. XIII. — Netzel. In *Nordiskt medicins Archiv*. B^d XVII, 1885, n° 11.

Primipare, 31 ans, entrée le 13 août. Après un travail de 24 heures, accouchement spontané, sans déchirure du périnée. Une demi-heure après, délivrance naturelle, avec une hémorrhagie de 750 gr. Bonne santé avant et pendant la grossesse.

A l'entrée, l'urine ne contient pas d'albumine. Les 5 premiers jours des couches, la malade était bien portante, mais le 19 au soir, elle avait un léger frisson et de la céphalalgie. Le lendemain matin elle se portait bien de nouveau, quand elle eut un fort mal de tête, un malaise général et un peu de sensibilité dans l'hypogastre. T. 40°. P. 100.

Le même état continuait le lendemain 20 ; T. 39°,5, on la transportait à l'infirmerie des femmes en couches. Une injection intra-utérine fut faite. Le canal cervical était béant et la sonde put pénétrer facilement. Cependant, immédiatement après l'injection la malade se plaignait de douleurs daus le ventre, demandait le bassin et avait une évacuation demi-consistante, avec un peu de sang venant probablement du vagin.

La T. ne s'abaissant pas, l'état restant le même, on fit le soir une seconde injection. Cette fois ni douleurs, ni hémorrhagie. La nuit suivante, 8 à 10 selles liquides, mélangées de sang et le lendemain 4 à 5 selles moins teintées de sang ; de plus, vomissements et hoquet. La malade éprouvait une légère sensibilité de la bouche ; la langue était couverte d'un enduit gris ; gencives un peu tuméfiées. T. rectale, 38°,8 et 38°. P. 104 et 100.

23 août. Avec les vomissements et le hoquet persiste la diarrhée sans mélange de sang. T. 38°,5 et 38°,4. P. 86 et 88. L'urine évacuée en petite quantité, était trouble et légèrement jaune. Une partie fut examinée, on y trouva une réaction nette du mercure, qui existait pourtant en faible quantité.

Le 24. Vomissements et hoquet. T. 38° et 37°,8. P. 84 et 80. Trois cent. cub. d'urine seulement dans les 24 h., très trouble, elle contient beaucoup d'albumine. Dans le dépôt, il y a des cellules épithéliales et des cylindres granuleux en petit nombre.

Le 25. T. 37°,7 et 38°. Urine 300 c. c.

Le 26. T. 37°,7 et 38°. Urine 400 c. c. Le hoquet a cessé ; les vomissements persistent. Fort mal de tête et somnolence. La quantité d'urine a augmenté dans les 24 h. suivantes, à 500 c. c. et se maintient à ce chiffre, les jours d'après. La T. matin et soir oscille vers 37°,5 ; malgré tout traitement, les vomissements persistent ainsi que le mal de tête. La malade devient de plus en plus somnolente et apathique.

1er septembre. Epistaxis. La quantité d'urine diminue, 400 c. c. en 24 h., le lendemain 200 c. c. seulement ; elle a les mêmes caractères, le sédiment augmente un peu.

Le 2. Les forces ont considérablement diminué ; la malade à moitié endormie, apathique, répond encore aux questions ; elle se plaint de mal de tête persistant. Hémorrhagies nasale et buccale. Langue sèche et couverte ; gencives légèrement enflées ; pas de plaie dans la bouche ni dans le pharynx. Sur les hanches, sur la face interne des cuisses et sur la figure on voit une éruption érythémateuse. La T. persiste à la normale ; le P. a pendant la semaine été régulier, 70 environ et petit.

Le 3. L'état général s'aggrave ; les hémorrhagies persistent ; vomissements après une purgation.

Le 4. La malade semble mieux ; mais l'état s'aggrave vite dans le courant de la journée et elle tombe dans un état demi-comateux avec la respiration lente et meurt à midi, 22 jours après l'accouchement et 14 après l'injection intra-utérine.

Le traitement avait consisté en lavements d'huile émulsionnée et de laudanum ; poudre de Dover ; eau glacée ; émulsion d'eau de laurier-cerise ;

sinapismes à l'épigastre ; injections de morphine et d'éther ; camphre ; vin et cognac.

Il avait été fait pendant le travail 3 injections vaginales après toucher et une injection vaginale après l'accouchement ; pour chacune 1 litre 1/2 de solution de sublimé à 1/3200.

Pendant l'état puerpéral, irrigation du vagin 2 fois par jour avec 1 litre 1/2 de la même solution. De plus deux injections intra-utérines furent faites avec un litre de sublimé à 1/1500. Dès l'apparition de la diarrhée, on ne se servit plus de sublimé.

Autopsie, faite par M. Key-Aberg. — Cerveau très pâle. Péricarde normal. Cœur, 295 gr. ; caillots dans les ventricules et les oreillettes.

La muqueuse des bronches de moyen et de petit calibre, gonflée, injectée, comme recouverte d'une sécrétion épaisse. Dans les lobes inférieurs des deux poumons, nombreux foyers broncho-pneumoniques plus ou moins durs et rouges, œdémateux sur leurs bords.

Plèvres normales. Sur la face externe du poumon droit ecchymoses rouge noir de la grandeur d'une tête d'épingle.

Gencives jaunes pâles, détachées autour des dents. Pas d'ulcération sur la langue ni dans la bouche. Sur la face interne des joues, enduit grisâtre formé par l'épithélium détaché dont la transparence laisse voir la muqueuse rouge vif.

L'œsophage très contracté, la couche épithéliale presque totalement enlevée et la muqueuse fortement injectée. Ces altérations diminuaient de haut en bas et cessaient au cardia. L'estomac et l'intestin grêle ne présentaient aucune altération importante. Dans le côlon ulcérations nettes. En certains endroits, la muqueuse offre des plaques longues de 0,01 cent. perpendiculairement à l'axe de l'intestin. Gonflée par places et de couleur gris jaune, la muqueuse est sèche et friable ; ailleurs ulcérations transversales à bords tranchants, quelquefois couvertes de tissu conjonctif et tendant à la guérison. Rares dans le côlon descendant, elles se retrouvent dans la flexure sigmoïde et dans le rectum.

Rate, 160 gr. normale. Pancréas turgescent. Foie de grandeur normale très congestionné, le parenchyme rouge pâle ; les acini nettement dessinés.

Les reins de poids égal et semblables d'aspect. Capsule graisseuse peu développée. Le droit très augmenté 15 : 6 : 3 1/2, pèse 213. Consistance molle. Surface de section bombée. Capsule, se détache facilement. Partie corticale épaisse de 8 à 10 millimètres, de couleur rouge gris claire, présentant ainsi que la face externe du rein de petites taches jaune blanchâtre. Rien de régulier dans ces taches, mais sur la surface de coupe, elles sont en rangées parallèles et verticales par rapport à la surface convexe du rein. Vaisseaux vides. Pyramides très rouges ; dans les parties larges, stries étroites gris blanchâtre qui convergent en certains points. Dans les deux bassinets une petite quantité de liquide granuleux, contenant des cylindres épithéliaux. La muqueuse ainsi que celles des uretères rouge e injectée. Pas d'urine dans la vessie, pas d'enduit diphtérique, mais rougeur et enduit visqueux.

Au microscope : néphrite aiguë diffuse ; en dehors des lésions habituelles on trouve dans l'épithélium des corps gris blanc, arrondis et brillants, amassés dans les canaux contournés et droits ; ils sont transparents et incolores à bords sphériques et nettement contournés réunis ensemble sous forme de masse ou en grappe de raisin ; traités par l'acide sulfurique, il se forme des cristaux de sulfate de chaux.

Dans la cavité utérine, un caillot fibrineux adhérent à la place de l'insertion placentaire. Pas d'ulcération ni de fausses membranes. Dans le plexus utérin et la veine hypogastrique, thrombus de consistance solide sans ramollissement purulent.

Obs. XIV. — *Intoxication mortelle par les injections intra-utérines de sublimé.* — Partridge. *Americ. Journal of Obstetric.*, 1885, p. 405.

Le Dr Partridge rapporte à la Société obstétricale de New-York, le cas d'un accouchement dans lequel on fit des injections vaginales de bichlorure de mercure à 1/2000 ; la malade les supporta bien pendant 3 jours. Le 3e jour elle eut un frisson et on lui donna une injection intra-utérine avec la même solution. Le jour suivant, nouveau frisson, l'injection fut répétée. Il y eut des selles sanglantes et la mort survint le 6e jour après la 1re injection intra-utérine. Une colite intense fut trouvée à l'autopsie.

— Le Dr Partridge rapporte 3 autres cas d'empoisonnement qu'il attribue à la même cause.

— Le Dr Colin Mackenzie a vu une forte colique utérine à la suite d'une injection vaginale au bichlorure de mercure.

Obs. XV. — Schwarz in Thorn, *Sammlung klin. Vorträge.* no 250, 1885, p. 1853.

Multipare, décrépite, accouche au 6e mois d'un fœtus mort de 3 mois. Immédiatement après la délivrance, injection utérine, avec un litre d'une solution de sublimé à 1/1000. Le 2e jour de l'état puerpéral, après une injection semblable, la malade éprouve des symptômes évidents d'intoxication par le sublimé, dont elle meurt le 9e jour.

Obs. XVI. — Thorn. *Sammlung klin. Vorträge*, no 250, 1885.

Mme M..., 26 ans, Ipare, antérieurement bien portante ; bassin plat rachitique. Application de forceps. Irrigations vaginales avec une solution de sublimé à 1/1000. Deux heures après l'accouchement, diarrhée profuse, pouls petit, 120; température normale, soif vive. Intelligence conservée A partir du 2 juin, vomissements fréquents, sécheresse de la gorge. Abdomen météorisé. Douleurs colliquatives, diarrhée profuse, incontinence des matières. La malade affaiblie a du délire. Expression d'angoisse. Pouls petit, 120 à 140. Pas d'élévation de la température. Urine malheureusement pas examinée.

Les 5e et 6e jours, la diarrhée cesse à la suite de fortes doses d'opium. A partir du 7e jour, les selles recommencent de nouveau mêlées de stries sanguinolentes, et se répètent à de courts intervalles. Langue sèche. Vomissements fécaloïdes. La malade, affaiblie de plus en plus, est somnolente et meurt le 10e jour.

Autopsie. — Dans l'abdomen, 60 c.c. d'un liquide trouble et brun. L'intestin est très dilaté par des gaz, toutes les anses recouvertes de fausses membranes, peu considérables, de couleur jaune claire, d'aspect fibrino-purulent. La séreuse de l'intestin et le péritoine du petit bassin d'un rouge vif. Dans l'intestin grêle, la muqueuse pâle; les follicules gonflés çà et là. Le côlon fixé dans une masse de tissu conjonctif dense, présente une muqueuse d'un gris noir sombre, surtout au niveau des plis. Au niveau du coude des parties ascendantes et transverses, existe une tumeur grosse comme un œuf de pigeon avec adhérences, rétrécissant beaucoup la lumière du canal. A partir de ce point, la muqueuse intestinale est couverte, surtout au niveau des plis, d'ulcérations mesurant jusqu'à 0,01 cent. de diamètre, grises sur les bords et le fond, nécrosées et de couleur sale. Néphrite parenchymateuse. Rate et foie normaux. Utérus de la grosseur d'un poing d'adulte avec une paroi de 0,01 cent. d'épaisseur. L'insertion placentaire blanc grisâtre, avec des restes d'un rouge brun sale La paroi de l'utérus, le péritoine, la cavité de Douglas, la paroi antérieure du rectum, sains.

Obs. XVII (résumée). — Doléris. In Butte. *Nouv. Arch. d'obst. et gyn.,* n° 4, avril 1886.

Accouchement difficile. — Déchirures du vagin. Injections de sublimé pendant toute la maladie. Symptômes d'intoxication le surlendemain de l'accouchement. Mort le 7e jour. Autopsie.

B..., 24 ans, primipare, entre à la clinique d'accouchements le 14 novembre 1884, à 5 h. du soir. Grossesse normale.

Douleurs d'accouchement le 13 novembre, à 9 h. du matin, dilatation complète le lendemain à 10 h., rupture artificielle des membranes. Deux applications de forceps infructueuses. La malade est transportée à la clinique d'accouchements. A son arrivée, fièvre marquée. T., 38°,5 ; pouls, 136. Langue sèche, rôtie. La malade perd du sang pur.

Enfant vivant. Le toucher fait constater sur la paroi postérieure du vagin et à droite une incision de 6 à 7 centimètres de long, profonde et intéressant peut-être toutes les couches recto-vaginales sans qu'on puisse en avoir la certitude. L'état du col et des culs-de-sac ne peut être apprécié, la tête étant presque à la vulve dans une position directement antérieure.

Le périnée, en raison des lésions vaginales ne tient plus que par quelques fibres.

Application du forceps de Barnes, extraction facile et très rapide. La commissure cède. Délivrance normale. Le rectum ne communique pas avec le vagin.

Suture du périnée. — Injections vaginales et intra-utérines de liqueur de Van Swieten soigneusement faites. Sulfate de quinine ; onguent napolitain sur le ventre ; ouate.

Le 15. On continue les injections. T. matin, 37°,5 ; soir, 37°,4. P. matin, 129 ; soir, 140.

Le 16. 5 ou 6 selles diarrhéiques dans la nuit. T. matin, 37. P. 114.

Le soir évacuation très abondante de matières solides suivie de selles liquides. Ventre légèrement météorisé ; douleur légère à la pression sur l'angle gauche de l'utérus. T. soir, 38° ; pouls, 130. On continue les injections de liqueur de Van Swieten.

Le 17. Mieux : météorisme léger, les injections sont rendues parfaitement limpides et inodores. Le soir, expulsion de quelques caillots légèrement fétides. T. matin, 37°,6 ; soir, 38°,2. P. toujours un peu fréquent, matin, 114 ; soir, 126.

Le 18. Dans la nuit 3 selles liquides. Dix gouttes de laudanum arrêtent la diarrhée. La légère fétidité d'hier soir a disparu. Le ventre est vaguement endolori dans toute son étendue, il est moins météorisé. État général assez bon. T. matin, 36°,8. P. 114. On continue les injections.

Le soir, endolorissement dans les fosses iliaques. Ventre un peu ballonné. T. 39°. P. 123. Diarrhée. Abattement.

Le 19. État général moins bon. Rien dans les culs-de-sac. Les plaies du vagin sont recouvertes d'un exsudat grisâtre. Les injections vaginales sortent propres. La diarrhée continue, dix gouttes de laudanum. T. matin, 38°,4 ; soir, 38°,5. P. 112.

Le 20 matin. Ventre moins météorisé. La diarrhée continue. La veille au soir laudanum et sulfate de quinine, ce dernier a été vomi ; abattement, nausées (glace). On enlève les sutures du périnée. T. matin, 37°,2 ; soir, 38°,6. P. 140 ; soir, 104.

Le 21. Les nausées ont persisté hier toute la journée, la malade n'a pu prendre que de la tisane et de la glace et le soir un potage qu'elle a vomi.

Diarrhée continuelle. Lavement laudanisé. Les injections vaginales toujours très régulièrement faites ressortent un peu troubles, sans odeur. T. matin, 38°,4. P. 96.

Le soir, à 4 h. 1/2, selles involontaires, mictions involontaires, frissons. Langue sèche, saburrale à 5 h. T., 39°,6. P., 150.

La malade succombe à 1 heure du matin.

Autopsie, le 23 novembre à 10 heures du matin. — Abdomen volumineux, distendu. Dans le petit bassin environ, 100 centimètres cubes de sérosité louche. Les intestins sont tympanisés, très distendus, aucune adhérence; pas de foyers purulents. Péritoine viscéral à peine vascularisé en certains points.

Le rectum et le côlon sont le siège d'un processus ulcératif de la muqueuse qui paraît être détruite jusqu'à sa couche musculeuse. Les bords de ces ulcérations ni profonds ni taillés à pic sont nets cependant.

Entre les ulcérations, le tissu muqueux est gris noirâtre infiltré, présentant des saillies mamelonnées et grises.

Les ulcérations d'une part, la muqueuse d'autre part, forment des élevures confluentes offrant un aspect tigré caractéristique.

Le contenu de l'intestin, liquide et noirâtre. Mêmes lésions dans la dernière portion de l'intestin grêle avoisinant la valvule iléo-cæcale. A ce niveau on a des hémorrhagies, des suffusions sanguines en petites nappes ou sous forme de piqueté.

La déchirure vaginale siège à deux travers de doigt du cul-de-sac et à trois de la vulve, elle occupe presque toute l'épaisseur de la paroi latéropostérieure gauche du vagin et communique avec le tissu ischio-rectal. Autour d'elle, ni les lymphatiques, ni les veines ne contiennent de pus et ne sont pas enflammés.

Le reste du vagin normal. Les plaies périnéales complètement cicatrisées. L'utérus sain à l'extérieur et à l'intérieur; sur la muqueuse un caillot adhérent, très normal sans altération ni odeur. Péritoine et annexes normaux.

Le cœur, le foie, les reins, le cerveau ne présentent pas la moindre trace d'abcès métastatiques.

Léger piqueté congestif dans le cerveau.

Foie légèrement gras.

Examen microscopique du sang; pas de bactéries.

L'examen du liquide abdominal laisse voir avant la coloration, des granulations, les unes à deux points, les autres à un point, en somme rien de bien net. Après la coloration avec le violet français on ne peut apercevoir aucun microbe; seules les cellules épithéliales sont vivement colorées.

L'examen chimique des organes, pratiqué par M. Galippe, ne lui a pas permis d'y déceler la présence du mercure.

Obs. XVIII. — G. Braun (de Vienne). *Wien. med. Wochen.*, 1886, p. 740
et suivantes.

Pauline K..., 21 ans, admise le 11 novembre 1885, à la clinique obstétricale. Ipare, dernières règles le 15 mars 1885. Bien portante pendant sa
gestation. Grossesse de 8 mois. Bassin plat rachitique.

12 novembre. 7 heures du matin, rupture de la poche des eaux.

Le 13. 10 heures du matin. Douleurs vigoureuses.

Épisiotomie latérale pour éviter une déchirure. Accouche d'une fille
vivante pesant 2,500 gr.

Délivrance normale. Pendant le travail, la dilatation se faisait lentement,
avec une T. de 37°. On fit une injection vaginale de sublimé. Après
l'accouchement, injection utérine de 2 litres de solution à 1/1000. Puis introduction d'un crayon d'iodoforme de 5 gr. dans l'utérus.

Lavage de l'épisiotomie à l'eau phéniquée et suture. Pansement vaginal
iodoformé.

Le 14. Gonflement et douleur de la muqueuse des lèvres et des gencives.
Sur les joues, dépressions grisâtres correspondant aux dents dont quelques-unes sont cariées.

Bientôt diarrhée profuse. T. 37°,5. Gargarisme au permanganate de potasse. Opium.

Le 15 après midi. Grande fétidité de la bouche.

La malade ne pouvant être isolée est transférée dans un autre service.

Expression d'angoisse. Pas d'ictère, ni d'œdème. Peau très pâle, légèrement cyanosée sur les lèvres et les oreilles. Pouls radial faible, 80 à 90
normalement ondulé. Resp. 24.

Léger gonflement de la face, plus marqué et plus douloureux à gauche.
Mastication et déglutition pénibles. La bouche s'ouvre avec difficulté.
Lèvres pâles, très gonflées, couvertes de fausses membranes. Très forte
fétidité de l'haleine. Gonflement sous-maxillaire assez dur plus prononcé
vers les angles de la mâchoire. T. de la cavité buccale notablement élevée.
Enduit sale à la face interne des lèvres s'étendant jusque sur les gencives.
Le voile du palais et les amygdales sains. En grattant l'enduit, la muqueuse
privée de son épithélium a un aspect rugueux. Salivation modérée. Rien
au cœur. Ventre ballonné insensible à la pression. Gargarismes et lavages
au chlorate et au permanganate de potasse.

Cognac, vin, infusion de mélisse, opium X gouttes.

Le 17. Pas de fièvre, XX gouttes de teinture d'opium.

Les sutures sont guéries. 14 selles liquides gris jaunâtre allant quelquefois jusqu'au rouge avec des flocons blancs assez grands ressemblant
à des débris de muqueuse. Elles ont une odeur putride. Le gonflement de
la face n'a pas beaucoup diminué. L'enduit est coloré en brun par du sang
desséché. La malade saigne plusieurs fois par la bouche. L'examen en est
impossible. Lochies normales, sans odeur.

Le 18. La nuit, délire et agitation. Douze selles involontaires liquides, jaune brun, avec de grands flocons blanchâtres.

L'examen miscroscopique décelait une petite quantité de globules blancs, des cristaux en forme de couvercle de cercueil, des bactéries, des flocons de caséine, une faible quantité de globules rouges.

L'examen microscopique des fausses membranes montrait des cellules épithéliales altérées, des amas de leptotrix, beaucoup de bactéridies.

La malade est exempte de fièvre. Pouls 88, Resp. 24. Elle est très impressionnable. Vers 11 heures du soir, collapsus assez rapide. Pouls très faible augmentant de fréquence; la mort survient bientôt avec des râles trachéaux modérés.

Autopsie. — Corps petit assez bien musclé.

Ecchymoses post-mortem. Téguments pâles. Abdomen modérément distendu.

Méninges minces, anémiées. Cerveau contenant peu de sang, humide et mou. Ventricule normal.

Dans la trachée, mucosités jaunâtres; gencives sales couvertes ainsi que les lèvres et les joues de croûtes gris jaune. Dents branlantes surtout à la mâchoire inférieure. Par ci, par là des ulcérations superficielles. La langue recouverte à sa pointe d'un enduit sale. La muqueuse de la gorge et du pharxnx d'un rouge sombre et gonflées. Ulcérations cratériformes sur les amygdales dont les bords gris verdâtre, très sales, sont nécrosés et la base desséchée.

Glandes sous-maxillaires et sublinguales distendues et injectées.

Dans le thorax quelques grammes de sérum jaune et clair. Poumon œdématié, rempli de sang sombre et liquide. Dans le péricarde un peu de liquide. Cœur relâché. Nombreuses ecchymoses sur l'oreillette et la partie supérieure du ventricule gauche. Dans les cavités, sang liquide et caillots. Myocarde pâle et dur.

Dans la cavité abdominale, 2 litres d'un liquide jaune brunâtre, séreux, troublé et traversé par des filets fibrineux fins adhérents à l'intestin. Le péritoine de l'intestin grêle, rouge sombre. Foie assez gros, à bords mousses, très dense. Parenchyme peu riche en sang, couleur terre glaise. Rate grosse et ferme.

Les replis muqueux de la partie inférieure de l'œsophage sont ulcérés, recouverts de fausses membranes, ailleurs injectées.

Estomac petit, contracté à contenu brun verdâtre, muqueuse gonflée et très injectée surtout près du pylore.

Dans la partie inférieure de l'iléon, masses jaunes liquides, rouges par places.

La paroi de l'intestin infiltrée de plus en plus en se rapprochant de la valvule cæcale et rigide. Dans toute l'étendue de l'iléon, la muqueuse encroûtée, d'un brun gris sombre, assez libre dans la partie supérieure de l'iléon est rigide quoique pouvant encore se plisser. Dans la partie inférieure résistante comme du cuir, rugueuse, à surface gercée, recouverte de lambeaux en partie détachés. La sous-muqueuse est infiltrée avec des vaisseaux gorgés de sang veineux. Dans le gros intestin liquide fécaloïde, brun verdâtre, glaireux. La muqueuse brun verdâtre est plus encroûtée surtout au niveau des plis qui ressortent comme des crêtes gonflées. La sous-muqueuse infiltrée parfois de pus est d'un rouge sombre.

Dans le rectum et dans l'S iliaque exsudat moins étendu au niveau des plis, de couleur rouge sombre.

Reins gonflés, pâles, couleur terre glaise. Vessie contractée, muqueuse rouge sombre, gonflée, couverte de mucosités, blanches, épaisses.

Utérus de la grandeur du poing, contracté, à paroi épaisse et ferme. Face interne couverte d'un liquide sanguin, purulent. L'insertion placentaire fait légèrement saillie, elle est couverte d'un enduit brun superficiellement détaché. Muqueuse rouge sale, infiltrée de pus à un endroit. Veines dilatées. Sous elles un tissu qui se détache par lambeaux.

Col dilaté. Reste de caduque coloré en vert grisâtre. Épisiotomie guérie.

OBS. XVIII *bis.* — BRAUN (de Vienne). *Loc. cit.*

Agnès G..., accouchement normal le 21 février. Endométrite. Injection utérine de sublimé à 1/3000 suivie d'un lavage à l'eau simple. Fièvre persistante. Diarrhée profuse. Les selles du 27 février contiennent des traces faibles de mercure. Quelques jours avant la mort, anurie, selles sanguinolentes. Le 28 février, mort.

Autopsie. — Septicémie puerpérale. Endométrite septique. Métro-lymphangite. Péritoine sain. Intoxication par le sublimé corrosif. Tout le gros intestin offre un encroûtement de mauvaise couleur, gris verdâtre, surtout dans les côlons ascendant et transverse. Dans le côlon descendant et dans l'S iliaque seulement un gonflement plus prononcé de la muqueuse. Vessie presque vide contenant quelques gouttes d'urine sanguinolente. Dans les reins des signes d'une légère inflammation parenchymateuse.

OBS. XIX. — BRAUN (de Fernwald). *Wien. Mediz. Wochens.,* 1886,
p. 1210.

Au commencement de janvier 1886, il y eut un cas d'intoxication mortelle par le sublimé.

Présentation de l'épaule, procidence du cordon et d'un bras. Version podalique sous le chloroforme. Dix minutes après l'expulsion du placenta, pendant une irrigation utérine prudente avec du sublimé à 1/2000, il y eut subitement syncope, complète insensibilité ; relâchement de la mâchoire inférieure, respiration faible, pouls radial fréquent à peine sensible, hémorragie atonique de l'utérus.

Après s'être servi des moyens d'excitation habituels on faisait, une demi-heure après le retour de la connaissance, une injection utérine avec de l'eau pure. Le jour suivant, il y eut de la diarrhée avec ténesme, le 4e jour urine sanguinolente, début de stomatite. Jusqu'au 16e jour pas d'ascension de la température, mais il y eut une agonie subite.

A l'autopsie, on trouva le cerveau œdémateux, le poumon congestionné, le foie et les reins en état de dégénérescence aiguë.

Un exsudat adhésif dans la cavité abdominale.

Muscle du cœur facile à déchirer.

Rate. Tuméfaction aiguë.

La face interne de l'utérus a de l'endométrite catarrhale.

Annexes normales.

Urine sanguinolente dans la vessie.

Ulcérations sur la muqueuse de la lèvre inférieure de la bouche, sur les amygdales et sur le gros intestin.

Obs. XX. — Ziegenspeck. *Centralb. f. Gynæk.*, 1886, n° 34, p. 546. *Journal de la Clinique*, 1885, n° 37.

Émilie Bl..., de Apolda, Ipare, 19 ans, a eu la rougeole et la scarlatine dans son enfance. Réglée à 17 ans régùlièrement tous les mois, quatre jours, abondamment et sans douleur. A 18 ans, aménorrhée chlorotique pendant six semaines ; rétablie complètement par le traitement médical. Dernières règles au commencement de juin 1884. Traitée pour la fièvre typhoïde à la Clinique médicale du commencement de juillet au milieu de septembre. Dans les derniers mois de la grossesse, vomissements fréquents et diarrhée, surtout après l'absorption de pain noir (seigle).

Taille élancée, musculature forte, couche graisseuse et squelette moyens. L'urine, qui a été examinée plusieurs fois par semaine, ne présente pas d'albumine. Le 13 mars 1885, à 1 heure du matin, après 13 heures de travail, elle accouche d'une fille, pesant 2,720 grammes, longue de 50 cent. Rien d'anormal, sauf une rupture prématurée de la poche des eaux et un circulaire autour du cou. Parties génitales externes intactes. Pendant et immédiatement après l'accouchement, injections vaginales de sublimé à 1/5000.

13 mars. Température : 37°,2 ; 37° ; 37°,4. Pouls : 70 ; 70. L'utérus dépasse l'ombilic d'un centimètre. La vessie, pleine, remonte jusqu'à 6 centimètres au-dessous de l'ombilic.

Miction spontanée.

14 mars. Température : 36°,5 ; 36°,5 ; 37°,3. Pouls : 74 ; 70. Utérus à 2 cent. au-dessous de l'ombilic. Écoulement minime, sans odeur. Vessie vide. Abdomen indolore.

15 mars. Température : 36°,6 ; 37°,4 ; 38°. Pouls : 78 ; 90.

Même état que la veille.

16 mars. Température : 36º,6 ; 37º,4 ; 38º. Pouls : 102 ; 74. Le matin l'utérus est à 4 centimètres au-dessous de l'ombilic. Même état. Le soir, écoulement de mauvaise odeur. Injection intra-utérine de 4 litres de sublimé à 1/5000. Abaissement de la température.

17 mars. Température : 36º,4 ; 36º,7 ; 36º,8. Pouls : 78 ; 78. Utérus 5 cent. au-dessous de l'ombilic. Écoulement sans odeur. Une selle spontanée.

18 mars. Température : 36º,4 ; 36º,8 ; 36º,9. Pouls : 70 ; 74. Hémorrhagie intestinale en avant de l'utérus, qui se trouve à 2 centimètres au-dessous de l'ombilic. Écoulement peu considérable, sans odeur. Pas de selle.

19 mars. Température : 36º,7 ; 36º,7 ; 36º,5. Pouls : 102 ; 122. Le matin, utérus à 8 centimètres au-dessous de l'ombilic. Hypogastre légèrement sensible à la pression. Écoulement sale et fétide. Deux injections intra-utérines de 4 litres de sublimé à 1/5000. Pendant l'injection la malade se plaint.

Elle accuse des douleurs d'accouchement et une sensation de brûlure dans le bas-ventre. L'hypogastre est très sensible à la pression. Somnolence. La température monte et malgré cela la malade éprouve une sensation de bien-être général. Elle se procure en secret du pain noir et en mange une demi-livre. Pendant la nuit, vomissements violents, selles abondantes avec un fort ténesme.

Le 21. Température : 37º, 8 ; 37º, 4 ; 38º, 7. Pouls : 102, 122. La partie sous-ombilicale de l'abdomen est très douloureuse à la pression. Gencives gauches ulcérées. Chlorate de potasse, opium. Le soir, injection intra-utérine de permanganate de potasse.

Le 22. Température : 37º, 7 ; 37º, 4 ; 38º, 6. Pouls : 98 ; 104. Même état que la veille. En outre, tuméfaction de la muqueuse buccale et de la langue. Vomissements et diarrhée continus qui apparaissent en même temps. Chlorate de potasse, pilules de glace, opium et bicarbonate de soude.

Le 23. Température : 37º ; 36º ; 8, 37º,9. Pouls ; 82 ; 82. Utérus : 7 centimètres au-dessous de l'ombilic. Les vomissements et la diarrhée diminuent. La stomatite augmente ainsi que l'état putride de l'écoulement. Fausses membranes à l'entrée du vagin et sur le col de l'utérus. Le permanganate de potasse étant insuffisant, on ose donner une 3ᵉ injection intra-utérine au sublimé, se confiant dans le peu de gravité des signes attribués à une intoxication. On évite une rétention possible de la solution dans l'utérus par l'abaissement de l'injecteur, fait par lequel le liquide qui aurait pu rester est aspiré. La diarrhée n'est pas plus fréquente. Dans les évacuations semblables à de la purée de pois se trouvent des corps comparables à du sagou traversés par des filets de sang. Les vomissements sont moins fréquents. On donne de la teinture d'opium à la dose maxima et du sous-nitrate de bismuth, 1 gr. par dose. Les ulcérations à l'entrée du vagin et de l'utérus sont badigeonnées avec de la teinture d'iode.

Le 24. Température : 36º,3 ; 36º,2 ; 36º,2. Pouls : 120. Vomissements moindres, pas de salivation. Un peu de bronchite. Même traitement.

Le 25. Température : 35°,8 ; 36°,2 ; 36°,3. Pouls : 120, très petit. Même état. Selles moins nombreuses. Vomissements de nouveau plus abondants surtout pendant la nuit. Depuis le matin singultus. Par l'attouchement, tout le corps est sensible. Peau sale, soif intense. La cause en est peut-être au dessèchement des tissus par la perte continuelle de sang comme dans le choléra et les intoxications par l'arsenic. Râles crépitants et sous-crépitants prouvent l'œdème des poumons. Injections d'éther. Amélioration.

A midi en constate de nouveau des râles. Injection d'éther. Les râles diminuent. Le pouls augmente. La malade vomit tout ce qu'elle prend : champagne, pilules de glace. Les peptones de viande étant déjà rejetées depuis plusieurs jours, on tâche de calmer l'intestin par une injection sous-cutanée d'opium. Alors la diarrhée cesse mais non les vomissements.

Après midi, les râles disparaissent, cessent à la suite d'éther, reparaissent enfin toutes les 3 heures puis toutes les 2 heures. Crachats fluides et purulents.

Minuit. L'éther réussit pour la dernière fois. A une heure, l'œdème reparaît. Ether sans effet. Pendant une injection intra-veineuse de chlorure de sodium les battements du cœur cessent. Mort.

Autopsie, 27 mars 1887, faite par le professeur Müller. — Données pathologiques. Les gencives près des dents et surtout sur les parties latérales de la muqueuse des joues sont légèrement grisâtres, elles ne sont ulcérées nulle part. Sur le tissu cellulaire du médiastin et sur le péricarde viscéral, suffusion punctiforme. Suffusion lenticulaire sur les deux plèvres. Œdème modéré. Sécrétions troubles et grisâtres dans les bronches cyanosées et infiltrées. Troubles peu diffus de l'endocarde, du cœur gauche et de la crosse de l'aorte. Péritoine pariétal légèrement injecté par places.

L'intestin grêle inférieur est légèrement injecté par places sous la séreuse. Liquide jaunâtre dans le petit bassin avec dépôt de pus concret. Dans les vaisseaux lymphatiques génitaux, contenu complètement clair.

La muqueuse de l'estomac est peu plissée en général. Il y a des ecchymoses en quelques endroits. Mucosités sales, adhérentes à la muqueuse du jéjunum qui est d'un gris jaune, peu chargée de suc, sans brillant séreux notable. Dans le jéjunum inférieur, contenu jaune verdâtre, muqueuse jaune gris. Dans l'iléon qui est gris verdâtre, contenu de consistance aqueuse. La muqueuse de l'iléon inférieur est infiltrée et rouge avec de nombreux enduits adhérents gris jaune. Sur la valvule, des exsudats épais, gris jaune, adhérents sur le cæcum et le côlon ascendant, contenu de la même couleur ; muqueuse très rouge, de la même couleur avec des infiltrations ondulées. Ces parties sont recouvertes d'une couche jaune vert avec le même contenu. Dans le reste du gros intestin, muqueuse semblable jusqu'au rectum.

Les deux capsules rénales sont lisses et faciles à décortiquer. La partie corticale du rein est infiltrée, pâle, jaune, anémiée, comme lavée et striée de rouge. Partie médullaire d'un rouge jaune clair, striée blanc et jaune. La muqueuse de la vessie est décolorée, avec un peu de liquide pâle. Kyste de la grosseur d'une cerise dans le ligament large. La muqueuse de la partie supérieure du vagin est recouverte d'une couche épithéliale rouge trouble, d'enduit excorié, très adhérent et mince, brunâtre. Sur le col, quelques coagulations sanguines décomposées et du mucus sanguinolent. L'épithélium de l'orifice externe du col est gris blanchâtre, trouble et d'un mat brillant,

Utérus, 108 : 80 : 40 millim. Dans la cavité utérine, sécrétion un peu trouble, couleur chocolat. La muqueuse du col est largement recouverte d'un enduit floconneux brun jaune trouble. La moitié droite de la paroi postérieure est simplement injectée, relativement lisse et brillante. La paroi antérieure est excoriée à la hauteur de trois centimètres, surtout sur la moitié supérieure. Enduit gris blanchâtre. La muqueuse de la moitié supérieure de la paroi antérieure jaune rouge est légèrement granuleuse, d'un brillant normal. La paroi postérieure est occupée sur toute son étendue par l'insertion du placenta. Voussure d'insertion aplatie, trouble, sale, d'un gris jaune et couverte d'enduit étendu. Les vaisseaux lymphatiques sur les deux angles des trompes ne contiennent rien d'anormal.

Diagnostic : Fausses membranes diphtéritiques à la suite d'intoxication par le sublimé.

OBS. XXI. — *Intoxication mortelle par le sublimé à la suite de deux injections vaginales*. — KARL. FLEISCHMANN, assistant à la Clinique du Prof. BREISKY, de Prague. *Centralb. f. Gynæk.*, 1886, n° 47.

Maria Cerny, Ipare, 17 ans, bien portante pendant toute sa grossesse, entre à la Clinique le 7 août. Pas d'œdème, ni d'autres symptômes indiquant une affection rénale. Constitution vigoureuse ; un peu pâle.

28 août, 11 heures du matin. Avant et après un examen pratiqué par la sage-femme, lavage vaginal avec une solution à 1/2000 de sublimé avec deux litres au plus.

Avant l'examen, léger écoulement de mucosités sanguinolentes par les parties génitales. Après l'examen ou seulement après les deux injections, douleurs passagères de la région hypogastrique. La femme continue ses occupations.

Aux douleurs se joignent des vomissements violents d'un liquide bilieux et de la diarrhée. Plus tard, la malade raconte que le matin même elle avait déjà eu de la diarrhée. Le soir, à 4 heures moins le quart, température 38°,5, pouls fréquent, tendu ; contractions de l'utérus rares et faibles. L'orifice supérieur ouvert, regarde en bas ; il est aminci. Il s'écoule des glaires sanguinolentes. A la partie supérieure du vagin, tête de l'enfant engagée. Pour arrêter la sécrétion sanguinolente, on donne une injection vaginale à l'eau phéniquée à 3 0/0. Le sublimé ayant été exclu, suivant notre principe, à cause de la diarrhée.

A l'intérieur, quelques gouttes de teinture d'opium.

Aux douleurs faibles succèdent les douleurs fortes et la femme accouche le 29, à minuit 45, cinq quarts d'heure après la rupture de la poche des eaux. L'enfant est un garçon vivant, à terme, pesant 2,585 grammes, long de 45 cent. Après l'expulsion du placenta, le vagin fut injecté avec la solution phéniquée à 4/100. On fit ensuite quelques sutures au catgut sur des déchirures vulvaires et périnéales. Le lendemain, jusqu'à midi, elle se porte bien.

29 août. Dans l'après-midi, six selles consécutives, liquides. Salivation. Miction faible. T. 37°,4. P. 86 et 108.

Vingt gouttes de teinture d'opium.

30 août. T. 37°,5 ; 38° ; 38°,3 ; 37°,9. P. 92 ; 120. Salivation modérée. Gencives décollées, d'un bleu rouge. A la face inférieure de la langue, tache gris blanc. Uvula. Voûte palatine et tonsilles très rouges. Sur l'amygdale droite, un bouchon de la grosseur d'un grain de chènevis, gris. Depuis la veille, dans l'après midi, la malade n'a pas uriné. Par la sonde on extrait environ 25 cent. cubes d'une urine pâle, troublée par un dépôt granulé, contenant beaucoup d'albumine.

Le sédiment est formé par de nombreux cylindres hyalins granulés de cellules épithéliales isolées ; des cellules vésicales et rénales assez nombreuses ; des éléments lymphatiques et des globules rouges très rares. XX gouttes de teinture d'opium, gargarisme de chlorate de potasse à 1/100, compresses chaudes autour du cou. Anurie pendant tout le jour. Selles fétides, muqueuses gris verdâtre striées de sang. Tympanisme, sensibilité à la pression dans la région du cæcum.

Anurie ; pendant la nuit 3 selles sanguinolentes. Enduit sale à la face inférieure de la langue, sur les gencives et sur les amygdales fortement gonflées, fétidité cadavérique de la bouche.

31 août, T. 37°,3 ; P. 108 tendu ; T. 37°,4 ; 37°,5 ; P. 124 ; T. 37°,4 ; P. 226.

Ventre légèrement tendu, insensible. Utérus à 4 travers de doigt au-dessus des pubis. Écoulement sanguin. Par la sonde on a retiré 10 c. c. d'urine moins albumineuse que la veille. Mêmes prescriptions et enveloppement humide et chaud de l'abdomen. Anurie pendant la journée. Une selle liquide.

1er septembre, T. 37° ; P. 108 R. ; T. 37°,3 ; 37°,4 ; P. 16 ; T. 38°,1 ; P. 124.

Cinq selles tachées de sang pendant la nuit. Enduit épais sur la paroi postérieure du pharynx. Région cæcale insensible même à une forte pression. Sondée 2 fois : 5 c. c. d'urine chaque fois ; XV gouttes de teinture d'opium, nettoyage à fond de la cavité buccale ; gargarisme au permanganate de potasse.

Le 2. T. 36°,9, P. 104 ; T. 37°,2 ; P. assez fort ; T. 37°,5 ; P. 132 ; T. 37°,6, T. 120.

Somnolence. 2 selles depuis la veille. Langue fortement enflée avec un enduit épais et croûteux ; en enlevant l'enduit, la face inférieure de la langue et des amygdales saigne.

Pas de miction depuis hier ; avec la sonde 3 c. c. d'urine pâle ne contenant pas de cylindres, mais des cellules épithéliales du rein infiltrées de graisse, des cellules épithéliales des organes conducteurs de l'urine en grand nombre, des globules blancs et rouges en quantité modérée.

On ne donne pas d'opium à cause de la somnolence. L'après-midi un peu d'urine rendue avec les selles. Les facultés intellectuelles peu libres vers le soir. Dans les selles évacuées le 2 septembre, on ne put déceler la présence du mercure.

Le 3. T. 37°,2 ; T. 37°, P. 120 ; T. 37°,1, R. 10-11 ; T. 37°,6, P. 120.

Depuis hier matin, des selles liquides. Les enduits sur les gencives, la face inférieure de la langue, sur les amygdales, les joues ont augmenté. A certains endroits, les plaques gris jaunâtre qui existaient hier se sont détachées en laissant des excoriations sanguinolentes de la muqueuse.

Pendant la journée, 20 c. c. d'urine riche en albumine, cellules épithéliales en dégénérescence graisseuse et quelques cellules inaltérées, d'autres fortement troublées.

Le 4. T. 37°,6, P. 118, R. 10 ; T. 37°,3, P. 128 ; T. 37°,4, P. 136 ; T. 36°,7, R. 14.

La diarrhée continue, pourtant plus de sang dans les selles. La somnolence augmente. Respiration stertoreuse, soubresauts des extrémités supérieures. Anurie. Perte complète de la connaissance. Coma profond le 5.

Le 5. T. 37°,9, P. 128-132, R.16 ; T. 38°,5 ; T. 39°,6, P. 136, R. 26 ; T. 39°,9. A 7 heures du soir, mort.

Autopsie, faite le 6 septembre à l'institut pathologique du professeur Chiari, par le Dr Richter, assistant.

Corps petit, bien nourri, pâle, à la partie postérieure des taches cadavériques confluentes. Cou court, thorax bien voûté, seins grands, riches en glandes et contenant du lait. Les papilles du mamelon pigmentées en brun sombre. Abdomen légèrement distendu, météorisé ; sur les parois abdominales, des stries blanches. La ligne blanche pigmentée en brun. Crâne petit, mince dans ses parois ; à sa face interne ostéophyte contenant un peu de sang, dans l'intérieur des sinus de la dure-mère un peu de sang sombre et liquide. Les méninges sont minces, pâles, faciles à détacher. La substance cérébrale molle, pâle et infiltrée.

Corps thyroïde petit. Dans la trachée, liquide spumeux et muqueux en quantité. La muqueuse de la trachée du larynx et du pharynx modérément injectée. Celle des bronches atrocement rouge. A la face inférieure de la langue ainsi que sous les deux côtés des joues, de petites ulcérations enduites d'une couche grisâtre ; les amygdales tuméfiées, en partie couvertes d'un enduit semblable, en partie ulcérées. Les cavités qui sont formées sur les parois sont enduites d'une couche grisâtre et remplies d'un liquide de mauvaise couleur. Dans chaque cavité pleurale, environ 300 c. c. d'un liquide séreux, coloré par le sang. Sur la plèvre des lobes inférieurs, des lamelles fraîches, minces et fibrineuses et de nombreuses ecchymoses. Le tissu pulmonaire, assez riche en sang, mollasse; dans les deux lobes inférieurs, rouge et hépatisé ; le lobe moyen et la partie inférieure du lobe supérieur droit sont condensés en foyers lobulaires. On trouve, à leur niveau, beaucoup de foyers punctiformes d'un jaune purulent, souvent très rapprochés les uns des autres.

Le cœur, de grosseur normale, flasque, le muscle jaune, d'un brillant mat, comme cuit. Dans le ventricule droit, caillot post-mortem. Valvules sigmoïdes minces. Ventricule gauche vide.

Foie hypertrophié, mou, lisse à la superficie, capsule mince, parenchyme trouble, d'un gris jaunâtre, comme cuit. Dans la vésicule, bile foncée.

La rate hypertrophiée, molle ; pulpe rouge violet, riche en sang.

Les reins très tuméfiés, mous, tendus, faisant hernie sur la surface de section.

Substance corticale presque blanche, à surface lisse.

Substance médullaire d'un rouge sombre, la muqueuse des calices, du bassinet et des uretères légèrement injectée. Dans la vessie, petite quantité de liquide épais et trouble. La muqueuse vésicale injectée et ecchymosée par endroits.

Les grandes lèvres turgescentes, variqueuses ; le vagin tuméfié. La face interne du vagin, à gauche, couverte de petites déchirures, irrégulièrement situées, en partie nécrosées. A la fourchette, rupture béante sur la ligne médiane, longue et profonde de 1/2 centim.

Muqueuse du vagin lisse, ramollie, riche en sang. Les lèvres de l'orifice interne sont allongées, amincies, avec de nombreuses déchirures, petites, à bords nécrosés.

Utérus long de 15 cent. 1/2, large, 11 cent. ; épaisseur de la paroi, au fond, 1 cent. 1/2, dans le corps, 2 cent. 1/2 ; très épais, mais très mou, avec de nombreux orifices vasculaires qui, rarement, sont altérés. Sur la paroi antérieure, saillie en forme de plate-bande, formée par des caillots sanguins et des restes de la caduque.

Les autres parties sont couvertes de caillots et de restes de la caduque.

Ovaires grands, riches en follicules. Dans le gauche, un corps jaune, de la grandeur d'une fève.

Dans l'estomac, liquide de réaction alcaline. Du côté du cardia, nombreuses ecchymoses ponctiformes et ramollissement étendu post-mortem. Le reste de la muqueuse pâle.

Intestin grêle légèrement météorisé, avec des matières un peu pâteuses gris jaunâtre, la muqueuse légèrement injectée. Dans la partie inférieure de l'iléon, follicules gonflés, entourés parfois d'une collerette rouge.

Sur les bords de la valvule de Bauhin, des foyers isolés atteignent la grandeur d'une pièce de deux francs. La muqueuse du côlon ascendant est croûteuse et couverte d'un enduit gris jaune et brillante. Dans le reste du gros intestin, quelques plis de la muqueuse seuls colorés en brun. Le pancréas est mou et pâle.

Au microscope, on constate dans les reins une nécrose étendue de l'épithélium des canalicules contournés et un amas de chaux dans les mêmes parties ; amas en partie formé par des dépôts globulaires ou en plaques amorphes, d'un brillant sombre, en partie par des masses finement granuleuses. Les glomérules ne sont presque pas altérés, et dans les canalicules de la substance médullaire, de nombreux cylindres hyalins et finement granulés.

Diagnostic anatomo-pathologique. — Intoxication par le bichlorure de mercure. Mal de Brigth aigu. Dysenterie, stomatite et pharyngite ulcéreuse. Dégénérescence parenchymateuse du myocarde et du foie. Pneumonie lobaire et lobulaire double.

Cystite aiguë, fissures du vagin, rupture du périnée. Utérus post-partum le huitième jour, involution complète.

Obs. XXII. — Dakin. *Obstetrical Transactions*, 1886. London, 1887, p. 290.

IIIpare, 28 ans, périnée intact. Déchirure transverse incomplète du col. Bonne santé antérieure. Œdème des jambes, toute la grossesse. Urine normale jusqu'au quinzième jour de l'accouchement, grande quantité d'albumine le seizième jour, matin de la mort.

Le sixième jour. Douleurs abdominales vives. Écoulement vaginal d'environ 200 gr. de mucus sanguinolent. Ergot de seigle trois fois dans la journée. Neuf selles.

Septième jour. Les douleurs intestinales réapparaissent. Encore plusieurs onces de mucus sanguinolent. La malade se trouve mieux. Vomissements de bile. Ventre insensible. Quatre selles.

Huitième jour. Se sent bien. La bouche et l'haleine sont plus fétides. Cinq selles. Arrêt des injections de sublimé.

Neuvième jour. Gencives tendres, haleine fétide, langue chargée, rôtie. Salivation. Ébranlement des dents. Pas de coliques, ni ténesme, ni dysenterie. Cinq selles. Opium. Glycérine perchlorure de fer ; chlorate de potasse.

Dixième jour. Même état ; une selle.

Onzième jour. Bouche comme avant, langue plus chargée, se pelant par places. Gencives sanguinolentes. Les parotides gonflées. Cinq selles.

Douzième jour. Amélioration de l'état buccal. Trois selles.

Treizième jour. Nausée dans la nuit. Six selles ; ni dysenterie, ni ténesme.

Quatorzième jour. La sécrétion lactée diminue ; le matin, légère hémorrhagie buccale, haleine fétide. Langue rugueuse et sèche. Pouls fort. T. au-dessous de la normale ; quatre selles.

Quinzième jour. Le matin, respiration stertoreuse. Torpeur dont on ne peut la tirer, semblable à celle de l'intoxication par l'opium, mais les pupilles étaient égales et non contractées. Elle sortait de cet état quand on la frappait avec de l'eau froide, pour retomber somnolente une fois laissée à elle-même. Les pupilles réagissent à la lumière comme chez une personne saine. Restée cinq heures dans cet état, elle devint ensuite plus somnolente, se remuant difficilement. Bientôt cyanose, pouls intermittent, collapsus, dyspnée.

Mort neuf heures après le début du stertor. La malade ayant recouvré ses facultés, reconnaissait son mari et les personnes présentes.

Autopsie par M. Dakin, assisté gracieusement du Dr Boxall.

Grands changements dans le côlon et les reins ; petit caillot dans l'espace arachnoïde.

Cerveau. — Dure-mère anormalement adhérente sur une large surface du crâne. Dans la pie-mère et surtout dans le sinus longitudinal, caillot récent de la grandeur d'un demi-shilling, épais de 1/4 de pouce. Vaisseaux et substance cérébrale sains.

Tube digestif. — Les deux amygdales profondément ulcérées ; sur la muqueuse de la bouche, plusieurs ulcérations légères.

Œsophage, sain. — Estomac: muqueuse légèrement rouge, congestionnée çà et là ; pas d'ulcération récente ni ancienne. Dans l'iléon, deux petites intussusceptions. — Gros intestin : tous les sommets des replis très congestionnés, noirs, par places ulcérés. Le côlon transverse est très affecté ; le rectum très aminci.

Péritoine : sain, sauf deux petites adhérences récentes, l'une sur le côté droit du foie, l'autre au-dessus de la rate, vers l'extrémité de l'estomac.

Reins : pesant 210 gr. chacun, pâles ; légère rougeur des corps de Malpighi ; veines radiées, congestionnées. Pas de dégénérescence graisseuse.

Poumons : Quelques tubercules aux deux sommets, vieilles adhérences pleurales.

Les autres organes sains. — Le mercure ne fut pas recherché.

Examen histologique des reins. — Glomérules de Malphigi et capsules. Légère augmentation des noyaux dans les glomérules ; matière amorphe granuleuse exsudée dans les capsules qui sont plus du double de leur grosseur normale ; quelquefois l'épithélium est enlevé.

Vaisseaux sains ; pas d'hémorrhagie.

Tubes : Altération des néphrites chroniques, parenchymateuses et mixtes aiguës. Dans les canaux grands et petits, amas colloïde sans graisse ni sang.

Dans les tubes collecteurs droits, à peu près tout l'épithélium est enlevé et les amas colloïdes sont très nombreux.

Tissu interstitiel. — Epaisseur double de la normale, hyalin en apparence, très légèrement fibrillé, contenant de nombreux noyaux.

Pas de dépôts calcaires.

Obs. XXIII. — *Accouchement normal. Huit injections vaginales avec une solution de sublimé à 1/200 pendant les suites de couches. Mort.* — Berthod. *Gazette médicale de Paris*, 7 mai 1887, p. 219.

La nommée X..., primipare, entrée à la Maternité pendant le troisième trimestre de l'année 1886, y est accouchée spontanément, à dix heures du soir, d'un enfant vivant à terme, ayant le sommet en O. I. G. A. La délivrance se fit normalement un quart d'heure après l'accouchement.

Celui-ci avait eu lieu d'ailleurs selon les conditions habituelles. Le col utérin avait été légèrement déchiré, mais la vulve et le vagin s'étaient trouvés profondément contus ; il en résulta la production ultérieure d'eschares larges qui devinrent très apparentes dès le deuxième jour après l'accouchement.

Suivant l'usage constant observé à la Maternité, on fit à X..., au début du travail, une injection de la solution de sublimé à 1/2000, (1) et de rechef, immédiatement après la délivrance, une injection intra-utérine avec la même solution. Celle-ci fut également employée pour la toilette des organes génitaux.

Le premier jour après l'accouchement, traitement habituel, c'est-à-dire trois injections vaginales et trois lavages vulvaires avec le sublimé à 1/2000. Deux garde-robes en diarrhée pendant la journée.

X... a des eschares, pour l'élimination desquelles on fait deux injections vaginales pendant la nuit suivante.

Dès le matin du deuxième jour, l'accouchée accusait de l'agacement dentaire, et on pouvait constater un liséré au niveau des dents inférieures. Pendant la nuit elle avait eu plusieurs selles diarrhéiques fétides. Ces constatations déterminent à supprimer immédiatement l'emploi du sublimé. Il est juste cependant de faire remarquer qu'à six heures du matin et avant la visite, selon l'usage, une dernière injection vaginale au sublimé fut faite à X..., comme à toutes les autres femmes de la salle.

La température et le pouls étaient d'ailleurs absolument normaux.

Traitement. — Chlorate de potasse en pastilles et en potion. Lavement laudanisé X gouttes. Les injections seront faites avec l'eau boriquée à 3/100.

(1) La solution mère est titrée de la façon suivante :

Sublimé corrosif.............................	1 gramme
Chlorure de sodium..........................	1 »
Eau...	1 litre
Fuchsine....................................	Q. s. ad. color.

Elle est employée constamment dédoublée avec de l'eau plus ou moins chaude selon les circonstances.

Les injections sont pratiquées au moyen d'un récipient de verre, dont la contenance est de 1 litre 1/2 environ, mis en communication avec la canule en verre qui sert à la fois pour les injections vaginales et pour les injections utérines au moyen d'un tube en caoutchouc.

La diarrhée persiste cependant, et pendant la journée il y a plusieurs garde-robes excessivement fétides. L'aspect général n'est point mauvais. Les lochies sont sanguinolentes et peu abondantes. Le soir, T. 37°,2.

Le troisième jour au matin, la malade nous apprend que la nuit a été très mauvaise. La diarrhée continue incoercible, la salivation est tout d'un coup devenue excessivement abondante ; les ulcérations des gencives ont beaucoup gagné en étendue depuis la veille ; la langue est sale, le facies plombé. et infiltré. T. 37°. L'urine contient une notable quantité d'albumine.

Traitement. — Potion au chlorate de potasse, potions de Todd. Lavage de la cavité buccale avec la solution boriquée. Alimentation : lait.

Soir, T. 37°,2. Plusieurs selles diarrhéiques et sanguinolentes pendant la journée. Lavement laudanisé (10 gouttes). En outre de l'albumine, l'examen des urines révèle la présence de mercure au moyen de la pile étain, mica, or.

Le quatrième jour, même état. La diarrhée reste toujours fétide et sanguinolente ; elle est cependant un peu moins abondante. Les ulcérations des gencives gagnent singulièrement en étendue et en profondeur. La face interne des joues jusqu'à l'arrière-gorge est envahie par un exsudat pultacé. La salivation est excessive ; elle blanchit l'or. L'état général se conserve cependant relativement bon, et la malade prend avec son lait quelques aliments pendant la journée.

Le cinquième jour, même état légèrement atténué.

Le sixième jour, la diarrhée a repris. L'œdème de la face s'est étendu. Les membres inférieurs sont empâtés. Précipité très abondant d'albumine dans les urines. La malade prend du lait et des potions de Todd, mais la salivation est telle qu'elle rejette en grande partie ce qu'elle a absorbé.

Traitement. — Chlorate de potasse en potion et en gargarisme.

Le septième jour, tous les symptômes vont croissant. L'aspect cachectique se prononce. La malade continue à aller beaucoup en diarrhée. La salivation est moins abondante, mais il y a intolérance presque complète de l'estomac.

Le neuvième jour, l'état s'est encore aggravé. L'estomac ne veut plus rien garder. D'autre part, la diarrhée persiste ; les matières sont d'ailleurs évacuées involontairement. Une sonde est introduite dans les narines pour tâcher de nourrir artificiellement la malade, qui succomba à midi.

L'autopsie fut pratiquée le lendemain et donna les résultats suivants :

Le cadavre est bouffi ; les muqueuses sont pâles, violacées. Les téguments ont une teinte plombée.

La cavité buccale est littéralement plaquée de fausses membranes, peu épaisses, qui tapissent l'arrière-gorge jusque vers le fond du pharynx ; la face interne des joues en est exactement recouverte. Un liséré très net et large de 3 millimètres environ se remarque au niveau des dents supérieures. A la mâchoire inférieure, les dents sont presque entièrement déchaussées, tant les ulcérations sont profondes.

La langue est tuméfiée, mais non ulcérée. Les dents inférieures ont laissé à son niveau leur empreinte.

L'œsophage ne présente rien de particulier ; dans l'estomac il n'existe ni ulcérations, ni fausses membranes ; on observe seulement quelque arborisations vasculaires au niveau de la grande et de la petite courbure. Quelques ecchymoses sous-muqueuses lenticulaires, très discrètes d'ailleurs, sur le trajet de l'intestin grêle.

A mesure qu'on se rapproche de l'S iliaque, ces ecchymoses encore peu nombreuses sur la partie ascendante et transversale du gros intestin deviennent de plus en plus confluentes.

En plusieurs points de l'S iliaque et du rectum, au-dessus de ces foyers hémorrhagiques interstitiels, se trouvent de petites érosions ulcéreuses de la muqueuse, sans qu'il y ait nulle part de perforation de la paroi. Au niveau de l'ampoule rectale, la teinte générale de la muqueuse est ardoisée ; les lésions (ulcérations et hémorrhagies sous-muqueuses punctiformes) y sont à leur maximum.

Il n'existe point trace de péritonite. Le vagin est normal, l'utérus parfaitement revenu sur lui-même ; le col utérin, de coloration grisâtre, n'est point déchiré. Dans la cavité du corps se trouvent quelques caillots grisâtres, adhérents à la muqueuse.

Les reins sont gros (200 D., 210 G.), blanc grisâtre, mous, anémiés et décolorés.

Le foie est volumineux (1490 gr.). La rate, ardoisée, est diffluente.

Nous n'avons d'ailleurs trouvé rien de particulier dans l'examen des viscères thoraciques, non plus que dans l'aspect extérieur et dans la structure de la masse encéphalique.

Obs. XXIV. — Virchow. *Soc. méd. de Berlin*, 4 janvier 1888, in *Berlin. klin. Wochenschrift*, 1888, p. 72.

Il rapporte un cas d'intoxication mortelle observé par le Dr Lévy dans sa pratique privée.

Femme X..., 25 ans, d'une santé florissante, mariée depuis 4 ans, ayant eu 2 accouchements antérieurs, sans accidents, en septembre 1886 et juin 1887.

Dernières règles en septembre 1887. Rien d'anormal. Le 21 décembre, à 5 heures du soir, elle accouche d'un embryon, long. de 0,10 cent., mort et macéré. Le soir, à 11 heures, léger frisson ; chloroforme et délivrance artificielle après le savonnage et le lavage des parties génitales avec du sublimé à 1/1500. Injection vaginale avec un demi-litre de la même solution, puis avec une sonde métallique et un entonnoir en verre, injection utérine avec un litre de cette même solution. L'utérus était relâché, le col facilement perméable à un doigt.

Le liquide sortait facilement ; cependant, le doigt introduit dans l'utérus fit découvrir une rétention de 50 à 100 gr. environ de liquide dans la cavité utérine. Ce liquide fut chassé par expression. Ainsi vidé et le placenta enlevé, l'utérus se contracta fortement. On donna une nouvelle injection utérine avec un demi-litre de sublimé à 1/5000. L'utérus fut comprimé pour évacuer autant que possible toute la solution de sublimé ; le doigt introduit ensuite trouva la cavité vide. Il fut fait, en outre, une injection vaginale avec un demi-litre de solution à 1/5000 ; le périnée fut déprimé pour faciliter l'écoulement. L'anesthésie fut calme, le réveil rapide.

A peine replacée dans son lit, la malade est prise de frisson intense ; dypsnée, respiration rapide, irrégulière ; pouls petit. Les excitants restent sans effet.

Deux heures après, selles abondantes, involontaires, demi-pâteuses et demi-liquides.

La nuit et les jours suivants, diarrhée impossible à arrêter et vomissements. L'opium et les analeptiques sont donnés sans succès. La température, toujours au-dessous de la normale, oscille entre 34°,5 et 35°,5. Sensorium libre. Le 2e jour, on retire avec la sonde à peine une cuillerée à soupe d'urine, depuis *anurie*. Le collapsus augmente et la mort survient le 27 décembre, à 5 heures de l'après-midi.

Il est impossible naturellement d'évaluer la quantité de sublimé absorbée ; la quantité dont on s'est servi en tout s'élève à 1 gr. 20.

A l'autopsie, altérations parenchymateuses aiguës surtout dans les reins, pas de dépôts calcaires. Colite.

Le mercure fut trouvé dans les parois de l'intestin au siège des lésions. (Prof. Salkouski.)

Obs. XXV. — *Grossesse gémellaire. Corps fibreux multiples. Avortement provoqué dans le 3e mois de la grossesse. Rétention du placenta. Mort par intoxication à la suite d'injections intra-utérines de sublimé corrosif au 1/2000 et 1/4000.* Porak. *Bulletins Société obst. et gynéc. de Paris,* 12 avril 1888, p. 129.

M**me** X..., 34 ans, bien portante habituellement. Une de ses cousines a eu une grossesse double ; une autre parente, une grossesse triple. Menstruation d'abord régulière, mais quelquefois douloureuse. Pas de métrorrhagie.

A partir de 1881, irrégularités dans la menstruation. En décembre 1886, les règles reviennent trois semaines après la précédente époque, puis quinze jours après en janvier nouvelle perte. Depuis pas d'écoulement sanguin.

Le 5 février 1887, en même temps qu'une grossesse non douteuse, on constate une énorme tumeur fibreuse, remontant en haut jusqu'à l'ombilic, et plongeant en bas dans l'excavation qu'elle remplissait complètement en arrière.

La grossesse était de 3 mois à peu près ; le développement de la tumeur fibreuse avait été rapide ; M. le professeur Tarnier, appelé en consultation, fut d'avis de provoquer un avortement, qui paraissait devoir se produire plus tard spontanément et dans des conditions moins favorables.

9 mars 1887. On introduit dans le col de l'utérus une tige de laminaire. Les douleurs apparaissent dans la journée. La poche des eaux se rompt spontanément vers 5 heures du soir. T. 37°,2. P. 82.

Le 10. On introduit une sonde à double courant de 0,20 cent. dans l'utérus, on fait un lavage avec un litre 1/2 de solution de sublimé corrosif au 1/2000e, et après, un autre lavage avec un litre de solution boriquée au maximum de saturation, afin de ne pas laisser de solution de sublimé dans la cavité utérine. On laisse la sonde à demeure. On la maintient à l'aide d'un tampon vaginal et d'un bandage en T. Des douleurs se reproduisent assez irrégulièrement pendant la journée. Matin T. 37°,2. P. 84. Soir T. 37°,2. P. 88.

Le 11. Nouveau lavage avec un litre 1/2 de solution de sublimé au 1/2000e et avec 1/2 de solution boriquée. Les douleurs continuent. Matin T. 37°,2. P. 88. Soir T. 37°,3. P. 100.

Le 12. On trouve un fœtus engagé dans le vagin, on l'extrait. Il mesure 20 centimètres de longueur. Nouveau lavage dans les mêmes conditions qu'hier matin. T. 37°,2. P. 84. Soir T. 37°,3. P. 88.

Le 13. Pas de délivrance. La malade a eu de la diarrhée la veille. A l'examen des gencives, on constate un très léger liséré rougeâtre. En face de ces symptômes, alors peu inquiétants, on étend la solution de sublimé, on fait une injection intra-utérine d'un litre de solution de sublimé au 1/4000e, et ensuite, comme précédemment, une injection d'eau boriquée.

A l'insomnie des nuits précédentes, succède, dans la journée, un calme relatif. Matin T. 37°,3. P. 84. Soir T. 37°. P. 94.

Le 14. Le liséré des gencives n'existe plus qu'entre les dents, mais on constate sur la face interne des joues, tout à fait au fond, près de la dent de sagesse, de chaque côté, plus à gauche qu'à droite, de petites plaques brunâtres, irrégulières, ecchymotiques. Pas de salivation. On suspend les injections au sublimé corrosif. On les remplace par des injections intra-utérines de solution boriquée au maximum de saturation de plusieurs litres, le matin et le soir. A la suite de ces lavages, douleurs vives dans le ventre, vomissements. La diarrhée persiste. On administre une potion avec 4 gr. de chlorate de potasse. Matin T. 37°,3. P. 118. Soir T. 37°,4. P. 120.

Le 15. Douleurs très vives pendant toute la nuit. Expulsion spontanée d'un second enfant. On trouve, ce matin, un placenta engagé dans le vagin. On ne peut pas l'extraire. Lavage matin et soir avec trois litres de solution phéniquée au 1/100e et trois litres de solution boriquée au maximum de saturation. Continuation de la potion de chlorate de potasse. Hoquets fréquents. Inappétence absolue. Les plaques ecchymotiques de la face interne des joues ont une teinte noire de sphacèle. On remarque une autre plaque sphacélée sur l'amygdale gauche. Pas de salivation. Lochies fétides. Moins de diarrhée. Matin T. 37°. P. 100. Soir 37°,6. P. 120.

Le 16. Lochies toujours fétides. On peut extraire l'un des placentas et une partie du second. Trois lavages intra-utérins de 6 à 9 litres chacun, l'un le matin, l'autre vers le milieu de la journée, le troisième dans la soirée. On emploie une solution phéniquée, boriquée et d'eau oxygénée. Aggravation de l'état général. Face vultueuse.

Érythème de la face. Plaques érythémateuses disséminées sur le corps, sur les genoux, au sacrum, sur les articulations métacarpo-phalangiennes. Vomissements incessants, hoquet, abattement, diminution notable de l'émission urinaire, toujours un peu de diarrhée. Matin T. 36°,2. P. 102. Soir T. 36°,4. P. 108. Continuation de la potion de chlorate de potasse. Bain de vapeur.

17. Depuis 24 heures, anurie complète ; pas de selles, vomissements incessants ; hoquets. Pouls dépressif, difficile à compter. Respiration rapide, courte (33 respirations) et entrecoupée. Face rouge, vultueuse. Taches érythémateuses, disséminées sur l'abdomen et sur la face supérieure des cuisses. Les joues ne paraissent pas seulement le siège d'un érythème, elles sont épaisses et comme vernissées. Abattement et indifférence presque comateux. On a de la peine à obtenir des réponses. T. 35°,4.

Bain de vapeur. Mort dans la nuit. Les accidents mercuriels, à la suite d'un petit nombre d'injections intra-utérines, ne sont pas douteux dans ce cas. On comparera cette observation, si malheureuse, à notre observation où des injections, on pourrait dire profuses, de solution de sublimé au 1/2000° ont été pratiquées pendant près d'un mois, matin et soir.

Obs. XXVI. — Boxall, *Obstetric. Transac.*, vol. XXX. London, 1889 (pour 1888), p. 304-331.

Primipare, jeune et saine, accouche seule et expulse le placenta avant l'arrivée du médecin. Irrigation vaginale au sublimé à 1/2000 pendant laquelle la malade se plaint de douleurs abdominales. Dans l'après-midi du même jour, suture du périnée déchiré jusqu'à l'anus. Nouvelle irrigation de sublimé à 1/1000. Le troisième jour suivant injection (sublimé à 1/2000) sans jamais pousser la canule dans l'utérus. La constipation qui existait quelques jours avant l'accouchement fut maintenue par l'administration quotidienne de XXV à XXX gouttes de teint. d'opium et le 3° jour on ne donna pas de purgation.

Ainsi les intestins n'avaient pas été évacués depuis huit jours, quand débutent les phénomènes de mercurialisme. La diarrhée muqueuse et sanguinolente commence, avec ténesme et douleurs abdominales, le 3° jour au soir pour continuer jusqu'à la mort. La malade refuse toute nourriture ; 4° jour, T. m. 95° et S. 97° Farhenheit. Pouls 120, soir 160, petit et faible.

Les extrémités deviennent froides et les lèvres bleues. La malade tombe dans un demi-coma.

5ᵉ jour. On cesse le sublimé. Irrigation utérine et vaginale phéniquée. Mort le lendemain dans le collapsus. Il n'y eut pas de salivation ni de gingivite. Les urines ne furent pas examinées.

Autopsie. — Déchirure du périnée non réunie, l'utérus en subinvolution ne présente rien d'anormal. Petit caillot sur le bord de l'insertion placentaire. Aucun signe d'infection. Tissu cellulaire péri-utérin tout à fait sain, ainsi que les trompes. Pas de pus dans le bassin, péritonite légère ?

La surface du gros intestin présente sur toute sa longueur des hémorrhagies punctiformes, quelques-unes sont ulcérées. Sur le côlon transverse, larges ulcérations réunies par leurs bords, d'autres isolées grandes comme une pièce de 4 sous.

Dans la partie supérieure du rectum, une plaque longue de 0,05 cent. à bords irréguliers formée par des ulcérations confluentes couvertes de fausses membranes.

Les replis muqueux du côlon fortement injectés présentent par places de grosses stries transversales. Même lésion dans l'intestin grêle à 0,15 cent. de la valvule.

L'estomac et le reste de l'intestin grêle sains. Foie normal. Les deux reins gros et marbrés, mais sans dégénérescence cirrhotique. Les capsules s'enlèvent facilement. Les tubes droits sont plus gros que d'ordinaire. Le cerveau ne fut pas examiné.

Obs. XXVII. — *Un cas d'intoxication mortelle par le sublimé.* — Steffeck. *Centralb. f. gynæk.*, n° 5, 1888.

G. M..., 27 ans, multipare, est accouchée trois fois d'enfants à terme, naturellement, la dernière fois il y a quatre ans. Dernières règles au milieu du mois d'août 1887. Elle entre à la clinique au commencement de novembre pour des pertes. Son utérus correspond à une grossesse de 4 mois. Pendant son séjour, pas de pertes. Elle fut renvoyée au bout de 8 jours.

Le 25 novembre, elle revient accusant de nouvelles pertes et des douleurs d'accouchement.

État physique : Corps élancé, taille moyenne, squelette gracile, muscles bien développés. Pas d'œdème ni d'exanthème. Appétit bon, selles régulières. Rien autre à noter. Température et pouls normaux. Le fond de l'utérus se trouve à mi-distance de la symphyse et de l'ombilic ; sa consistance est molle, l'orifice externe ainsi que la partie inférieure du col perméables pour un doigt seulement. Pas de pertes. On donne un grand bain. Lavage des parties génitales externes avec une solution de sublimé à 1/1000, du vagin avec un litre de sublimé à 1/3000.

27 novembre. Par l'orifice externe, procidence du cordon qui dans la journée descend jusqu'à la vulve. Pas de pertes. Injections vaginales à 1/3000.

Le 28. Même état. Lavage vaginal.

Le 29, 5 heures du matin. Douleurs plus fortes. Col perméable pour un doigt.

7 heures. Expulsion d'un embryon de 4 à 5 mois. Placenta adhérent. Hémorrhagie arrêtée par une injection chaude avec un litre de sublimé à 1/3000. Tamponnement à la gaze iodoformée. Température et pouls normaux.

Le 30. Température et pouls normaux. Tamponnement renouvelé. Lavage vaginal à 1/3000. Le col n'est pas plus dilaté. Placenta adhérent.

6 heures du soir. Frisson. T. 39°,3. Extraction des tampons. Ecoulement inodore. On pratique la délivrance artificielle sans anesthésie après une injection intra-utérine de un litre de sublimé à 1/5000. L'hémorrhagie, à la suite de la délivrance artificielle, est arrêtée par un lavage utérin d'un litre de sublimé à 1/5000. Ergotine. Une heure après l'injection, ténesme et diarrhée. En même temps, frisson. T. 41°. On donne des stimulants.

1er décembre. La malade se plaint de nausées et de douleurs dans la bouche. Haleine fétide. Sur le bord des gencives existe un liséré ardoisé. Une selle plus consistante. Chlorate de potasse en gargarisme.

Le 2. T. 37°, P. 92. Nausées. Haleine très fétide. L'enduit des gencives a sensiblement augmenté; il y en a même sur les joues. Pas d'odeur des lochies. Elles sont séro-sanguinolentes.

Midi. Syncope subite après plusieurs vomissements. Pouls 180, très dur. Glace sur le ventre et en petits morceaux à l'intérieur. Le soir, les facultés sont plus libres. La malade est apathique, avec les yeux moitié ouverts. Elle reconnaît en partie l'entourage. Le cathétérisme ne donne pas une goutte d'urine. Les renseignements apprennent que la femme a uriné la nuit précédente pour la dernière fois. Deux selles pâteuses dans la journée. On excite la diaphorèse.

Le 3. Connaissance complètement dégagée. Douleurs dans la bouche. Fréquentes éructations. La stomatite a considérablement augmenté depuis cette nuit. Ténesme continu et diarrhée. Selles aqueuses, de couleur gris jaune, d'une odeur fétide. L'anurie persiste. Le cathétérisme ne donne rien. Le soir, toujours anurie. Cinq selles diarrhéiques dans la journée. Les moyens diaphorétiques et diurétiques sont inefficaces.

Le 4. T. 36°, P. 84, dur. La malade se plaint d'étourdissements, de céphalalgie, de nausées et de douleurs dans la bouche. Connaissance conservée. Éructations fréquentes. Selles continuellement diarrhéiques, muqueuses et sanguinolentes. Anurie. Le cathétérisme donne une goutte d'urine dans laquelle il y a de nombreux corpuscules de pus et des cellules épithéliales plates et cylindriques. La stomatite progresse toujours. Très grande fétidité de l'haleine. La pilocarpine ne donne pas de résultat.

Le 5. T. 35°,9, P. 72, dur. Mêmes plaintes que la veille. La connaissance existe encore, bien que la malade soit couchée complètement apathique, avec les yeux à demi ouverts. On remarque de temps en temps dans les doigts des contractions cloniques. Par la sonde, on a retiré environ 20 gouttes d'un liquide jaune sale, d'une réaction faiblement acide. Nombreux globules de pus. Cellules épithéliales de la vessie. Cristaux en forme de couvercle de cercueil et des cylindres granulés. Ténesme persistant. Toutes les heures, évacuation de un à deux bassins d'un liquide aqueux, jaune gris, très odorant. La malade refuse toujours les boissons. La pilocarpine est presque sans action.

Le 6. T. 35°,9, P. 88, très dur. La malade est couchée dans un état demi-comateux, les yeux toujours tournés en haut. Quand on lui parle vivement, elle sort de sa somnolence. Elle pousse des cris de douleur au contact le plus léger. Elle se gratte fréquemment la figure, la poitrine et les cuisses. La diarrhée a augmenté. Selles involontaires et toujours aqueuses. La sonde donne de nouveau environ 20 gouttes d'urine qui présente les mêmes caractères que la veille. La pilocarpine est toujours sans effet. Iodure de potassium, 1 gr. toutes les trois heures, également sans succès.

Le 7. T. 37°,2, P. 20, petit et intermittent. Coma complet. Langue sèche, recouverte ainsi que les gencives d'une croûte noirâtre. Sur la muqueuse des joues, ulcération de la grandeur d'une noix. Fétidité cadavérique. La malade se gratte presque sans cesse la figure qui aujourd'hui paraît gonflée. A part cela, pas d'œdème. Quelquefois des contractions cloniques de groupes musculaires isolés, surtout à l'avant-bras et aux doigts. Les selles ne sont plus sanguinolentes. Le cathétérisme donne un verre à vin d'urine jaune sale, dans laquelle on trouve beaucoup d'albumine et du mercure en abondance. Au microscope, mêmes faits que le 5, mais les cylindres granulés ont augmenté.

Mort à 9 heures du soir.

Autopsie par le professeur Bostroem.

Reins augmentés de volume. Capsules modérément adipeuses. La capsule fibreuse se détache facilement. La surface de coupe est pâle, jaune gris. Consistance très molle. La substance corticale et les colonnes de Bertin sont largement étalées, très molles, de couleur pâle, gris jaune. Les pyramides d'un bleu rouge sont très apparentes. La muqueuse des bassinets et des uretères est très injectée. Au microscope, état trouble et tuméfaction des canalicules contournés et droits qui sont ainsi complètement obstrués. Dans les tubes contournés, tranformation graisseuse. On trouve aussi de nombreux dépôts calcaires et de petits foyers hémorrhagiques interstitiels frais.

Rectum. — Immédiatement au-dessus de l'anus on voit sur la muqueuse des enduits abondants jaune gris, disséminés entre lesquels on voit dans certains endroits la muqueuse libre plus fortement injectée. Il existe également des infiltrations grisâtres profondes de 3 à 4 millimètres, longues jusqu'à 2 centimètres 1/2, et larges d'un centimètre et demi, isolées dans les parties inférieures, confluentes dans la partie supérieure. De plus, à la hauteur des valvules existent des petites masses nécrosées, plus plates, jaune verdâtre, autour desquelles la muqueuse est très injectée. A la coupe d'une de ces infiltrations, la couche musculaire est fortement œdématiée. Les couches sous-muqueuse et muqueuse sont en partie dures et infiltrées, en partie molles et diffluentes de couleur sale, gris verdâtre. Toutes ces lésions sont plus marquées dans le rectum et l'S iliaque, tandis que la muqueuse des côlons descendant et transverse est saine, sauf une injection plus forte au niveau des valvules conniventes avec nécrose de quelques follicules isolés.

Les modifications commencent seulement au niveau de la flexion du côlon à droite et offrent jusqu'au cæcum le même aspect que la muqueuse du rectum. La partie inférieure de l'iléon, présente aussi des changements peu considérables de la même nature jusqu'à 0,75 cent. environ de la valvule. Dans les parties de l'intestin, décrites jusqu'à présent, il existe des matières fécales abondantes, très fétides, divisées en crottes d'un gris blanchâtre. A la partie supérieure de l'intestin, la muqueuse n'offre rien de particulier, si ce n'est de petites masses teintées par la bile.

Les ganglions du mésentère sont de la grosseur d'une fève, d'un gris jaunâtre, d'un brillant humide sur la surface de section.

Diagnostic anatomique. — Processus dysentérique dans la partie inférieure de l'intestin grêle, très prononcé dans le gros intestin. Néphrite aiguë parenchymateuse. Emphysème pulmonaire et œdème faibles.

Obs. XXVIII. — Sommer. *Charité-Annalen*, 13e année, 1888, p. 737.

M... I..., 21 ans, servante, vigoureuse, bien portante ; pas de maladie antérieure d'après son dire. Elle accouche très vite le 7 décembre, à 2 h. du matin, d'une fille à terme, bien vivante. Les cinq premiers jours de l'état puerpéral s'écoulent normalement, la température ne dépasse pas 37°,2 et le pouls 66 à 72. Le 6e jour, dans l'après-midi, frisson T.40°,5, P.102. Ne trouvant aucune lésion, ni du côté de l'abdomen ni ailleurs, on fit par mesure préventive une injection vaginale et utérine; le liquide s'écoule rapidement clair et l'on use à peine 2 litres pour l'injection de l'utérus et 2 pour celle du vagin; en tout 4 litres de solution de sublimé à 1/4000. On fait attention à ce que le liquide reflue librement. Après l'injection intra-utérine, nouveau frisson avec T. 41°,6.

Le lendemain matin pas de fièvre, mais de nombreuses selles diarrhéiques, muqueuses ; ténesme. Langue couverte d'un enduit blanc grisâtre. La malade reçoit un suppositoire de 0,01 cent. de morphine et XX gouttes de teint. thébaïque en 2 fois.

La diarrhée cesse. Le lendemain 8e jour, vomissements qui persistent sans arrêt. Le 9e jour de nouveau, selles diarrhéiques mêlées d'un peu de sang. Un lavement avec blancs d'œuf et XXX gouttes de teint. thébaïque. La sécrétion de l'urine presque complètement abolie, par la sonde on retire seulement quelques gouttes. Cette anurie persiste d'une manière aussi intense pendant plusieurs jours. La diarrhée continue encore quelques jours, brunâtre; elle ne contient plus de sang à partir du 10ᵉ jour. On peut encore extraire quelques gouttes d'urine, et le 13ᵉ jour, en réunissant le tout on a 50 c. c. d'une urine trouble, très riche en albumine.

La patiente reçoit contre la soif et les vomissements persistants de l'eau albumineuse refroidie à la glace, du lait avec du cognac et de l'eau de Wildungen. A partir du 12ᵉ jour, le ténesme cesse, les selles plus pâteuses sont de consistance presque normale, mais les vomissements persistent et l'on essaie de nourrir la malade par des lavements alimentaires. Après lavage du rectum avec une faible solution d'acide salicylique, on fait 3 fois par jour des lavements de 150 gr. de liquide contenant: lait, bouillon, 2 œufs et 3 cuillerées de Cherry. Ces lavements sont dans la journée, conservés 4 à 5 heures. Les évacuations qui s'ensuivent sont de très mauvaise odeur. La nuit on ajoute 2 gr. de chloral, la malade dort plusieurs heures de suite et garde le lavement 6 à 7 heures.

L'état des forces diminue pourtant progressivement; la T. oscille entre 36°,4 et 36°,8, le pouls entre 89 et 96, avec une tension bonne. L'intelligence est conservée. L'urine diminue, trouble, d'un brun sale, contient une notable quantité d'albumine. Pas d'œdème.

Les 14ᵉ et 15ᵉ jours, on lutte contre les vomissements par des lavages de l'estomac qui paraissent suivis de succès. La diminution des vomissements permet d'absorber davantage. Les 16ᵉ et 17ᵉ jours pas de lavages de l'estomac; le 18ᵉ on les reprend malgré la résistance de la malade; les vomissements se renouvelaient. Le soir selles pâteuses avec sang abondant; quelques heures plus tard selle d'un jaune clair, pas de sang.

Le 19ᵉ jour, le matin, vomissements brun sombre striés de sang; pas de selles pendant le jour, mais à 9 heures du soir, évacuations profuses, sanguinolentes, tellement considérables que la malade meurt 2 heures 3/4 après, dans le collapsus. L'état général n'avait pas changé dans la journée sauf la faiblesse croissante. La T. avait légèrement monté à 37°,3, le pouls assez vigoureux frappait 86. L'intelligence était conservée jusqu'à la fin.

L'*autopsie* fut faite le 27 décembre, 36 heures après la mort, par M. le Dr Langerhaus.

Cadavre féminin, vigoureux, de grandeur moyenne. Peau pâle, chair de poule. Tubercules de Montgomery très pigmentés ainsi que la ligne blanche. Le cœur grand et vigoureux, le myocarde un peu pâle : à gauche, légère hypertrophie, le ventricule un peu large. Le poumon gauche un peu distendu, partout perméable à l'air ; le lobe supérieur rouge clair, le lobe inférieur rouge brun sombre ; dans ce dernier foyers broncho-pneumoniques. En enlevant les organes du cou, il s'écoule à côté de la trachée, un pus épais, crémeux, entouré d'une paroi plate.

A gauche, œdème et cyanose de l'isthme du gosier. Les intestins ont un aspect ardoisé. Rate molle un peu brune. Le gros intestin se déchire au moment de l'extraction et il s'écoule des caillots de sang presque pur.

Dans le bassinet du rein gauche, une assez notable quantité d'urine. La capsule du rein difficile à enlever. Le rein de forme allongée, 18 : 9 : 3, 5. Bassinet très dilaté, il en est de même de l'uretère gauche jusqu'à son entrée dans le petit bassin. Papilles très aplaties, la partie corticale très pâle et troublée ; partout dans le rein, des masses calcaires.

Le rein droit, 16 : 9 : 4; dans les calices, partout des hémorrhagies étendues, en outre, beaucoup de chaux. Partie corticale très trouble.

La vésicule biliaire très distendue. Le foie grand, les acini ne sont pas nets, de couleur rouge brun, à certains endroits bruns.

Le contenu de l'estomac, sombre, ardoisé, verdâtre; la muqueuse infiltrée, trouble, il n'y a pas d'endroits hyperhémiés.

L'utérus agrandi et très mou.

Dans la vessie, un liquide se rapprochant du pus ; la muqueuse rougie, par places, un peu diphtéritique. Le rectum présente de petites ulcérations, la muqueuse est faiblement rougie, en partie opaque. Les replis sigmoïdes, épaissis, floconneux et troubles. Dans le duodénum, des masses ardoisées et brunâtres, plus rouges dans le gros intestin. Il est partout imprégné de pigment hématique. La muqueuse de l'intestin grêle est hyperhémiée, souvent hémorrhagie au niveau des replis et présente à certains endroits des pertes de substance. Toute la muqueuse de l'iléon présente le même état; dans le jéjunum, elle est distendue, il y a une rétention considérable de chyme dans les villosités.

Diagnostic. — Une très grande hémorrhagie de l'iléon et du côlon. Colite gastrite. Néphrite parenchymateuse grave. Hydronéphrose du côté gauche. Involution incomplète de l'utérus. Broncho-pneumonie du côté droit. Abcès encapsulé du cou. Hépatite parenchymateuse. Rétrécissement de l'aorte ; dilatation et hypertrophie du cœur.

OBS. XXIX (résumée). — *Intoxication mortelle par le sublimé. Avortement gémellaire. Rétention du placenta. Deux injections intra-utérines avec la solution de sublimé à 1/2000. Hydrargyrisme aigu. Mort. Autopsie. Examen histologique.* H. LEGRAND. *Ann. de gynéc.*, vol. XXXI, p. 410 (résumée).

Ernestine D..., 22 ans, infirmière, entre dans le service d'accouchements de la Charité (M. le Dr Budin suppléé alors par M. Champetier de Ribes), dans la nuit du 24 au 25 décembre 1888.

Pas d'antécédents héréditaires ni personnels.

Première grossesse en 1885, normale et à terme.

Dernières règles en août 1888. Métrorrhagie abondante dans les premiers jours d'octobre.

Le 17 décembre, elle était entrée dans un service de médecine simulant des symptômes de métrite.

A deux reprises, perte de sang notable, ergotine ; glace sur le ventre, injections chaudes.

Le 22. Douleurs de reins, hémorrhagie croissante, expulsion au milieu de la nuit d'un fœtus long de 18 cent. pesant 70 gr.

La délivrance tentée par la méthode des tractions, amène la rupture du cordon à son insertion placentaire.

Rétention de l'arrière-faix et hémorrhagie, pour lesquelles la malade fut passée dans le service d'accouchement ; arrêt spontané de l'écoulement.

Le 25, 1 h. du matin. Caillots. Pas de frissons, ni de fièvre. T. 37°.

La malade est pâle, épuisée, anémiée. Au toucher, caillots dans le vagin, col volumineux, largement ouvert. Utérus globuleux ferme, le fond à mi-distance de l'ombilic et du pubis. Injection vaginale avec deux litres de sublimé à 1/2000.

Dans la matinée avec la sonde on retire une urine claire ne contenant pas d'albumine. M. Champetier de Ribes prescrit dans la journée 3 injections intra-utérines de sublimé à 1/2000, de fréquentes injections vaginales alternativement avec le sublimé, l'eau phéniquée et l'acide borique. Potion de Todd, thé. La malade est isolée.

2 h. du soir. Première injection utérine de 10 litres de sublimé avec la sonde de Budin (le récipient tenu à bout de bras s'élève à 0,80 cent. ou 1 mètre au-dessus du plan du lit). Immédiatement après injection utérine avec 4 litres de solution boriquée à 2/100. Bientôt contractions régulières et douloureuses.

5 h. du soir. Deuxième injection ; même quantité, même solution. Col plus dilaté, l'œuf flotte dans la cavité utérine. Cinq minutes après le début de l'injection la malade se plaint de douleurs dans le ventre ; peu après nausées et vomissements.

Minuit. Miction spontanée, urine normale d'aspect et de quantité. Col plus ouvert et plus effacé. En dehors des contractions plus fortes, le ventre n'est pas douloureux.

Le 26, 3 h. du matin. Malaise, écoulement sanguin léger ; extraction d'un second fœtus du volume du premier.

Injection utérine avec 4 litres d'eau boriquée à 2/100. La veille et la nuit les injections vaginales ont été faites toutes les deux heures alternativement avec du sublimé à 1/2000, de l'eau boriquée à 2/100 et de l'eau phéniquée à 1/100. A 5 heures 1/2, perte peu abondante.

Stomatite, diarrhée. Miction spontanée, urine d'aspect normal, nausées, pas de fièvre. T. 37°,5. Suppression des injections de sublimé.

11 heures du soir. Expulsion spontanée d'un placenta unique, non fétide. Il reste dans l'utérus des fragments de caduque et de chorion. Injection utérine phéniquée puis boriquée.

Le 27. Température normale. Coliques persistantes, bouche en mauvais état. Gingivite, salivation abondante, haleine fétide ; diarrhée presque continuelle. Anurie ; 2 fois cathétérisme infructueux.

Le 23. Anurie persistante, diarrhée aqueuse abondante. Température 37° et 39°,5. Sur la langue épaissie enduit grisâtre ; la face inférieure qui la veille présentait de petites efflorescences rouges offre deux larges ulcérations grisâtres. Gencives rouges, salivation extrêmement abondante, horrible fétidité de l'haleine. Régime lacté absolu, eau albumineuse, grands lavements d'eau de son.

Les 29, 30 et 31, diarrhée fétide, muqueuse (frai de grenouille), avec ténesme rectal très marqué, simulant une violente dysenterie. Dans les selles stries sanguinolentes, petits caillots de sang, membranes blanchâtres ou jaune sale. La malade a dû uriner un peu. Exulcération de la voûte palatine. Gargarisme et grands lavements.

1er janvier. La malade se trouve mieux, l'état local de la bouche paraît meilleur. Le visage est pâle et bouffi ; les jambes un peu œdémateuses, hyperesthésie des jambes, surtout à droite.

Le soir, hypothermie. T. 36°,4 à 4 h., à 7 h. 36° ; délire tranquille.

Respiration rapide, très profonde. A l'auscultation partout des sibilances et des bulles humides sous-crépitantes. Respiration un peu soufflante à la base gauche. Bruits du cœur sourds, précipités, la main appliquée sur la poitrine ne perçoit qu'une faible ondulation. Pouls extrêmement rapide.

10 heures du soir. Refroidissement périphérique très sensible. La malade est inerte dans le décubitus dorsal. L'intelligence persiste.

Mort à 7 heures du matin.

Autopsie, 24 heures après la mort.

Tube digestif. — Bouche. Ulcérations à la voûte palatine, à la face inférieure de la langue et aux gencives. L'œsophage, l'estomac et l'intestin grêle paraissent sains. Tout le gros intestin est recouvert d'eschares et d'ulcérations. Elles apparaissent dans le cæcum, deviennent plus fréquentes et plus grandes dans le côlon ascendant, diminuent un peu de nombre dans le côlon transverse, augmentent de nouveau dans le côlon descendant pour acquérir leur maximum de fréquence et de grandeur dans le rectum vers l'anus.

En général, ces lésions occupent les points saillants, les plis transversaux de la muqueuse intestinale : tantôt isolées et arrondies, le plus souvent, elles affectent la forme d'un îlot allongé transversalement en cercle incomplet. Près de l'anus, elles deviennent longitudinales. Par places, on voit des bandes respectivement perpendiculaires d'aspect quadrillé. Les eschares d'un gris jaunâtre, pseudo-membraneuses, dures au toucher, adhèrent assez fortement au tissu sous-jacent. A la périphérie de quelques-unes se creuse un sillon rougeâtre d'élimination. L'eschare tombée, on trouve une ulcération de la muqueuse, le contour en est ovalaire ou arrondi, les bords un peu épais, non décollés, le fond grisâtre ou rosé et bourgeonnant.

Reins. — Le droit pèse 210 gr. ; le gauche, 200 gr. Ils sont volumineux, pâles, blancs, avec des étoiles de Verheyen très marquées. Consistance molle. La capsule s'enlève très bien. La substance corticale est d'une couleur saumon, sur laquelle les pyramides se détachent en rouge brique foncé. A la coupe suinte une sérosité rougeâtre. Vessie affaissée, vide et saine.

L'utérus et les organes génitaux sains. Sur la muqueuse utérine légers détritus grisâtres, disparaissant rapidement sous un filet d'eau. Trompes normales.

Le pancréas et la parotide d'aspect ordinaire.

Foie, 1,460 gr., normal, pâle.

Rate, 160 gr., idem.

Cœur, 250 gr., un peu chargé de graisse.

Dans les poumons un peu de bronchite et d'infiltration œdémateuse des bases.

Examen chimique par M. Winter, préparateur de M. le professeur Hayem. La présence du mercure a été constatée dans les reins seulement et pas dans le foie.

Examen microscopique. — *Gros intestin.* L'intervalle des ulcérations d'apparence normale ; les cellules épithéliales des glandes folliculeuses sont tuméfiées, caliciformes, gorgées de mucus clair ; irritation catarrhale.

Au niveau des ulcérations la lésion débute par un gonflement de la sous-muqueuse dont l'épaisseur normale est ainsi doublée ou triplée. Il y a diapédèse ou une prolifération considérable des cellules rondes dans tous les espaces conjonctifs qui dilatés paraissent hydrotomisés.

Par places on trouve des vaisseaux remplis de globules rouges et de petites hémorrhagies interstitielles vers la surface. Couche glanduleuse encore intacte ou traces d'irritation catarrhale. Couche musculeuse saine, conservant toujours le même aspect même au-dessous des lésions les plus profondes.

A un stade plus avancé, le gonflement de la sous-muqueuse est augmenté, il existe un réseau formé par les cellules fixes, plasmatiques, unies par leurs prolongements devenus très apparents et présentant un aspect finement grenu. Couche glandulaire altérée.

L'ulcération formée est limitée de tous côtés par des glandes en voie de disparition.

En d'autres points, existe un véritable processus d'élimination, caractérisé par un sillon et une zone active de prolifération embryonnaire. L'eschare et le tissu exubérant des ulcérations sont infiltrés de nombreuses bactéries.

Cette constatation est à faire désespérer de la réalisation de l'antisepsie intestinale, au moins par le sublimé.

Reins : 1° Dans la substance corticale, les glomérules de Malpighi sont flétris, anémiés ; un espace clair les sépare de la capsule de Bowman aucun exsudat ne remplit cet espace. Les noyaux du bouquet vasculaire sont plus nombreux qu'à l'état normal. Les tubes contournés sont profondément altérés dans leur épithélium réduit à une mince bandelette accolée contre la paroi. Ces bases de cellules sont fusionnées ensemble, en une substance opaque, colorée en rouge brun par le picro-carminate, en brun foncé par l'acide osmique ; ici les noyaux sont absents, probablement éliminés ; ailleurs, ils sont au contraire volumineux, saillants et presque libres dans la cavité du tube, peu colorés. En beaucoup de points, ces restes d'épithélium sont détachés de la paroi, flottants dans la cavité ou même totalement absents ; la lumière des tubuli se trouve donc souvent largement béante ; ailleurs, on la trouve obstruée par une substance amorphe transparente, non réfringente, colorée en gris clair par l'acide osmique, en rose tendre par le carmin. Les capillaires situés entre les tubuli ne sont pas apparents. Ils sont aplatis, vides de globules ou n'en renferment que très peu.

2° Au niveau de la base des pyramides de Malpighi, l'attention est attirée par les pyramides de Ferrein ; elles renferment presque toutes deux ou trois conduits dilatés, dépourvus d'épithélium de revêtement triples ou quadruples de volume et remplis de boules volumineuses, d'aspect tout particulier.

Ces boules sont tassées les unes contre les autres, arrondies, à contour net, nullement fusionnées entre elles, aucune substance ne les enveloppe. Elles sont ambrées, brillantes, vitreuses. Elles se colorent facilement et d'une façon homogène par divers réactifs. La nature de ces boules nous échappe il est remarquable toutefois qu'elles affectent les réactions de coloration de la substance des noyaux.

Ces tubes à boules vitreuses ne se rencontrent que dans les pyramides de Ferrein et la partie avoisinante de la base des pyramides.

3° Dans la substance des pyramides, presque tous les tubes ont une paroi peu altérée et sont remplis par des cylindres d'aspect différent. Plusieurs gros tubes de Bellini se montrent complètement obstrués par des cylindres cruoriques, d'autres sont remplis par des grains réfringents. Enfin, il y a des cylindres colloïdes repliés sur eux-mêmes ayant un aspect onduleux dans l'intérieur de certains tubes. Nulle part de substances calcaires. Les vaisseaux de la pyramide sont gorgés de sang et en beaucoup d'endroits, les globules sont manifestement épanchés dans les interstices du parenchyme.

Foie. — Sur les coupes provenant de la masse du viscère l'aspect est à peu près normal.

Les coupes ayant porté sur le bord tranchant du lobe gauche sont moins foncées ; le protoplasma des cellules est moins opaque.

Les noyaux des cellules hépatiques beaucoup plus abondants, sont très apparents, augmentés de volume, tuméfiés et par points semblent se toucher ; ils sont clairs, presque réfringents. Cette abondance des noyaux est variable suivant les régions.

Pancréas. — Glande normale, parfaitement conservée 24 heures après la mort. Les canalicules excréteurs paraissent seulement obstrués par des cellules desquamées. Il n'y a eu destruction ou arrêt de production des ferments pancréatiques.

Parotide. — Altération parenchymateuse profonde. Les coupes sont opaques, fortement colorées en rouge par le picro-carmin. Par places seulement, des groupes d'acini présentent l'aspect clair, normal et des cellules intactes. Avec un fort grossissement on voit que la plupart des acini sont flétris et renferment un amas granuleux dans lequel on ne reconnaît plus que difficilement le contour des cellules et les noyaux.

Obs. XXX (inédite). (Due à l'obligeance de M. le Dr Porak, 1886, nº 508.) *Intoxication par le sublimé. Broncho-pneumonie. Néphrite aiguë. Mort.*

David, femme B..., IIpare, 23 ans, fileuse sur or, constitution bonne, bassin normal, entre dans le service d'accouchement de l'hôpital Saint-Louis, le 6 octobre 1886, à 4 heures du matin.

Réglée à 16 ans, régulièrement. Un accouchement antérieur, à terme, en 1885. Enfant vivant. Dernières règles du 11 au 13 janvier 1886. A terme, la grossesse s'est passée sans accidents.

Le 6 octobre 1886, premières douleurs à minuit.

Rupture spontanée des membranes au moment de l'accouchement. Présentation du sommet en O.I.G.A.; durée du travail, 7 heures 10. Fille vivante, pesant 2,995 gr. Délivrance naturelle. Membranes complètes, périnée intact ; injection utérine, pansement iodoformé.

Le 6 octobre, soir, T. 38º, P. 104.

Le 7, matin. T. 39º,4, P. 112 ; soir, T. 39º, P. 110. Haleine fétide, langue un peu blanchâtre. Nombreuses dents brisées au niveau de la couronne. Autour de ces débris, stomatite à tendance un peu ulcéreuse ; liséré blanchâtre au niveau de la racine des incisives et des canines (elle travaille dans la dorure et manie des préparations au mercure). L'état général est bon. Diarrhée assez intense. Potion au chlorate de potasse, gargarisme.

Le 8 matin, T. 37º. P. 102 ; soir, T. 38. P. 94.

Le 9 matin, T. 37º,4. P. 94 ; soir, T. 38º,2. P. 98.

Le 10 matin, T. 39º. P. 108 ; soir, T. 39º,2. P. 108. La malade présente une élévation de température de 1º,5, la langue est très sale, sur le pilier antérieur, à droite, une plaque pultacée non adhérente. Un peu de bronchite, adénopathie sous-maxillaire légère. *Anurie.*

La malade dit qu'elle souffre fréquemment de maux de gorge. Depuis sa grossesse, elle ne salive pas, elle affirme n'avoir pas eu plus mal à la bouche qu'avant sa gestation.

Le **11** matin, T. 38°,1. P. 108 ; soir, T. 38. P. 110. Quantité d'urine très faible ; efforts de miction rares, 2 à 3 fois donnant environ une centaine de grammes d'urine fortement albumineuse.

Le **12** matin, T. 37°,4. P. 104 ; soir, T. 38°,4. P. 108.

Le **13** matin, T. 38. P. 96 ; soir, T. 38°,4. P. 104. Diarrhée intense, on donne une potion avec : laudanum XV gouttes, extrait ratanhia.

Le **14** matin, T. 37°,2. P. 102 ; soir, T.   P. 110. Gros râles ronflants et sous-crépitants dans toute la poitrine ; un peu de submatité au sommet droit. 40 ventouses sont posées. Potion kermès. Les râles sous-crépitants dominent en haut. Oppression.

Le **14** soir, même état, l'oppression semble moins forte, cependant la malade a toujours l'haleine très courte. De nouveau, 40 ventouses sèches, 4 scarifiées. Pas de cyanose très apparente, crachats petits, perlés, jaunâtres. Râles sous-crépitants plus nombreux, nulle part de souffles ni de râles fins. Pas d'épanchements. Urine fortement albumineuse.

Le **15.** La nuit a été bonne. A 6 heures du matin, agonie. Injection d'éther, cyanose, râle trachéal très fort. Mort à 8 heures.

Autopsie, 25 heures après la mort.

A l'ouverture de l'abdomen, on ne constate aucune situation anormale des organes. L'estomac contient un liquide jaunâtre. Les intestins sont médiocrement distendus par des gaz, un peu de rougeur, pas d'ulcération. Le foie est volumineux, les espaces interlobulaires bien marqués, quadrillés, rougeâtres, l'organe est gorgé de sang. La rate est parfaitement ferme, noirâtre ; pas de périsplénite.

Les organes du petit bassin sont sains.

L'utérus blanchâtre ne présente rien de particulier, il est à moitié distance entre l'ombilic et le pubis.

Les culs-de-sac sont souples ; pas de caillots intra-utérins.

Les reins sont énormes, blanchâtres, de couleur uniforme, assez fermes. Le gauche pèse 300 gr. ; le droit, 285 gr.

A la coupe, le parenchyme présente des altérations plus étendues. A la coupe médiane, on remarque que la zone labyrinthique a presque disparu. Il existe un semis de points rouges (les étoiles de Verheyen sont peu marquées). Les glomérules ne se distinguent pas.

En certains points, les substances médullaire et corticale présentent presque la même teinte d'un blanc jaunâtre. Là où la substance médullaire est visible, elle est pâle, rayée de zones gris-jaunâtre perpendiculaire à la base de la pyramide.

La capsule se détache facilement. Après la décortication, l'aspect du rein est absolument celui d'un gros rein blanc.

Thorax. — Cœur petit, vide de sang. Pas d'endocardite, pas de liquide dans les séreuses.

Les deux poumons sont volumineux (pas de tuberculose), congestionnés d'une façon irrégulière. Emphysème des lobes supérieurs. Aspect granité vers la face externe des lobes moyen et supérieur droits. La teinte du tissu, est grisâtre. A la loupe, une grande quantité de pus s'écoule des alvéoles même lobulaires ; il existe des points plus foncés, presque hémorrhagiques.

Dans le poumon gauche, quelques noyaux de broncho-pneumonie, disséminés.

La trachée et le larynx présentent une teinte grisâtre, comme putrilagineuse. Larynx congestionné. Pas d'adénopathie péri-bronchique très marquée.

Bronches et pharynx remplis de muco-pus.

Obs. XXXI (inédite). (Due à l'obligeance de M. le Dr Porak.) *Avortement de trois mois causé par une chute. Intoxication mercurielle. Mort.*

Hôpital St-Louis, 1887, n° 171. Z..., femme P..., XIpare, 36 ans, journalière, santé bonne, bassin vicié.

Réglée à 14 ans, régulièrement 4 jours. Le 1er accouchement seul à terme, 8 autres prématurés, un avortement de 2 mois. Dernières règles le 6 janvier 1887.

Les derniers jours de mars, la malade tomba sur le siège en voulant s'asseoir ; immédiatement douleur vive, mais aucun symptôme inquiétant pendant 8 jours. Le 5 avril, hémorrhagie ; elle entre à l'hôpital. Laudanum.

Le 7, à 3 h. du matin, la rupture des membranes se fait spontanément, puis l'expulsion du fœtus une heure après. La délivrance vient naturellement à 6 h. 30 du matin. Le placenta pèse 55 gr. ; la caduque est incomplète. Immédiatement après l'accouchement, injection intra-utérine avec une solution de sublimé à 1/4000, peut-être à 1/3000. Puis chaque jour une injection vaginale d'une solution de biiodure de mercure à 1/3 ou 4000.

Le 10. Jusqu'ici suites de couches normales ; mais la malade se plaint de diarrhée. Il existe des ulcérations grisâtres, comme néomembraneuses, à la face interne des lèvres et sur les gencives ; fétidité de l'haleine. Suppression des injections vaginales au biiodure de mercure.

Le 15. Légère amélioration. La diarrhée a diminué ; les ulcérations buccales touchées depuis deux jours avec la teinture d'iode, ont meilleur aspect. Un peu de fétidité des lochies, œdème des jambes. Anorexie.

Le 17. La veille, journée mauvaise. La diarrhée a été moins forte, mais la malade a eu du délire ; elle répond à peine aux questions qu'on lui fait. Il est presque impossible de lui faire prendre du lait. La respiration s'accélère et la malade meurt le 11° jour après son avortement.

Elle n'urinait pas ou urinait peu.

Température et pouls :

7 avril, matin, T. 39°   P. 104. Soir, T. 37°,6 ; P. 100.

8	»	»	37°	84.	»	37°,2 88.
9	»	»	37°	88.	»	37°,4 92.
10	»	»	37°	84.	»	37°,4 90.
11	»	»	37°,4	90.	»	37°,8 94.
12	»	»	37°,4	88.	»	37°,6 96.
13	»	»	37°	100.	»	37°,8 100.
14	»	»	37°	94.	»	37° 100.
15	»	»	37°,4	94.	»	37°,4 102.
16	»	»	35°,6	124.	»	35°,8 incomptable.
17	»	»	34°,8			

Obs. XXXII (inédite) (1). Service de M. le professeur Tarnier.

R..., Belge, 25 ans, mécanicienne, entrée le 26 mars 1890 à la clinique d'accouchement. Elle a marché à 11 mois, pas de maladie dans son enfance. Réglée à 12 ans régulièrement, 3 à 4 jours chaque mois.

En 1885, bronchite suspecte, avec crachats sanguinolents. En 1886 rhumatisme articulaire aigu.

Trois accouchements antérieurs, à terme, en 1881, 1883, 1885 ; ses enfants morts en bas âge, de convulsions.

Pendant ces trois grossesses les règles persistèrent jusqu'au 4e mois.

Dernières règles, plus abondantes qu'à l'ordinaire, dans les premiers jours de juillet 1889. Le 2 août, léger écoulement de sang pâle. De cette époque au milieu de novembre, vomissements, douleurs de dents, qui se répétèrent durant toute la grossesse. Les mouvements actifs du fœtus, perçus dès la fin d'octobre, cessent sans cause appréciable, vers le 18 mars 1891.

Cette femme à son entrée est un peu pâle, courte, bien musclée, elle a les apparences d'une bonne santé. Nulle déformation ; bassin normal ; varices abondantes aux membres inférieurs surtout à gauche au-dessus des genoux ; pas d'œdème, quelquefois le soir le bas des jambes enflé.

Utérus mou s'élevant à 3 travers de doigt au-dessus de l'ombilic. Tête peu consistante, au-dessus du détroit supérieur; dos à droite, à l'auscultation aucun battement fœtal. Toucher : Col gros, étalé.

Cœur : Souffle anémique, la patiente accuse des palpitations.

Rien au poumon. Pas d'albumine. Père de l'enfant bien portant.

Accouchement le 3 avril à 9 heures du matin. Enfant mort et macéré. Délivrance spontanée une heure plus tard. Les membranes, un peu largement déchirées, paraissent privées de caduques sur une certaine étendue. Immédiatement après la délivrance injection intra-utérine avec 1 litre 1/2 à 2 litres d'une solution chaude de sublimé à 1/5000.

(1) Cette observation a déjà été publiée EN PARTIE SEULEMENT par M. le Dr GALLIPPE, *Journal des connaissances médicales,* n° 29, 17 juillet 1890.

Pansement vulvaire à l'iodoforme, à cause de la rétention probable d'un lambeau de caduque, injections vaginales supplémentaires ; il en est fait 7 par 24 heures, avec une solution de sublimé à 1/5000. Les urines avant et pendant l'accouchement ne renferment pas d'albumine.

T. 3 avril soir 38°,2.

Le 4, au matin 36°,6 ; soir, 36°,4.

Le 5, au matin, 36°,3 ; soir, 36°,8.

Rien d'anormal jusqu'au 6 avril.

Le 6. T. 37° ; soir, 37°,2 et 37°,5. Dans la journée léger frisson. Sulfate de quinine 0,75 cent.

Le 7. T. matin, 36°,5 ; soir, 36°,4. Rien d'anormal. Ventre souple et indolore. On supprime les injections supplémentaires et l'on fait seulement 3 injections vaginales par jour avec la solution à 1/5000.

Le 8. T. matin, 36°,5 ; soir, 36°,4.

Le 9. T. matin, 36°,1 ; soir, 36°,2.

Le 10. T. matin, 39°,3 ; soir, 37°,9.

Le matin grand frisson avec douleur dans le ventre et fièvre.

Craignant l'infection chez une femme ayant eu un enfant macéré et une rétention des membranes, M. le Dr Bar, suppléant momentanément M. le professeur Tarnier, prescrit l'isolement, une injection utérine et du sulfate de quinine.

L'injection intra-utérine est faite à midi au moyen de la sonde en verre plate, avec 2 litres de sublimé tiède à 1/5000 ; immédiatement après, injection avec 1 litre 1/2 d'une solution d'acide borique. Pendant l'irrigation la main gauche embrasse le fond de l'utérus. Le retour du liquide se fait bien et l'injection n'est pas suivie d'écoulement sanguin. Le même jour on donne encore 2 injections vaginales de 1 litre 1/2 chacune. Dans l'après-midi la malade eut 2 fois des vomissements bilieux et 5 à 6 selles diarrhéiques, avec ténesme. Le soir, T. 37°,8 ; en présence de ces symptômes l'emploi du sublimé est remplacé par le permanganate de potasse à 0,50/1000.

Le 11. T. matin, 36°,2 ; soir, 36°,6. Plus rien d'anormal. État général satisfaisant ; les urines auraient été rendues en très petite quantité.

Le 12. Température, matin, 35°,3 ; soir, 36°,8. Anurie. Le cathétérisme ne donne pas une goutte d'urine.

Le 13. Température, 36°,5 ; soir, 36°,9. Pas de miction. Matin et soir cathétérisme sans résultat. Céphalalgie légère avec un peu d'abattement et de mauvaise humeur ; appétit conservé. Pas de liseré métallique.

Le 14. Température, matin, 36°,4 ; soir, 37°,2. Pas de modification appréciable dans l'état général. Ventre souple, utérus contracté, pas d'écoulement vaginal. Toujours pas d'urine, cathétérisme infructueux. La malade a une fluxion de la joue droite ; elle se plaint de douleurs de dents ayant débuté trois ou quatre jours auparavant (elle avait souffert des dents pendant sa grossesse.) Tuméfaction très limitée de la gencive au niveau d'une petite molaire supérieure droite cariée. Injection vaginale au naphtol.

Le 15. Température, matin, 37°,1 ; soir, 37°,2. L'anurie persiste, céphalalgie. Augmentation considérable de la fluxion, tuméfaction au niveau de la parotide droite. La muqueuse buccale très rouge et tuméfiée, surtout à droite. Stomatite avec plaques grisâtres sur la face interne des joues. On prie M. le Dr Galippe de vouloir bien soigner la bouche. Les gencives paraissent en bon état. Epistaxis répétées dans la journée et dans la nuit.

Se basant sur les symptômes décrits : stomatite avec dépôts néo-membraneuse, anurie, céphalalgie, épistaxis, et sur l'absence de lésions ou de troubles dans les autres organes, M. le professeur Tarnier, de retour, porte le diagnostic : Intoxication hydrargyrique. Lavage phéniqué de la bouche, gargarisme au chlorate de potasse. Lait, comme alimentation. Déglutition très difficile et douloureuse.

Le 16. T. m. 36°,8 et s. 37°,2.

Le 17. T. m. 37° et s. 37°,9.

Le 16 et le 17 la stomatite prend une intensité considérable ; les deux joues sont extrêmement tuméfiées, surtout la droite qui présente extérieurement une rougeur lisse et luisante.

La malade peut à peine desserrer la mâchoire et laisse voir la pointe et la face inférieure de la langue, couvertes de dépôts grisâtres, avec des ulcérations blanc jaunâtre dans le sillon bucco-lingual et dans les points où les bords de la langue sont en contact avec les dents.

Dans le sillon labio-gingival existent des ulcérations analogues, allongées. Il y en a également sur la face interne des joues des deux côtés et surtout à droite au niveau des grosses molaires. La bouche et les lèvres gonflées sont très douloureuses. La malade ne parle guère.

L'examen est pénible, l'alimentation fort difficile. Lait avec eau de Vichy ou de Saint-Galmier. Les mouvements de déglutition sont fort douloureux, une abondante salive épaisse et filante s'écoule incessamment le long des lèvres tuméfiées. L'odeur de l'haleine est repoussante et remplit la salle.

Le 16 et le 17, anurie complète.

18 avril. T. m. 37°,4, s. 38°,6.

La malade a rendu 100 c. c. environ d'urine trouble, très albumineuse.

Epistaxis, la nuit. La bouche est dans le même état ; boursouflement des lèvres ; chaque nettoyage ramène des lambeaux néo-membraneux avec un peu de sang. Salivation très abondante.

19 avril. T. m. 37°,1, s. 38°,4. Pouls petit et fréquent, 250 gr. d'urine albumineuse, ni diarrhée, ni vomissements, alimentation difficile. Pas de douleur de ventre, ni de frisson. Rien au cœur, ni aux poumons.

Dans la matinée, angoisse, attribuée à une ingestion notable de pilules de glace. Alimentation par le tube Faucher péniblement introduit. Les lavages vaginaux à l'acide phénique, accusés de produire de la cuisson, sont remplacés par une solution de naphtol.

20 avril. T. m. 37º,2, s. 37º,4.

350 gr. d'urine albumineuse. Douleur en un point très limité sur le frontal droit près de la suture médiane où il existe une tuméfaction. Douleur et périostite durent 4 à 5 jours, puis disparaissent.

Même état que la veille. Le soir démangeaisons très violentes sur le front, les avant-bras et les cuisses. En même temps apparaît une éruption de taches rouges lenticulaires, rappelant la rougeole, légèrement saillantes, sur les avant-bras, les mains, les cuisses et les jambes.

21 avril. T. m. 36º,8, s. 38º,8.

350 gr. d'urine albumineuse. Même état que les jours précédents. L'éruption s'étend sur la face, au niveau des pommettes, elle est marquée par de grandes plaques rouge violacé ; sur les membres ce sont au contraire des taches arrondies moins prurigineuses que la veille, d'un rose vif.

Les lavages buccaux ramènent du fond de la bouche des débris néo-membraneux, montrant qu'il existe sur les amygdales et sur le pharynx des plaques de sphacèle analogues à celles des joues.

Le 22 avril. T. m. 37º,1, s. 37º,6.

Pouls petit, filiforme, rapide, respiration fréquente. Rien au cœur ni au poumon, 500 gr. d'urine albumineuse. Quatre selles diarrhéiques.

La bouche se nettoie un peu, l'écart des mâchoires est plus considérable, on peut examiner le fond de la gorge, les amygdales sont rouges et tuméfiées. L'éruption persiste mais ses caractères sont modifiés. Les petites taches ont de la tendance à s'élargir, par leurs bords elles joignent leurs voisines et forment un dessin irrégulier à contours arrondis. La teinte générale est toujours rosée, mais leur centre commence à pâlir, de sorte qu'une tache isolée présente une sorte de collerette rose vif dont le centre est gris perle pâle.

A la suite de grattages énergiques, il se produisit une inflammation de veines superficielles variqueuses du 1/3 supérieur et interne de la jambe gauche. Cet accident léger disparaît le surlendemain.

Le 23 avril. T. m. 37º,1 et 37º,8.

Parole plus facile, haleine horriblement fétide. Gonflement de la région sous-maxillaire considérablement ; les lèvres sont très gonflées. L'examen de la bouche difficile laisse voir à la face interne de la joue droite, des plaques grisâtres à l'aspect gangreneux, elles sont surtout abondantes au niveau de la commissure labiale droite et à la face interne de la lèvre inférieure du même côté. Sur le bord libre des lèvres ces mêmes plaques grisâtres existent plus superficielles, elles se correspondent en haut et en bas. M. Galippe pense qu'elles se sont produites par auto-inoculation.

Les gencives surtout au niveau des incisives inférieures, sont couvertes aussi de plaques grisâtres. La langue très gonflée montre des ulcérations grisâtres surtout sur le bord droit.

Des lavages antiseptiques de la bouche avaient été prescrits depuis plusieurs jours. On les fera désormais tous les quarts d'heure avec une solution d'acide phénique à 3/100 additionnée de thymol. Ces lavages sont faits à l'aide d'un injecteur et d'une sonde en caoutchouc par une infirmière très dévouée. Sous l'influence de ce traitement, le lendemain la fétidité de l'haleine a diminué.

Il ne s'est point formé de nouvelles plaques gangreneuses, le gonflement ganglionnaire est moindre, la salivation est moins abondante; les lèvres ont diminué de volume.

Urine albumineuse : 600 cent. cubes.

Une plaque de sphacèle, siégeant sur la face interne de la joue droite, se détache et provoque une hémorrhagie abondante, qui est arrêtée par compression.

L'éruption s'est généralisée, surtout aux membres inférieurs, où elle a une confluence considérable. Sur le tronc apparaissent quelques macules isolées, très rares.

24 avril. Température : matin, 36°,8; soir, 36°,6.

L'état de la bouche va en s'améliorant.

Le gonflement ganglionnaire a presque disparu du côté gauche; à droite, il a sensiblement diminué. Les lavages antiseptiques, aussi fréquents, ramènent des lambeaux d'épithélium et de lait coagulé adhérents à la muqueuse, surtout du pharynx. Il se produit une nouvelle hémorrhagie buccale.

La salivation est presque nulle; l'haleine n'a plus d'odeur; mais l'état général est moins bon. La malade se plaint d'une douleur derrière le sternum, ravivée par la déglutition; elle maigrit notablement, est déprimée et apathique.

Urine, 600 c. c., albumineuse.

Les plaques érythémateuses de la face disparaissent; l'éruption, confluente sur les membres supérieurs et inférieurs, persiste d'un rose moins vif, avec une teinte légèrement vineuse.

Alimentation lactée copieuse.

25 avril. Température : matin, 36°,4; soir, 36°,8.

Même état que la veille; 500 gram. d'urine albumineuse. Deux ou trois selles demi-solides; dépression plus marquée.

Stomatite en voie de guérison; gonflement ganglionnaire disparu; lèvres revenues à leur état normal.

L'éruption prend sur les membres une teinte cyanique, légèrement ardoisée.

26 avril. Température : matin, 36°,6; soir, 36°,3.

Urine, 500 grammes.

Stomatite à peu près guérie. La malade peut boire spontanément. Lavages moins fréquents; ils ramènent encore des débris membraneux, constitués par des cellules épithéliales agglutinées dans du lait coagulé avec un nombre prodigieux de micro-organismes.

Alimentation et garde-robes normales.

Les plaques érythémateuses ont à peu près disparu sur la face et les bras, laissant à leur place un épiderme ridé se détachant en squames furfuracées. Sur le tronc, taches plus nombreuses.

27 avril. Température : matin, 38°,8 ; soir, 36°,6.

L'état de la bouche est très satisfaisant; il n'en est pas de même de l'état général.

La malade urine et se laisse aller sous elle.

L'éruption s'est multipliée et étendue sur l'abdomen; elle y présente les caractères qu'elle avait au début sur les membres.

La malade boit une grande quantité de lait.

28 avril. Température : matin, 37°,5 ; soir, 36°,5.

Même état; l'éruption du tronc a conservé les caractères de la veille; elle est fidèlement reproduite comme forme et comme couleur par l'aquarelle. Les membres ont complètement pâli.

29 avril. Température : matin, 37° ; soir, 36°,2.

Diarrhée, somnolence. La malade sans sortir de sa torpeur, avec une température de 36°,2, sans nouveaux phénomènes, meurt le 30 avril, à 4 heures du matin, 28 jours après l'accouchement et 18 jours après la seconde injection utérine.

L'autopsie fut pratiquée le 2 mai 1890, par M. le Dr Tissier, en présence de M. le professeur Tarnier, de MM. Galippe et Vignal.

Il n'existait aucune lésion des voies génitales, de l'utérus, ni du péritoine. Dans la cavité péritonéale, pas traces d'inflammation ancienne ni récente; pas d'exsudats, ni d'adhérences dans les cul-de-sac.

Les annexes sont dans un état d'intégrité rare.

L'utérus petit, 11 centimètres de long sur 7 de large, fendu et coupé au long des trompes, ne montre nulle part trace d'inflammation.

La cavité ouverte est parfaitement saine.

Au fond et en avant se trouve la surface d'insertion placentaire.

Les trompes et les ligaments larges, regardés par transparence et coupés, ne présentent aucune trace de lésion, fait rare chez une femme ayant eu quatre enfants. Sur l'ovaire droit, cicatrice du corps jaune.

Rien au vagin, ni à la vessie. Rien au cœur. Rien au cerveau. La rate est toute petite. Pas de ganglions infiltrés. Les poumons ne présentent pas trace de tubercule, mais des adhérences massives.

Pour toute lésion, on trouve de la congestion de l'œsophage, des suffusions ecchymotiques de l'estomac, une congestion assez intense de l'intestin grêle (partie moyenne de l'iléon), de la suffusion sanguine et un piqueté brunâtre de toute la dernière portion du gros intestin.

Les deux reins sont gros, très mous, blancs, décolorés dans toute la substance corticale; les pyramides de Malpighi étaient couleur lie de vin, sale. Les capsules se détachaient facilement.

L'examen chimique a été pratiqué par M. Galippe; le mercure a été trouvé en petites quantités dans le foie et les reins, particulièrement dans les reins.

· *L'examen histologique* fait par M. Vignal, a confirmé le diagnostic macroscopique de néphrite parenchymateuse aiguë.

Obs. XXXIII. — Hensoldt. *Charité-Annalen*, 15ᵐᵉ année (1890).

Jacoby, Ipare, vingt ans, accouche spontanément, le 5 juillet 1888, d'un enfant à terme. Le 11 juillet, septième jour de l'état puerpéral, à cause du retard de l'involution utérine, on fait une injection utérine chaude avec une solution de sublimé à 1/4000. Une demi-heure après, il y eut un frisson avec ascension unique de T. à 37°,4. Ultérieurement la T. fut toujours normale, seulement le pouls était fréquent à 120.

A midi, c'est-à-dire deux heures après l'injection, survenait un fort ténesme, avec écoulement d'une petite quantité de liquide jaune contenant du sang et des flocons muqueux.

Le 12, seulement 30 c. c., et le 13, 14 c. c. d'urine trouble, contenant beaucoup d'albumine, de nombreuses cellules rondes finement granuleuses, des corpuscules rouges en quantité modérée, quelques cylindres granulés, larges, sombres, et peu de cellules épithéliales.

En même temps il y eut de la dysphagie et des vomissements muqueux verdâtres. La muqueuse de la bouche et du pharynx était rouge ; sur l'amygdale droite un mince enduit grisâtre ; la salivation faisait défaut. Trait. : sous-nitrate de bismuth et opium ; eaux de Wildungen et bains.

Le ténesme diminuait bientôt, les selles redevenaient solides. L'urine augmentait et oscillait entre 250 et 500 c. c. La quantité d'albumine diminuait. Les forces, l'état général, étaient passables.

Même état jusqu'au 19 juillet, 15ᵉ jour de l'état puerpéral. Le 20 juillet avec une miction de 500 c. c., la malade eut un accès urémique pendant deux à trois minutes, suivi d'une perte de connaissance complète et d'une certaine durée. En même temps, les vomissements devenaient plus forts ; la quantité d'albumine augmentait. Tous les moyens thérapeutiques restaient sans effet.

Le 22 juillet les accès urémiques augmentent, et des phénomènes respiratoires de Cheyne-Stokes se montrent. La malade inconsciente allait sous elle.

Le 23, à de courts intervalles, elle eut 20 accès. La respiration faiblissait de plus en plus et le matin elle mourait à 10 h. 1/2.

Autopsie. — Néphrite parenchymateuse légère ; dégénérescence graisseuse de la substance corticale des reins. Légère colite diphtéritique sur plusieurs points. Hypertrophie légère de la rate. Pneumonie double du lobe inférieur. Œsophagite ulcéro-membraneuse.

Les reins, 14 : 6 et 8 : 4 cent., sont mous, pâles, d'un rouge gris, à surface lisse. A la coupe, la partie corticale offre un aspect lardacé ; la substance médullaire est d'un rouge sombre ; les papilles et les sommets des cônes médullaires sont d'un gris rougeâtre. Sur toute la longueur de l'œsophage ulcérations de couleur sale grisâtre, dont les bords sont infiltrés. Les intestins pâles sont légèrement distendus par des gaz.

Rien à noter dans l'intestin grêle. Dans la dernière portion du gros intestin, muqueuse montre des plaques isolées, de la grandeur d'une pièce de 50 centimes, infiltrées et de mauvaise couleur.

Obs. XXXIV (inédite). — *Injection intra-utérine au sublimé. Stomatite. Diarrhée. Mort. Intoxication possible par le sublimé.* — Service de M. le Dr Budin, suppléé par M. le Dr Auvard. Observation rédigée par M. le Dr Couder, interne du service. Due à l'obligeance de M. le Dr Budin.

F..., femme R.., 32 ans, IIpare, culottière, entrée le 27 octobre 1890 dans le service d'accouchement de la Charité. Réglée pour la première fois à 14 ans ; la menstruation n'a jamais été régulière. Pas de maladie antérieure ; mais santé délicate. Mariée à 27 ans ; son mari est bien portant ; pas d'alcoolisme ni de syphilis.

Première grossesse en 1888 ; à la suite de plusieurs chutes, elle accoucha à 7 mois à la Maternité, d'un enfant mort et macéré ; les suites furent normales.

Les dernières règles eurent lieu au mois de mars 1890, à une date que l'on ne peut préciser.

Pendant cette seconde grossesse, la malade qui porte plusieurs dents cariées, a éprouvé du gonflement des gencives et de la salivation ; elle n'a eu ni périostite, ni abcès.

Mouvements actifs dans le courant du 5e mois (date ?) ; mais quelques jours après l'entrée de la malade, les mouvements actifs du fœtus ont cessé d'être perçus.

Dans la nuit du 26 au 27 octobre, premières douleurs ; bientôt après perte des eaux. Entrée dans la salle de travail le 27 à 7 heures du matin.

Facies pâle, amaigri, fatigué.

Au toucher : col dilaté de 4 cent., le doigt arrive facilement sur un sommet en O. I. G. A. A l'auscultation, pas de battements du cœur fœtal.

Expulsion à 10 h. 1/2 du matin. L'enfant mort depuis quelques jours présente un épiderme détaché par places, sur la face et sur le scrotum. Il pèse 1,800 grammes.

Dix minutes après, délivrance naturelle ; la caduque manque sur les membranes de l'œuf. Après la délivrance il se produit une hémorrhagie assez notable ; on retire les caillots de la cavité utérine, on frictionne l'utérus, puis on donne une injection intra-utérine chaude, avec un litre 1/2 environ de la solution de sublimé à 1/1000 coupé de moitié d'eau bouillie (1/2000).

Pour faire cette injection qui paraît urgente, on emploie simplement la canule ordinaire qui sert aux injections vaginales et avec laquelle le retour du liquide n'est pas assuré.

A la fin de l'injection, la femme est dans un état lipothymique qui dure quelques instants. Elle reste ensuite affaiblie et pâle.

Dans la soirée, injection vaginale avec 2 litres de solution de sublimé à 1/4000, suivant l'habitude lorsqu'il y a rétention des membranes, T. 38°,4.

28 octobre. T. m. 37°,3. S. 37°,8. Dans la matinée, la femme reçoit encore une injection vaginale avec 2 litres de sublimé à 1/4000. Elle se plaint de souffrir de la bouche. Dans la journée, diarrhée abondante et fétide. Suppression du sublimé remplacé par les injections vaginales avec une solutionphéniquée à 1/100.

29 octobre. T. m. et s. 37°,2. Un peu d'œdème de la joue droite ; à la face interne de la joue existe une plaque grisâtre, large comme une pièce de 50 centimes et reposant sur une base enflammée. Cette plaque se trouve exactement au niveau de la 2e grosse molaire inférieure droite, qui est fortement cariée.

A hauteur de cette même dent, le rebord de la langue présente une plaque analogue. Rien à la partie antérieure des gencives. L'haleine est très fétide ; la salivation abondante.

Lavages de la bouche avec une solution de chloral à 1 0/0. Potion contre la diarrhée.

30 octobre. Température : matin, 37°,2, soir, 37°,4.

Une nouvelle plaque apparaît sur la muqueuse, qui recouvre le bord antérieur de l'apophyse coronoïde du côté droit. La malade ouvre difficilement la bouche et ne peut prendre du lait. On la transporte dans une chambre d'isolement. Grands lavages de la bouche avec une solution de naphtol et badigeonnage des points malades avec du jus de citron.

31 octobre. Température : matin et soir, 37°.

Œdème de la joue gauche ; une plaque, recouverte comme les précédentes d'un épais enduit grisâtre, apparaît à la face interne des joues.

Pas de ganglions sous-maxillaires tuméfiés, *pas de fièvre*. Le teint qui était pâle est devenu terreux. Pas d'éruption cutanée. Même traitement.

1er novembre. Température : matin, 36°,8 ; soir, 37°,2. La fétidité a diminué. La malade souffre moins ; cependant la partie antérieure des gencives gonflée s'est recouverte d'un épais enduit grisâtre.

Une pièce d'or placée dans la bouche ne blanchit pas.

La diarrhée est moins fréquente. On se décide alors à donner 4 gram. de chlorate de potasse. La malade n'a pas uriné ; on retire avec la sonde une petite quantité d'urine contenant un peu d'albumine. Les lochies ne sont pas fétides. Aucune douleur du côté de l'utérus ; on continue les injections phéniquées.

2 novembre. T. matin, 37°,4, soir 37°, Même état, *hoquet* fréquent.

Le 3. Il y a eu un peu de délire tranquille pendant la nuit, le hoquet persiste depuis la veille. La diarrhée redevient plus fréquente ; elle s'accompagne d'un certain degré de douleur à la pression de l'intestin. Elle ne contient pas de sang et n'a pas de caractère nettement dysentériforme.

De nouvelles plaques apparaissent à la face interne des lèvres.

La malade crache à plusieurs reprises, des lambeaux qui paraissent constitués par l'exsudat des premières plaques qui se détergent. Ces lambeaux ont une certaine résistance et ne se désagrègent pas dans l'eau.

Les ganglions sous-maxillaires et rétro-maxillaires ne sont le siège d'aucun gonflement.

Suppression du chlorate de potasse mal supporté.

Rien au cœur ni aux poumons.

Dans la soirée il se produit quelques vomissements contenant des débris noirâtres. Subdélire tranquille ; affaissement profond; mort à 1 heure du matin.

AUTOPSIE, faite par M. le Dr Vignal.

Poumon. — Emphysème peu marqué dans les deux poumons, un peu plus fort dans le lobe supérieur droit que dans les autres.

Cœur. — Péricarde et liquide péricardique normaux. Sur la surface du cœur, surtout au point où l'artère pulmonaire sort du ventricule droit et au point où l'aorte sort du ventricule gauche, on remarque toute une série de petites ecchymoses superficielles d'une largeur de 2 à 4 millimètres, elles paraissent siéger dans l'épaisseur ou immédiatement au-dessus du péricarde viscéral.

L'intérieur de l'organe est sain, cependant dans le ventricule droit, on doit noter, dans diverses places, un petit piqueté sanguin peu net, car il est visible seulement sous certaine incidence de lumière.

Estomac. — Distendu par une bouillie brunâtre à odeur aigre ; dans le fond de la courbure, il y avait une large tache (2,5 cts) de suffusion sanguine. Les capillaires de la face péritonéale de cet organe étaient fortement gorgés de sang.

Intestin. — Très congestionné à la surface, dans divers points cette congestion allait jusqu'à former des petites ecchymoses sous la séreuse. Ils étaient remplis d'une bouillie brunâtre. Après lavage, on constata sous la muqueuse toute une série de petites ecchymoses mouchetant cet organe en entier.

Foie. — Un peu graisseux, comme chez les accouchées.

Reins. — Un peu graisseux, mais pas plus que chez les accouchées ordinaires.

Utérus. — La cicatrice du placenta est très visible, un morceau gros comme une noisette fait saillie sur cette cicatrice, il est impossible d'affirmer sa nature.

Les annexes de cet organe sont saines.

Le cerveau et la moelle n'ont pas été ouverts.

Les lésions que présente cette femme sont en petit celles d'une personne morte à la suite de la morsure d'un serpent venimeux (vipère du Cap), Vignal.

P.-S. — Du foie et un rein ont été placés dans des bocaux lavés à la pharmacie de la Charité, par les soins de l'interne de M. Budin, et remis à M. Galippe.

Recherche du mercure dans le foie et le rein, par le docteur V. Galippe.

Organes envoyés au laboratoire de la clinique d'accouchements par M. Vignal (1).

Poids des organes remis.   Poids des organes soumis à l'analyse.

| Foie | 710 | 700 |
| Rein | 210 | 200 |

Analyse. — La matière organique a été détruite au moyen de l'acide chlorhydrique pur et du chlorate de potasse pur à la température du bain-marie. Après obtention d'un liquide jaune citrin parfaitement liquide, on a chassé l'excès du chlore par l'ébullition et on a recherché le mercure directement par la pile.

Le courant a passé six heures environ pour chaque organe.

La feuille d'or, nettement blanchie après chaque recherche, a été lavée à l'acide chlorhydrique, à l'eau, à l'alcool, finalement à l'éther, puis pesée.

En plaçant la feuille d'or roulée dans un tube étiré, et en la chauffant, on a chassé le mercure qui s'est réuni en fines gouttes sur une portion circulaire et refroidie du tube. Des vapeurs d'iode, dirigées sur cet anneau, y ont fait apparaître de suite la formation caractéristique du biiodure de mercure.

POIDS DU MERCURE

Organes.	Poids des organes.	Poids du mercure.
Foie	700	0 gr. 0018
Rein	200	0 gr. 0012

N. B. — Ne pas oublier qu'on a opéré à l'hôpital des Cliniques, c'est-à-dire in aero hydrargyrico (2).

Obs. XXXV (inédite). — Due à l'obligeance de M. le D^r BAR.

Victorine G..., primipare, 23 ans, couturière, bien portante. Pas d'antécédents pathologiques, traces de rachitisme. Bassin rétréci. D. promonto-sous-pubien 0,10 cent.

Réglée à 11 ans, régulièrement, 4 jours. Dernières règles le 15 août 1889.

Grossesse sans accidents. Le 23 avril apparaissent spontanément des douleurs qui cessent bientôt. Par le palper et le toucher, on diagnostique une présentation du siège mode des fesses en S.I.G.T.

(1) Les organes ont été envoyés dans des bocaux qui ne provenaient pas du laboratoire de la clinique.

(2) Dans le même laboratoire, j'ai recherché le mercure dans le foie d'une femme morte de rupture utérine et je ne l'ai pas trouvé. (Novembre 1890.)

1er mai, 10 heures matin. On cherche à placer une bougie pour provoquer le travail ; son introduction déchire les membranes très adhérentes à la paroi utérine ; il s'écoule une petite quantité de liquide amniotique.

A 3 heures. Les douleurs rares jusqu'alors, deviennent plus fréquentes et très intenses.

Dilatation comme une pièce de 5 fr., à 4 heures. Complète, à 7 heures. Accouchement facile par le siège, à 8 heures. Délivrance normale. L'enfant ne présente rien de particulier.

Le 1er mai, soir, T. 37°,2. P. 100.

Pendant le travail et après l'accouchement, injections vaginales de sublimé à 1/3000 en nombre indéterminé.

Le 2, matin, T. 37°,6. P. 116. Soir, T. 37°.8. P. 120.

Deux injections vaginales au sublimé à 1/3000.

Le 3, matin, T. 37°,8. P. 100. Soir T. 37°,8. P. 120.

Le matin, une injection vaginale. Dans l'après-midi, à 5 heures du soir, une injection intra-utérine de dix litres de sublimé à 1/6000. La nuit diarrhée fétide, très abondante et très liquide, couleur gris ardoisé.

Le 4, matin, T. 37°,4. P. 110. Soir, T. 37°,8. P. 108.

Injection phéniquée intra-utérine ; diarrhée.

Le 5, matin, T. 37°. P. 100. Soir, T. 37°. P. 124.

Injection vaginale phéniquée ; la diarrhée continue ; vomissements alimentaires. L'urine contient de l'albumine en quantité très notable. Pas de stomatite.

Le 6, matin, T. 36°,8. P. 104. Soir, T. 37°. P. 104.

Diarrhée ; dans la journée, 6 selles très copieuses et jaunâtres. Vomissements, syncope.

Le 7. Matin, T. 36°,6, P. 104 ; soir, T. 36°,2, P. 124. Le matin, le visage de la malade est décoloré ; la peau relativement froide ; les yeux un peu hagards. La malade répond bien, mais lentement aux questions qu'on lui adresse.

Les glandes salivaires ne sont pas tuméfiées ; les gencives légèrement ardoisées partout présentent sur leur bord libre un liséré rouge. La langue est recouverte par un enduit jaune épais. Pas de salivation. La bouche a une odeur de lait aigri, mais non pas la fétidité de la stomatite mercurielle.

Ventre légèrement ballonné. Pas de douleurs à l'hypogastre. Rien au cœur, ni à la poitrine. Le soir, la température axillaire est de 36°,2 et 37°,2 dans le rectum. Même état que le matin ; face froide. La diarrhée continue ; 5 selles dans la journée ; 2 vomissements. Les selles et les vomissements ont les mêmes caractères. A chaque déplacement, la malade a des nausées ; elle a uriné une fois seule et une fois avec la sonde.

Dans les 24 heures, 45 c. c. d'urine verdâtre contenant beaucoup d'albumine et seulement 4 gr. d'urée par litre.

Le 8. Matin, T. 35°,6, P. 160 ; soir, T. 35°,6 et 36°,4, P. 148. Même état général ; face décolorée ; yeux extrêmement creux ; extrémités froides.

A 3 heures de l'après-midi, dyspnée et violent point de côté à droite. A l'auscultation, foyer de râles fins à la partie moyenne du poumon droit et râles muqueux à la base du même côté. La dyspnée augmente peu à peu, le pouls devient plus fréquent, la malade a un léger délire calme. La température reste basse. Vers le soir, la respiration est moins fréquente, et la malade succombe à 10 heures.

Autopsie.— Pas d'épanchement pleural. Poumon gauche sain, un peu congestionné à la base du lobe inférieur. A la coupe, le lobe moyen présente un tissu gris noirâtre, semblable à de la gangrène pulmonaire au début, mais il est souple et sans odeur.

Péricarde sans liquide. Cœur normal ; myocarde bien coloré ; valvules saines.

Foie, coloration et volume normaux, avec quelques lobules graisseux plus pâles. La vésicule pleine de bile.

L'estomac contient une grande quantité de lait caillé ; sa muqueuse ne contient ni ulcération, ni rien à noter.

Rate, semble normale et saine.

L'intestin est ouvert sur toute sa longueur ; sa muqueuse est pâle, décolorée ; pas d'ulcération.

Rein, décortication facile ; substance corticale pâle ; pas de lésions appréciables à la vue.

Vessie vide, muqueuse saine.

Utérus revenu en partie sur lui-même ; sa surface interne est lisse, sauf sur la face postérieure où l'on voit l'insertion du placenta. Pas de phlébite ; annexes saines,

Les méninges ne présentent pas de traces de congestion. Liquide céphalo-rachidien en quantité normale. Les ventricules ne contiennent pas de liquide. Le cerveau est remarquable par sa consistance très ferme, qui rappelle ce que l'on observe dans l'intoxication saturnine. Sur les coupes, la substance cérébrale est de couleur normale. Le bulbe n'offre rien de particulier.

Obs. XXXVI. — *Un cas rare d'intoxication mercurielle par le sublimé.*
Frantzen (de Saint-Pétersbourg), rapporté in *Americ Journ. of obst.*, 1890.

La malade, âgée de 24 ans, a été délivrée le 15 mai. Quelques lambeaux membraneux restés dans l'utérus furent expulsés avec les lochies plusieurs jours après. Le 12e jour, Frantzen diagnostique une endométrite septique, institue le traitement qu'il préconise et ordonne une injection de sublimé à 1/3500. Celle-ci ramena des lochies brunes et blanches, ainsi qu'un lambeau membraneux. Deux heures après, la malade eut un frisson, de la fièvre et des vomissements. A midi, selle normale. A 1 heure, vomissement. A 3 heures, selle peu abondante, accompagnée de violentes coliques et suivie de vomissements. A ce moment, T. 38º,5, P. 110. Le soir, à 8 heures, T. 37º,4, P. 110. Pendant la nuit, selles diarrhéiques, coliques violentes, vomissements.

Le 14e jour, l'abdomen est sensible à la pression, surtout dans la région iléo-cæcale et le côlon descendant. Pas de gonflement. Utérus sensible. Lochies séreuses, épaisses, sans odeur. T. 37º,7, P. 94, faible.

Bismuth contre la diarrhée. Vin de Porto. Lavement froid avec de l'eau de chaux. Pilules de glace et morphine contre les vomissements.

A 8 heures du soir, la malade avait vomi 4 fois et avait eu 4 selles. On lui avait donné un lavement avec XXV gouttes de teinture d'opium.

Température du soir, 37º,5, P. 84.

Pendant la nuit, 6 selles et autant de vomissements. Le jour suivant, la malade est beaucoup mieux, mais elle se plaint d'une salivation croissante.

Le jour d'après, elle souffre du pharynx et des gencives. Le pharynx est rouge, les amygdales gonflées et blanches.

Le 17e jour, amélioration ; les vomissements cessent tout à fait ; on fait rincer la bouche avec une solution de chlorate de potasse (une cuillerée à thé de chlorate de potasse pour un verre d'eau).

Poumons libres. Les amygdales gonflées n'offrent pas de points blancs. Déglutition douloureuse. Gencives saignantes en plusieurs endroits. La malade se plaint d'avoir le nez bouché. On l'irrigue avec une solution de chlorate de potasse. L'utérus, sensible, est cautérisé au nitrate d'argent.

Dans la journée, 4 selles, l'une d'elles contenant du mucus sanguinolent.

Le 1er juin. Les amygdales vont bien ; il n'existe pas de salivation. Les gencives ne saignent plus. Abdomen non météorisé. T. 37º,3, P. 80.

Respiration suspirieuse.

Dans la journée, 3 vomissements et 4 selles. Lochies séro-sanguinolentes en petite quantité. Vers le soir, la malade aurait eu des expectorations séro-sanguinolentes qui la soulagèrent.

Durant la nuit, elle baissa rapidement et mourut dans le collapsus, le 2 juin au matin.

On ne put faire l'autopsie.

Intoxications graves.

Obs. XXXVIII. — Aug. Stenger. *Centralb. f. Gynæk.*, 1884, n° 13, p. 196.

Femme X..., à terme, deux avortements antérieurs. Accouchement naturel. Vingt minutes après le placenta sort par de légères pressions, membranes adhérentes à l'utérus. Ne pouvant les amener sans crainte de les déchirer et d'en laisser dans l'utérus, les membranes sont tendues et coupées.

Au début du travail, lavage des parties génitales avec 3 litres de sublimé ; injection vaginale avec 2 litres (solution à 1/1000). Pendant l'etat puerpéral on fit des injections vaginales à 1/2000.

Durant le travail 3 injections de 1 litre chacune, après l'accouchement, une injection vaginale de 2 litres 1/2.

Le matin du 2e jour les membranes sont extraites de l'utérus après l'injection vaginale.

Le 3e jour injection vaginale, dans la matinée coliques et trois évacuations copieuses à de courts intervalles. Les selles d'abord consistantes furent bientôt muqueuses, colorées par des filaments de sang clair.

Ténesme très douloureux, nausées pénibles, pas de vomissements. Visage grippé, pâle et abattu. Après XX gouttes de teinture simple d'opium, les douleurs abdominales et le ténesme diminuent. Une heure 1/2 plus tard, même médication, la malade avait eu encore deux selles semblables aux précédentes. Abattement prononcé sans malaise. Malgré la cessation immédiate du sublimé, ces symptômes reparurent les 4e, 5e et 6e jours, mais en s'affaiblissant et en cédant toujours à des doses moindres d'opium.

Le 5e jour, gonflement et sensibilité de la muqueuse buccale, salivation qui avec de l'anorexie, persistèrent jusqu'au 9e jour malgré le nettoyage fréquent de la bouche et l'usage du chlorate de potasse. Pendant les premiers jours de l'intoxication l'urine fut évacuée en petite quantité, de densité normale, elle ne contenait pas de sucre, mais des traces nettes d'albumine qui disparurent plus tard.

Les mucosités intestinales ne furent pas examinées, au point de vue du mercure. Le pouls et la température restèrent normaux, durant l'état puerpéral. P. 66 à 82 et T. 36°,6 à 37°,5.

Obs. XXXIX. — Maurer. *Centralb f. Gynæk.*, 1884, n° 17.

Mᵐᵉ P..., 37 ans, Ipare, accouchée au forceps d'un enfant en état de mort apparente. Écoulement du méconium dans le vagin. Hémorrhagie abondante. Placenta adhérent. On introduit la main dans l'utérus pour rechercher le placenta après une injection vaginale avec un demi-litre de sublimé à 1/2000.

L'hémorrhagie était causée par un placenta supplémentaire, grand comme la paume de la main, fixé dans la corne droite de l'utérus et relié par un cordon gros comme le petit doigt, long de 7 cent., au placenta principal déjà détaché ; il en empêchait l'expulsion ainsi que la contraction de l'utérus. Le placenta enlevé, l'hémorrhagie s'arrêta.

Rappelé 8 heures après à cause d'une rétention d'urine, Mäurer constata une T. de 39° avec un vagin chaud et rouge. Les parties génitales externes, ainsi que la face interne des cuisses, la peau du ventre jusqu'à l'ombilic étaient colorées d'un rouge intense. La malade se plaignait d'une sensation intense de chaleur, d'une soif brûlante et de pénibles démangeaisons de la peau.

Le lendemain matin sur les endroits rouges, éruption de nombreux points de la grandeur d'une tête d'épingle à celle d'un grain de millet, faisant une légère saillie au-dessus de la surface cutanée ; la rougeur diffuse s'était étendue sur tout le corps ainsi que sur les cuisses. Il y avait eu plusieurs vomissements bilieux et une diarrhée profuse. Les selles étaient légèrement teintées de sang. Grande excitation. Vertiges. P. 120, T. 39°,5. Rétention d'urine. L'urine retirée par la sonde gris verdâtre, très albumineuse. Lochies abondantes, commençant à exhaler une mauvaise odeur.

Injections vaginales, toutes les 2 heures, avec une solution étendue de permanganate de potasse. Le soir P. 128, T. 40°.

L'érythème atteint les jambes, la face et les bras. Grande excitation, délire ; rien d'anormal aux pupilles ni du côté de l'abdomen et des annexes.

Le 3e et le 4e jour, état sensiblement le même, sauf cessation des vomissements. T. matin 39°,5, soir 40°.

Les points rouges des parties génitales et des cuisses deviennent blancs au sommet. L'érythème atteint les mains et les pieds. Les gencives et la langue rougissent et sont très douloureuses. Pas de salivation.

A partir du 5e jour la T. baisse et redevient normale seulement le 11e. Le 5e jour, sueurs profuses et disparition de la sensation subjective de chaleur. La diarrhée fut suivie d'une constipation opiniâtre. Les points rouges du vagin jaunissent au sommet et deviennent confluents en ulcérations de forme irrégulière. Les lochies étaient abondantes, jaunâtres, crémeuses, d'odeur acide.

Cet état continua jusqu'au 14e jour. La muqueuse du vagin guérie avait repris son aspect normal.

A partir du 5e jour, la peau avait commencé à desquamer, d'abord aux parties génitales externes, à la face interne des cuisses puis sur le ventre. La desquamation des extrémités ne fut terminée qu'au bout de trois semaines.

Le 7ᵉ jour, l'urine reprit une coloration normale et devint très abondante; le 12ᵉ, elle pouvait être évacuée spontanément ; la quantité d'albumine plus faible dans la 2ᵉ semaine cessait complètement à la fin de la 3ᵉ.

L'état général s'améliora vers le 15ᵉ jour, l'appétit revint, les forces augmentèrent.

Obs. XL. — Winter. *Centralb. f. Gynæk.* 1884, nº 28, p. 444.

Femme X..., fièvre pendant le travail ; après l'accouchement injection chaude intra-utérine de 4 à 5 litres de sublimé à 1/1000, pour légère inertie utérine de l'utérus. Suture du périnée sous une irrigation de 1 à 1 litre 1/2 de sublimé (1/1000).

Le 2ᵉ jour, évacuations abondantes, fétides, gris verdâtre, avec ténesme. La malade presque comateuse avec une hyperesthésie générale, une température cutanée basse, un pouls fréquent criait et se plaignait beaucoup. La T. descendit au-dessous de la normale. Pendant quelques jours, légère albuminurie qui disparaît bientôt.

Les reins sains permettaient l'excrétion du sublimé ; les phénomènes d'intoxication disparurent après 8 à 10 jours. Guérison.

Obs. XLI. — Max. Elsasser. *Centralb f. Gynækologie*, nº 29, 1884.

Mᵐᵉ G... V, multipare, sage-femme, accouche le 30 avril 1884, de deux jumeaux.

Trois heures après, le placenta n'étant pas expulsé, on fit appeler un médecin. Je trouvai une femme vigoureuse, dans un état satisfaisant ; le placenta ne pouvant être expulsé par les manœuvres externes fut extrait avec la main. Après une désinfection rigoureuse de ma main, je nettoyai l'utérus des membranes très adhérentes. Injections utérine et vaginales phéniquées à 4 0/0.

L'accouchée, pendant tout le travail, sans assistance d'autre sage-femme, s'était aidée elle-même ; elle avait, disait-elle, sans s'être lavé les mains, tenté plusieurs fois d'extraire le placenta, par des tractions sur le cordon.

Le lendemain, la T. montait à 39° et malgré trois injections à l'eau phéniquée par jour et de fortes doses de quinine, il y eut le 2ᵉ jour, 1 à 2 frissons violents avec une ascension de la T. à 41°,3.

Le ventre était complètement exempt de douleur et mou; les lochies peu abondantes et de mauvaise odeur. Le 9 mai, 9ᵉ jour, pas d'amélioration et affaissement de plus en plus marqué; je me servis du sublimé, fis des onctions de pommade grise et donnai à l'intérieur 0,50 de calomel. Je prescrivis une solution de sublimé de 5/100, dont une cuillerée à bouche dans un litre d'eau, ce qui faisait une solution à 1/1000. De cette solution on injectait journellement 2 fois, dans l'utérus, 3 à 4 gr. au moyen de la sonde de Braun qui pénétrait facilement dans le col ouvert. Le vagin fut irrigué, matin et soir, avec 2 litres de sublimé à 1/1000.

Le lendemain matin, la T. baissa à 38°,1 ; les frissons diminuèrent, les jours suivants, d'intensité et de durée pour cesser complètement et la T. ne dépassa plus 39°.

Le liquide du lavage revenait chaque fois troublé par des lambeaux de tissus de mauvaise odeur ; membranes qui atteignaient la grandeur d'un peu plus d'une pièce de 0,50 cent. (10 pfennig).

J'employai ainsi en 15 jours : 56 gr. de sublimé en solution à 1/1000, dont la plus grande partie en injection vaginale ; 30 gr. d'onguent gris et 1 gr. de calomel. Le calomel fut cessé le 11 mai à cause des selles abondantes, arrêtées bientôt par quelques gouttes d'opium.

Le 23 mai, je trouvai la malade dans un fort collapsus ; elle avait eu dans la nuit 8 selles liquides en partie sanguinolentes, et 2 fois des vomissements bilieux. Le pouls à peine sensible à la radiale était de 140 par minute. L'épigastre excessivement douloureux à la pression. Pas de salivation. La malade se plaint de gencives endolories, qui sont rouges et gonflées, et d'une saveur métallique désagréable dans la bouche. Les selles abondantes de très mauvaise odeur, se répétèrent ainsi que les vomissements pendant 4 jours. A la suite du collapsus, thrombose des 2 veines fémorales avec œdème considérable et douloureux des extrémités. Bronchite diffuse avec crachats adhérents, épais, d'un rouge brun, semblables à ceux de la pneumonie croupale (hémorrhagies capillaires analogues aux hémorrhagies intestinales ?) Urine de quantité normale ; pas de sucre ; traces d'albumine. Quoique le 23, le sublimé ait été remplacé par l'acide phénique, la malade se remit très lentement ; on lui administra de l'opium, de la liqueur ammoniacale, de l'éther, des pilules de glace et du champagne.

La fièvre fut combattue par de hautes doses de quinine dont les bons effets furent constants ; elle disparut seulement le 3 juin.

Obs. XLII. — Hoffmeier. Assistant du prof. Schroeder, à Berlin. *Ann. de gynéc. et d'ob.*, 1885, t. XXIII, p. 221.

X..., 25 ans, Ipare. Accouchement laborieux et délivrance marquée par quelques phénomènes fébriles. Les parties molles excessivement résistantes nécessitent de petites incisions et l'application du forceps. Contre une certaine inertie on fit des injections chaudes avec une solution de sublimé à 1/1000.

Durant les premiers jours des suites de couches, symptômes caractéristiques : dépression générale et état comateux avec une hyperesthésie généralisée et de la diarrhée profuse.

Le 4e ou 5e jour ces phénomènes cessèrent.

La malade eut encore quelques abcès puerpéraux.

L'albumine constatée dans l'urine dès le 1er jour persista longtemps.

Obs. XLIII. — Thorn. *Sammlung. Klin. Vorträge*, n° 250, 1885.

Mme S..., 35 ans, Vpare, très anémiée par une forte hémorrhagie après l'expulsion spontanée d'un fœtus de 3 mois. Extraction des restes de l'avortement avec le doigt et la curette. Injection intra-utérine avec une solution à 0,75/1000. Au moment du passage du 3e litre, la malade se plaint subitement de douleur dans l'abdomen. Les muscles en sont contractés, la face est grippée, couverte de sueurs froides, le pouls petit, parfois insensible. L'utérus fut vite injecté avec de l'eau chaude. Après 3/4 d'heure, amélioration. L'expression d'angoisse disparaît. Les douleurs de ventre sont plus supportables; le pouls plus plein, 120 par minute.

Vingt-quatre heures après l'injection, une petite quantité d'urine évacuée spontanément. Les douleurs persistent ininterrompues. Pouls 116. T. normale.

A partir du 3e jour, diarrhée aqueuse; 10 à 12 selles dans les 24 heures. Urine fortement albumineuse, mais de quantité normale.

Le 5e jour, salivation, gingivite; douleurs dans le ventre moins intenses; la diarrhée persiste.

Amélioration progressive. Le 8e jour, la diarrhée a cédé à l'administration de l'opium.

Le 16e jour, après des gargarismes fréquents au chlorate de potasse, la stomatite disparaît. Guérison rapide.

Obs. XLIII *bis.* — Clark. *The medical Record*, New-York, 1886, p. 345.

Le 19 novembre 1885. Accouchement laborieux, terminé par version podalique. L'utérus fut lavé avec une solution de bichlorure de mercure à 1/1000. Tout alla bien jusqu'au 3e jour où la malade se plaignit de fortes douleurs. Elle fut calmée par la morphine et le vagin fut irrigué, 2 fois par jour, avec une solution à 1/1000. Pendant 5 jours, fortes douleurs de ventre, dépression du système nerveux, salivation. La malade après avoir été très agitée, sans pouvoir dormir pendant plusieurs nuits, dit qu'elle va mourir. Les irrigations avec le sublimé sont supprimées, le chlorate de potasse est administré et après une semaine la malade fut complètement guérie.

Obs. XLIV. — *Accouchement d'un enfant mort, macéré; lochies fétides; pas de fièvre. Trois injections intra-utérines d'une solution du sublimé à 1/1000. Stomatite. Salivation. Guérison.* — Doléris, in L. Butte. *Nouv. Archiv. d'obst. et gyn.*, n° 4, avril 1886.

La nommé V..., 26 ans, accouchée pour la 7e fois, le 16 mars 1886, au 8e mois de sa grossesse, d'un enfant mort macéré de 1,950 gr. Vingt minutes après, délivrance naturelle et complète. Injection intra-utérine de sublimé à 1/2000. Deux fois par jour, une injection vaginale phéniquée au 1/100.

Le 21. Lochies extrêmement fétides et abondantes. Trois injections vaginales phéniquées dans la journée. Pas de fièvre.

Le 22. Même état ; même traitement. Pas de fièvre, mais fétidité extrême.

Le 23. A midi, grand frisson. T. 38°,6. P. 100. Pas de douleur abdominale. Injection intra-utérine de sublimé à 1/2000 ; trois heures après deux vomissements. A 5 heures du soir, seconde injection intra-utérine de la même solution ; l'eau des injections ramène des débris de membranes et de caduque putrides et noirâtres.

Depuis 3 jours, pas de selle ; un lavement amène une évacuation ordinaire. T. 37°,8. P. 96.

Suppositoire iodoformé dans le vagin ; 0,20 centig. d'opium ; 1 gr. de sulfate de quinine.

Le 24, nuit mauvaise. Injection intra-utérine de sublimé à 1/1000 (c'est la 3e). T. 37°,8. P. 96. Abattement, sentiment d'angoisse pectorale, dyspnée légère. Soif ardente. Le facies est vultueux, les yeux brillants ; les joues, les lèvres, la gorge sont rouges, la muqueuse buccale est pourpre, langue chargée d'un enduit blanchâtre crémeux adhérent, les papilles sont enflammées et saillantes, les bords sont rouges. Odeur infecte de l'haleine, salivation abondante. Rachialgie. Traces d'albumine dans l'urine. Le ventre est plat et indolore ; l'utérus petit ; aucun symptôme abdominal, mais continuation de la fétidité. Un écouvillonnage répété de l'utérus ramène des débris putrides décomposés de caduque et de placenta. Irrigation de sublimé pour nettoyer la cavité utérine. Visage vultueux, prostration, abattement. T. 37°,8 seulement. On supprime le sublimé pour faire des injections phéniquées. Pour la bouche, citron et borate de soude.

Le soir, T. 37°,5. P. 105 ; ulcérations de la bouche.

Le 25, T. 37°,5. P. 100. Ventre indolore et souple ; utérus indolore. État général meilleur. La langue est énorme, douloureuse, recouverte d'un enduit épais. Gencives gonflées, liséré rouge exulcéré. Muqueuse des joues rouge vif. Ulcérations superficielles sur les joues, la langue, le bord interne des lèvres ; stomatite mercurielle type ; salivation, soif vive. Lochies normales, sans odeur ; aucune douleur abdominale.

Traitement : Chlorate de potasse et borate de soude. Les jours suivants tout s'amende peu à peu et le 4 avril guérison complète.

OBS. XLV (résumée). — RUAULT. In BRUN. *Th. d'ag.*, 1886.

Femme bien portante, d'une bonne santé habituelle, mais nerveuse, très impressionnable accouche pour la première fois le 7 mai 1886, à 3 heures du matin.

Assistée par M. Champetier de Ribes. Accouchement pénible, application de forceps. Petit thrombus à la partie postérieure de la grande lèvre droite n'allant pas plus loin que le niveau des premières fibres du constricteur vaginal. Légère déchirure du périnée. Lavages vaginaux et vulvaires faits toutes les six heures avec la solution suivante :

Liqueur de Van Swieten : 1 partie.

Eau filtrée et bouillie : 2 parties.

Ces lavages vaginaux furent faits régulièrement avec l'appareil de Pinard avec 2 litres de solutions tièdes. Ensuite toilette des parties externes avec un peu de coton hydrophile imbibé de la même solution. Une mince mèche est laissée sur la petite plaie périnéale. Epais pansement à l'ouate hydrophile phéniquée sèche.

Pour le premier lavage immédiatement après la délivrance on se servit d'une solution à 1 p. 2000, pour tous les autres à 1 p. 3000.

Sept lavages furent faits toutes les six heures de 4 h. 1/2 du matin au lendemain 4 h 1/2 du soir.

Le 2e jour vers 8 heures 1/2, selle abondante demi-diarrhéique. Une heure après, deuxième selle diarrhéique moins abondante que la première sans caractères spéciaux.

Huitième lavage à 10 heures 1/2 du soir, bientôt après troisième selle, celle-ci sanguinolente avec glaires et débris épithéliaux groupés sous forme de raclure de chair ; jusqu'au lendemain à une heure du soir environ douze selles semblables. Il n'y eut plus qu'une selle dans la soirée et une autre le lendemain matin, encore un peu glaireuse. Rien du côté des gencives. Le pouls était devenu petit très fréquent : 100, 104, 112. La température restait aux environs de 37° ; suppression du sublimé, remplacé par la solution d'acide borique 30 gr. p. 1000 d'eau filtrée et bouillie. Potion au diascordium et de sous-nitrate de bismuth 4 gr. ; lavements laudanisés. Il n'en fallut pas plus pour arrêter tous les phénomènes d'intoxication.

Obs. XLVI. — G. Braun (de Vienne). *Wien. mediz. Wochens.*, 1886, p. 740 et suivantes.

Cœcilia M..., 23 ans, célibataire, domestique, petite, de constitution faible, Ipare.

Réglée pour la dernière fois le 20 février 1885. Grossesse normale.

Entrée le 27 novembre à la clinique, fœtus moyen en O. I. G. A, bassin normal.

Le 28. 4 heures du matin, apparition des douleurs ; à 7 heures soir dilatation complète. Rupture de la poche des eaux. Accouchement à 9 heures du soir. Fille de 3,500 gr. Episiotiomie unilatérale pour prévenir une rupture du périnée imminente. Délivrance normale.

Suture de l'épisiotomie avec 8 fils de soie. Pulvérisation d'iodoforme à la vulve. État puerpéral sans fièvre du 29 novembre au 2 décembre. Le 4e jour on enlève les fils de suture la plaie étant seulement réunie en partie. Ulcération de la muqueuse vaginale. Le 2 décembre au soir. T, 39°,6. Le 3 matin, 39°,5 ; soir, 41°.

Le 4. La T. se maintient à 39° ; en même temps, écoulement fétide. Injection intra-utérine à 1/3000 ; aucun phénomène de rétention.

Immédiatement après, injection d'eau distillée, puis introduction d'un crayon de 3 gr. d'iodoforme. Les lochies restant de mauvaise couleur et fétides, on fit pendant 6 jours, matin et soir, une injection vaginale avec la même solution de sublimé, suivie d'une injection d'eau.

La plaie granuleuse fut cautérisée au nitrate d'argent.

Dans les jours qui suivirent la première injection, fièvre intermittente. La fièvre vespérale de 39°,5 fut combattue avec de l'antipyrine et de la quinine.

Dans la nuit du 5 au 6 décembre, 5 selles liquides fétides et depuis diarrhée qui persista pendant 12 jours ; les selles sont d'une consistance mi-solide, mi-liquide, d'un brun clair, exemptes de lambeaux de tissus.

Pas de gingivite ni de stomatite.

Les forces continuent à diminuer. Les 13, 14, 15 et 16, forte exacerbation de la fièvre, avec des T. vespérales de 40°, sans frisson.

Douleurs passagères, gonflement considérable et sensibilité à la pression, au niveau de l'omoplate gauche ; grande faiblesse. Pouls petit, ondulé, fréquent.

A la base des poumons, en arrière et surtout à droite, râles, respiration obscure. Rien d'anormal à la percussion, sauf une matité de la rate et de la région précordiale au niveau de la moitié inférieure du sternum et des cartilages des 4°, 5° et 6° côtes. On donne du malaga, du cognac, du café noir, des grogs et des injections d'éther.

L'idée d'une intoxication par le sublimé, à cause d'une infection générale septique, n'étant pas abandonnée, les selles du 15 furent examinées par le professeur Ludwig.

Le résultat donné par lui fut : les selles contiennent des quantités considérables de mercure.

La diarrhée cessa, les selles devinrent plus solides, de couleur normale. Les 19, 20, 21, la malade eut un lavement avec 0,50 d'iodure de potassium, 70 gr. de gomme et V gouttes de teint. d'opium.

Le 17, 39° ; le 18, 37°,5 ; le 19, 39° et le 20, 38° ; ultérieurement la température du soir n'atteignit jamais 38°,5.

Les douleurs et le gonflement de l'omoplate disparurent ainsi que la diarrhée.

Lochies peu abondantes, muco-sanguinolentes et peu odorantes.

La plaie de l'épisiotomie et les ulcérations du vagin fortement bourgeonnantes. Ventre souple. Utérus insensible à la pression, appréciable au niveau du détroit supérieur.

Grand état de faiblesse inquiétant. Cœur gêné par la matité étendue de la région cardiaque.

Le 11, l'irrigation vaginale au sublimé était remplacée par une solution phéniquée à 5/100 et abandonnée le 17.

L'examen des fèces le 22, donnait la présence d'une grande quantité de mercure. Le 22, encore des quantités plus considérables de mercure ; le 27, traces de mercure en quantité béaucoup moindre que dans les examens antérieurs.

Dans la nuit du 27 au 28 il y eut des phénomènes de collapsus très accentués. La T. tomba jusqu'à 35°,5 et la mort survint.

Autopsie. — Corps de grandeur moyenne, vigoureux, amaigri. Peau pâle, sale et desséchée.

Dans le pharynx, mucosités purulentes.

Un litre de liquide séro-purulent dans la plèvre gauche ; dans la droite un 1/2 litre de liquide trouble floconneux et séreux.

A la partie inféro-postérieure, poumons congestionnés, ailleurs, rouge clair, gonflés d'air.

Péricarde distendu par un quart de litre de liquide séro-purulent, recouvert d'une fausse membrane fibrino-purulente, rigide et frangée.

Adhérence sur la partie moyenne du ventricule gauche. Cœur contracté, myocarde jaune, gras.

Foie légèrement gonflé, présentant des endroits pâles et jaunes ; granulations effacées, coloration muscade.

Rate hypertrophiée, molle, couleur rouge pâle. La muqueuse des gencives de couleur normale avec des stries sales près des alvéoles.

Œsophage normal. La muqueuse du pharynx enflée et rougie. Celle de l'estomac fortement gonflée, couverte d'une grande quantité de mucosités vitreuses. Celle de l'intestin dans la partie inférieure de l'iléon et dans le côlon ascendant rouge et gonflée au niveau des valvules et des plis ; suffusions hémorrhagiques dans la première partie de l'iléon. Dans l'intestin grêle, matières fécales muco-chymeuses, dans le gros intestin des petites boulettes de matières.

Reins gonflés, pâles, jaunes, graisseux. La muqueuse de la vessie légèrement rougie. L'utérus est agrandi et épaissi, sa cavité est recouverte d'une couche mince et granuleuse de tissu muqueux présentant une couleur jaune de graisse. Au niveau de l'insertion placentaire qui fait saillie à la face postérieure existe un exsudat contenant du pus. La paroi de l'utérus est d'un jaune graisseux, friable, traversée de vaisseaux lâches chargés de graisse. Dans une veine du fond de l'utérus, thrombus sale.

Ovaires rétractés, trompes libres ; à l'entrée du vagin la plaie d'épisiotomie en voie de guérison.

Au-dessus de l'articulation de l'épaule gauche, abcès d'une poche séreuse.

Intoxication *cum sublimato corrosivo et septis puerperalis.*

Obs. XLVII. — *Communication écrite de M. le Dr Créquy.*

Voici très sommairement les notes relatives à deux malades, soumises aux injections intra-utérines au sublimé à 1/2000.

La 1re, est une dame, âgée de 35 ans, ayant un léger rétrécissement du bassin, ce qui nécessite (15 février 1889) une application de forceps difficile et de longue durée (environ 40 à 45 minutes). L'accouchement fut suivi immédiatement d'une hémorrhagie intense ; je dus introduire la main dans l'intérieur de la matrice et procéder au décollement du placenta fort adhérent.

Le 3e jour survinrent des symptômes d'infection puerpérale, c'est alors qu'on employa des injections de sublimé à 1/2000 trois fois par jour dans la cavité utérine et toutes les trois heures dans le vagin.

Mais il survint bientôt une diarrhée abondante, 15 à 20 selles par jour, qui jeta la malade dans une prostration telle qu'on craignit vivement pour ses jours.

Les injections hydrargyriques furent suspendues et remplacées par de simples injections d'eau bouillie.

Les accidents du côté de la bouche furent peu intenses. La malade guérit, mais la convalescence fut très longue. Les accidents diarrhéiques étaient-ils dus à une sorte d'empoisonnement par le mercure ou devait-on plutôt les considérer comme une crise heureuse devant amener la guérison ; cette dernière opinion était celle des accoucheurs qui nous ont précédés ; ils considéraient l'apparition de cette diarrhée dans les fièvres puerpérales comme d'un pronostic heureux ; cette crise se terminait ordinairement par la guérison.

La 2e observation est relative à une femme de 30 ans, ayant fait une fausse couche d'environ 4 mois, avec rétention du délivre remontant à 5 ou 6 jours.

Lorsque je fus appelé le 20 février 1890, il s'écoulait un liquide fétide des parties génitales et il existait un peu de fièvre ; je prescrivis des injections chaudes répétées plusieurs fois dans la journée, mais l'expulsion du placenta ne se faisant pas et la fièvre persistant le 23 février, je pratiquai dans l'intérieur de l'utérus plusieurs injections hydrargyriques à 1/2000 à l'aide d'une sonde en gomme élastique et d'une seringue à anneau. Six heures après, le délivre était expulsé avec des douleurs vives. Afin d'éviter l'infection puerpérale, je fis pratiquer 3 injections vaginales chaque jour avec le même liquide, mais dès le 3e jour apparurent des phénomènes d'intoxication hydrargyrique des plus graves ; les gencives s'ulcérèrent et de larges plaques gangreneuses se montrèrent à la face interne des joues. Mais un phénomène plus grave attira mon attention et me causa la plus vive inquiétude : ce fut la suppression des urines qui dura 3 jours et à laquelle j'attribuais l'extrême prostration dans laquelle se trouvait ma malade. Cette anurie était bien réelle, la sonde introduite plusieurs fois dans la vessie ne ramena pas d'urine.

Inutile de dire que les injections hydrargyriques furent supprimées pour être remplacées par des injections boratées ; un traitement tonique fut institué et la malade guérit après un mois de convalescence.

Ce qu'il y a de plus saillant dans cette observation c'est cette anurie qui déjà signalée dans les empoisonnements par le mercure lorsqu'il est absorbé par la bouche est moins connue lorsqu'il s'agit de simples injections, c'est évidemment un symptôme très grave mais qui peut cependant persister un temps relativement très long (3 jours) sans entraîner la mort.

Dr CRÉQUY.

22 janvier 1891.

OBS. XLVIII (inédite) (Service de M. le Professeur TARNIER). — *Intoxication grave par le sublimé. Trois injections utérines de 2 litres chacune, avec une solution à 1/5000. Plusieurs injections vaginales avecl amême solution. Guérison.*

R..., 23 ans, primipare, accouche normalement le 2 janvier 1890, d'un enfant vivant, pesant 2,670 gr. se présentant en O. I. G. P. Périnée intact. Délivrance spontanée à 5 heures du soir seulement.

Avant la grossesse rien à signaler. Les dernières règles avaient eu lieu fin mars 1889. A 4 mois 1/2 varices très développées aux deux membres nférieurs. La malade eut aussi des maux de dents.

Après la délivrance injection intra-utérine avec 2 litres de la solution de sublimé à 1/5000, puis chaque jour trois injections vaginales avec de l'eau bouillie.

3 Janvier. T. matin, 36°,8 ; soir, 36°,7.
4   »   »   »   36°,8 ;   »   37°,6.
5   »   »   »   36°,5 ;   »   36°,8.
6   »   »   »   36°,6 ;   »   37°,2 et 38°,4.

Le soir violent frisson, douleurs dans le bas-ventre, sur le côté droit de l'utérus ; odeur pénétrante des lochies. T. axillaire 39°. Injection utérine avec 2 litres de sublimé à 1/5000.

Le 7, matin. T. 38°, nouveaux frissons dans la nuit, la sensibilité du ventre persiste. Nouvelle injection utérine au sublimé, 2 litres à 1/5000 et toutes les 3 heures injections vaginales au sublimé. Soir T. tombée à 36°,4.

Le 8. T. matin 36°,4. Dans la nuit 7 à 8 selles grisâtres infectes avec des épreintes très douloureuses. Gencives tuméfiées et saignantes. Les injections au sublimé sont remplacées par des injections au permanganate de potasse à 0,50/1000. Dans la journée hémorrhagie par le rectum. Il n'y a pas d'hémorrhoïdes ; selles très douloureuses, muco-sanguinolentes. Urine en faible quantité très trouble et fortement albumineuse. T. soir, 37°,6.

Le 9. T. matin, 37° ; soir, 37°,6. Gencives tuméfiées, à la face interne des joues et à la face inférieure de la langue, plaques grisâtres avec ulcérations superficielles correspondant aux dents. L'état général est mauvais. La malade apathique, dans un état semi-comateux ne parle pas, gênée qu'elle est par la douleur, et la tuméfaction de la bouche. Le ventre est très douloureux partout ; il n'est pas plus sensible dans la région de l'utérus.

La nuit, encore de la diarrhée gris verdâtre fétide.

Deux fois des vomissements verdâtres. Anurie. Cathétérisme sans résultat.

Le 10. L'état général plus mauvais. T. matin 36°,3, soir 37°.

Pâleur extrême, abattement considérable. La tuméfaction de la langue est telle que la malade ne peut la remuer et qu'on parvient difficilement à la faire boire. Fausses membranes fétides sur la face interne des joues et des lèvres. Pas de salivation, la diarrhée persiste. Urine en quantité extrêmement faible, très fortement albumineuse. Épistaxis. Ventre ballonné, douloureux spontanément et à la pression.

La rate n'est pas augmentée de volume. Sur le ventre quelques taches roses d'acné.

Ce qui domine la scène avec la stomatite, la diarrhée, les urines rares et albumineuses, c'est l'état de stupeur avec faiblesse et rapidité du pouls ; état typhoïde qui contraste avec la température de 37°.

Rien à la poitrine, ni au cœur, ni du côté de l'utérus ; culs-de-sac souples ; régression normale, lochies peu abondantes, sans odeur.

Dès le début, régime lacté, lavage fréquent et minutieux de la bouche, à l'intérieur bismuth et naphtol :

11 Janvier. T. matin, 37°,2 ; soir, 37°,4.
12   »   »   »   37°,1 ;   »   38°.
13   »   »   »   36°,8 ;   »   37°,2.
14   »   »   »   36°,4 ;   »   37°,1.
15   »   »   »   37°,7 ;   »   37°,3.

Du 11 au 15 janvier l'état ne s'amende pas sensiblement. La stomatite ne diminue pas malgré le lavage et le nettoyage avec le chlorate de potasse et le citron. Il n'y eut jamais de salivation très appréciable. La langue se débarrasse un peu ; chaque badigeonnage ramène des dépôts membraneux grisâtres.

La fétidité de l'haleine est moins forte. Les urines restent rares, malgré l'ingestion de grande quantité de lait.

Le 15 et les jours suivants on dut sonder la malade. il fut retiré 1500 gr. d'urine.

La diarrhée persiste le 15 et les jours suivants avec 7 à 8 selles séro-muqueuses par 24 heures. Douleur dans la partie supérieure de l'abdomen.

L'état général s'améliore, la malade parle, peut boire et manger plus facilement. La quantité d'urine redevient normale.

16 Janvier. T. matin, 36°,8 ; soir, 37°,4.
17   »   »   »   36°,4 ;   »   36°,7.
18   »   »   »   36°,2 ;   »   36°,4.

19 Janvier. T. matin, 36°,8 ; soir, 37°,2.
20 » » » 36°,7 ; » 37°,2.

Amélioration très grande ; urine en quantité normale faiblement albumineuse. Stomatite guérie. La température se relève ; lymphangite du sein. Crevasses et abcès mammaire qui fut ouvert le 25 et guérit en peu de jours.

21 Janvier. T. matin, 37° ;   soir, 37° ;
22 » » » 36°,2 ; » 37°,4.
23 » » » 37° ; » 36°,8.
24 » » » 37°,2 ; » 36°,8.
25 » » » 37° ; » 37°,2.

Dans les premiers jours de février, ascension de la température, nouveau petit abcès, voisin du premier.

Sortie guérie le 13 février ; état général bon, pas d'albumine, ni de diarrhée.

Intoxications légères.

Taenzer publie dans le *Centralb. f. Gyn.*, n° 31, p. 486, 1884, quatre observations.

Obs. XLIX. — M. K..., 23 ans, primipare, accouche spontanément. Le 5ᵉ jour de l'état puerpéral, le soir, T. 39°,5, lochies fétides ; injection intra-utérine au sublimé. Immédiatement après, douleurs violentes dans l'abdomen. Dans la nuit, sueurs profuses, tendances à vomir. Le jour suivant, diarrhée profuse, sanguinolente. Arrêt des injections au sublimé. Opium. Deux jours après, la fièvre et les phénomènes d'intoxication ont disparu.

Obs. L. — Le 10 février 1884, on fit, chez une primipare de 32 ans, une embryotomie pour une présentation de l'épaule et bassin rétréci. Pour cause d'endométrite, on fit quotidiennement 3 injections vaginales de sublimé et 3 fois en des jours différents une injection intra-utérine.

Le 20 juillet, en plus des injections vaginales habituelles, nouvelle injection intra-utérine.

Le lendemain, la malade eut une diarrhée profuse, et le surlendemain les selles liquides contenaient beaucoup de sang. Immédiatement on se sert d'injections phéniquées. Morphine et sous-nitrate de bismuth. Malgré cela, la diarrhée persiste jusqu'au 2 mars. Pas de stomatite. Exsudat para-métrique ; sortie seulement le 11 août 1884.

Obs. LI — X..., primipare, 39 ans, accouchée avec le forceps, grande déchirure du périnée.

Le 25 février 1884, cette déchirure fut suturée sous une irrigation continue de sublimé.

Le 3e jour après l'accouchement, coliques violentes et diarrhée profuse.

Le 4e jour, sang mêlé aux garde-robes, liquides et aqueuses ; le même jour débute une stomatite avec gonflement et endolorissement des gencives. Le sublimé est remplacé par de l'acide phénique ; à l'intérieur, opium et gargarisme de chlorate de potasse.

La stomatite n'augmente pas, le gonflement et l'endolorissement des gencives disparurent bientôt, tandis que la diarrhée diminuant peu à peu persista jusqu'au 9e jour.

Guérison le 17 mars 1884.

Obs. LII. — Mme R..., 38 ans, multipare, fièvre à son entrée. En travail depuis un jour et demi. Sommet en O.I.D.P. L'engagement est empêché par une tumeur carcinomateuse de la face antérieure du sacrum. Perforation de l'enfant vivant et crânioclasie. Hémorrhagie forte. Injection vaginale et utérine avec 6 à 8 litres de sublimé à 1/1000. Suite de couche avec fièvre. Lochies fétides ; injections vaginales répétées, une injection utérine au sublimé.

Le 7e jour, coliques, ténesme, diarrhée profuse. Suppression du sublimé. Opium.

Le 10e jour, stomatite et salivation : quelques dents ébranlées. Au bout de 3 jours, disparition des phénomènes généraux.

Observations de Mynlieff. — *Deux cas d'hématurie attribués au sublimé.*

Obs. LIII. Mynlieff (résumée). — Il s'agit d'une IIpare de 23 ans qui eût de la fièvre et des lochies fétides le 4e jour de son accouchement. On lui fit alors des injections vaginales de deux litres de sublimé à 1/4000 et une injection utérine de 1 litre de la même solution. Elle eut des dents douloureuses, des selles liquides, du ténesme et des douleurs abdominales. Pendant plusieurs jours les urines furent sanglantes ; les selles ne l'étaient pas. L'auteur attribue cette hématurie à l'action du sublimé sur les globules sanguins.

Obs. LIV (Kinderman). — Une IIIpare bien portante accouchée depuis 5 mois, eut au moment de ses règles, une métrorrhagie violente avec douleurs, diarrhée, accidents septiques pour lesquels après s'être servi d'une solution phéniquée, on fit des injections vaginales et utérines à 1/1000 et à 1/2000. La fièvre tomba, les sécrétions utérines de meilleur aspect diminuèrent, mais il y eut des douleurs dans la région lombaire et du sang dans les urines. Malgré l'absence d'autres signes, l'auteur croit pouvoir rattacher ces accidents à l'absorption du sublimé.

Observations du Dr Dakin.

Le Dr Dakin a rapporté 14 cas d'intoxication à la suite d'*injections vaginales* de sublimé à 1/2000. Un cas mortel a été rapporté plus haut (obs. XXII). Dans les 13 autres cas les symptômes étaient semblables à ceux de l'observation suivante qui peut être prise comme type.

Obs. LV. — Ipare, 28 ans, périnée déchiré sur un quart de sa hauteur. Col déchiré à droite et en arrière. Pas d'œdème pendant la grossesse. Urine normale à l'admission. Rien jusqu'au 6e jour où la malade eut de la diarrhée ; 5 selles sans douleur, pas de nausées ; liséré rouge bien marqué aux gencives. Langue chargée, haleine fétide. Arrêt des injections. Les 7e, 8e et 9e jours, mêmes symptômes ; 10 selles en tout. Le 12e jour la diarrhée cesse ; les autres symptômes disparaissent excepté le liséré rouge des gencives. Traces d'albumine le 8e jour seulement. Régime lacté. Température moyenne 98°,8 à 99°,8 Fahrenheit.

Les accouchées du Dr Dakin ne recevaient que des injections vaginales de solution de sublimé à 1/2000 avant et après la délivrance et tous les jours deux fois jusqu'à leur sortie (le 14e ou 15e jour). Chaque injection était de deux litres.

Sur les 14 cas d'intoxication, 6 femmes étaient primipares et 4 secundipares, les autres avaient eu plus de deux enfants. Une seule femme était albuminurique le jour de l'accouchement, une était très anémiée.

Les symptômes apparurent du 4e au 7e jour. Dès que la diarrhée ou d'autres signes d'intoxication se montraient, le sublimé était remplacé par l'acide phénique ou le liquide de Condy.

Les symptômes furent : diarrhée dans 13 cas, avec ou sans coliques, jamais l'abdomen ne fut sensible à la pression. Dans 3 cas les selles furent sanguinolentes, dans 2 elles s'accompagnèrent de ténesme.

5 fois il y eut des vomissements, 1 fois des nausées. La langue fut constamment bonne et l'appétit conservé. La fétidité de l'haleine fut toujours très marquée et très désagréable. Salivation marquée dans un seul cas.

La sensibilité de la bouche et des gencives fut généralement observée. Trois fois la face interne des joues s'ulcéra. Une hémorrhagie gingivale. Deux fois un ébranlement des dents.

Le liséré rouge des gencives fut toujours présent et généralement très distinct.

Eczéma avec vésicules brillantes ; 1 fois.

Dans 5 ou 6 cas, rash généralisé, varié de forme : morbilliforme ou scarlatiniforme et semblable à ceux décrits par Lessona.

Dans ces 5 ou 6 cas d'érythème, il n'y eut pas d'autres signes d'hydrargyrisme. Ces cas sont en dehors des 14 mentionnés.

7 fois, vers le 8ᵉ jour, l'urine contenait des traces d'albumine pendant une durée variable de 24 à 48 heures. L'apparition de l'albumine survenait de 2 à 3 jours, après l'arrêt du sublimé.

Deux fois la présence du mercure fut constatée dans l'urine.

Observations du Dʳ Von Szabo. — *Intoxications légères.* — Dionys von Szabo. *Ueber sublimatgebrauct in der Geburtshülfe. Archiv. f. Gynæk.* Bd XXX, p. 143, 1887.

Obs. LVI. 1884, nᵒ 489. — S..., 29 ans, IVpare. Placenta prævia. Essai infructueux de version podalique. Perforation et extraction. Injection intra-utérine. 3ᵉ jour, frisson. T. 40ᵒ,7. Injection extra-utérine avec 2 litres de sublimé à 1/2000. La cicatrice placentaire proéminente rend l'écoulement difficile.

4ᵉ jour. T. 41ᵒ,2. Injection utérine, 3 litres ; la nuit, à 11 heures, frisson. T. 40ᵒ,8. Irrigation utérine avec 4 litres. Pendant l'injection, la malade se plaint de démangeaisons et de brûlures dans la gorge.

Le lendemain, 5ᵉ jour. Ténesme et langue très chargée ; muqueuse buccale rouge, abdomen douloureux. Malade inquiète. A midi, liséré rouge sur le bord gingival. Gargarisme chlorate de potasse. On emploie la solution phéniquée ; les phénomènes mercuriels diminuent, mais la température reste élevée. Injection utérine de sublimé. Pendant celle-ci, la malade se plaint subitement d'un goût salé dans la bouche, signe de résorption très rapide.

Le 8ᵉ jour. Gencives gonflées ; diarrhée, ténesme ; on cesse de nouveau le sublimé.

Le 10ᵉ jour. Amélioration de la gingivite, plus de diarrhée.

Le 15ᵉ jour. Sur les gencives pâles, il existe des enduits isolés, striés de rouge.

Ces symptômes disparaissent ; mais la fièvre, qui persistait modérée, se rallume le 22ᵉ jour, les forces manquent brusquement et la malade meurt le 31ᵉ jour.

Autopsie. — Paramétrite purulente avec adhérences fibrino-purulentes. Thrombus des sinus utérins. Muqueuse gonflée.

Obs. LVII. 1884, nᵒ 553. — E..., 28 ans, VIpare. Accouchement gémellaire à 6 mois. Hémorrhagie, délivrance artificielle. Injection intra-utérine de 4 litres d'une solution froide de sublimé à 1/2000. Aussitôt après l'accouchement, T. 40ᵒ,9. P. 136.

Le 2ᵉ jour. T. 40ᵒ,7. P. 128. Deux injections utérines, curettage avec irrigation de 3 litres de sublimé à 1/2000.

Le 3ᵉ jour. Deux injections utérines, 3 litres. Immédiatement après, vomissements.

Le 5ᵉ jour, dans l'après-midi, nouvelle injection utérine, en tout 7 et

18 litres de sublimé à 1/2000. Une demi-heure après la dernière, vomissement, mauvais goût dans la bouche. Liséré rouge sur les gencives, et plusieurs selles liquides s'opposent à la continuation du sublimé.

Le 6ᵉ jour. Exsudat paramétrique. Mort le 11ᵉ jour.

Autopsie. — Endométrite, diphtérie utérine, métro-lymphangite, salpingite, néphrite aiguë hémorrhagique, dégénérescence de la rate et du foie.

Oʙs. LVIII. 1885, nᵒ 378. — A. K..., 25 ans, IIpare. Accouchement prématuré spontané; après injection utérine avec 3 litres de sublimé. Température élevée. On fait, le 2ᵉ et le 3ᵉ jour, 2 injections semblables en tout 5 avec 13 litres.

Le 3ᵉ jour, il se produit un ictère de la peau et des muqueuses, avec goût métallique dans la bouche, et une diarrhée qui, malgré tout traitement, persiste jusqu'à la mort, le 29ᵉ jour.

Le 6ᵉ jour, on avait constaté un exsudat paramétrique.

Le 13ᵉ, au spéculum, on trouvait une petite déchirure au fond du vagin.

Le 15ᵉ jour, ponction des culs-de-sac vaginaux sans résultat. La fièvre tombe.

Autopsie. — Métrophlébite et lymphangite, paramétrite, salpingite, oophorite droite. Abcès de la cavité de Douglas et du poumon. Déchirure de la muqueuse à l'entrée du vagin. L'intestin grêle modérément distendu. Sa muqueuse et celle du côlon transverse pâle, avec un contenu brun liquide. Dans le côlon descendant et le rectum, la surface et la muqueuse ramollie est colorée en gris rouge et traversée de nombreuses ecchymoses.

Oʙs. LIX. 1884, nᵒ 396. — E. D. ., 34 ans, XIpare. Au 9ᵉ mois, hémorrhagie ; placenta prævia, version podalique, extraction. Pour une forte hémorrhagie, irrigation dans la cavité avec 8 litres de solution glacée de bi-chlorure de mercure à 1/2000 ; la perte s'arrête subitement après une application de perchlorure de fer sur le segment inférieur.

32 heures après l'accouchement, T. 38º,8, P. 124. Nombreuses selles liquides, douleur de la bouche et des gencives ; langue très chargée, sensible. Liséré rouge. Sur les gencives, enduit gris sale, néo-membraneux. Enduit semblable à la face interne des joues. Chlorate de potasse et teinture d'opium.

Le 3ᵉ jour, les douleurs ont cessé. On se sert d'acide phénique. Le 7ᵉ jour, la gingivite est en bonne voie de guérison. Le 15ᵉ jour, les symptômes ont disparu.

Oʙs. LX. 1886, nᵒ 191. — R. A..., 27 ans, IIpare. Accouchement rapide. Déchirure et suture du vagin et du périnée sous une irrigation permanente de sublimé à 1/4000.

Le 8ᵉ jour, matin, T. 39º,4, P. 108 ; soir, T. 38º,5, P. 92. Périnéorrhaphie sans réaction, n'est pas cause de la fièvre.

Le 10e jour, T. matin, 38°,4, P. 100 ; T. soir, 37°,9, P. 72. Ténesme.
selles très douloureuses ; goût métallique mauvais de la bouche. On se
sert d'acide phénique.

Le 11e jour, encore quelques coliques. Sort guérie le 15e jour.

Obs. LXI. 1885, n° 485. — B. G..., 29 ans, primipare. Rupture du périnée
et du vagin ; suture sous irrigation permanente de sublimé à 1/4000. Le
5e jour, T. 38°,3, P. 84. Pas de réaction au niveau de la suture. Plaies sur
les parties latérale et antérieure du vagin. Après 7 lavages vaginaux, le
9e jour, le sublimé a été remplacé par l'acide phénique, à cause d'une
diarrhée progressive avec ténesme qui cesse le 12e jour. Guérison.

Obs. LXII. 1884, n° 432. — K. B..., 26 ans, IIpare. A cause de la fièvre,
on fit les 9e, 11e, 12e et 13e jours des injections avec 2 litres de sublimé
à 1/2000. Le 12e jour, tumeur poplitée qui s'ouvre le 20e, lavée avec du sublimé
à 1/2000. Après 9 pansements, on dut se servir d'acide phénique, à cause
de ténesme et de gingivite. Morte en chirurgie trois mois plus tard.

Obs. LXIII. 1884, n° 669. — B. K..., 23 ans, IIpare. A cause de température élevée, on fit les 1er, 2e, 3e et 4e jours une injection utérine de 2 litres
de sublimé à 1/4000. Le 6e jour, diarrhée qui cède à l'opium, et gingivite
ulcéreuse guérie le 12e jour.

Obs. LXIV. 1884, n° 130. — 26 ans, IVpare, cachectique et phtisique.
Le 1er jour, écoulement sanguinolent pour lequel on fit une injection utérine de 2 litres de sublimé à 1/4000. Le 3e jour, liséré rouge sur les gencives et ulcérations, nausées, selles liquides fréquentes. Ces symptômes
cessent aux moyens ordinaires le 7e jour.

Obs. LXV. 1886, n° 384. — J. S..., accouchement par le siège. Une
partie du chorion reste et doit être enlevée à cause d'hémorrhagie. Injection utérine avec 6 litres de sublimé à 1/4000. Anémie aiguë. 10 injections
sous-cutanées d'éther réchauffent la femme. Le 3e jour, T. 39°. Injection
utérine avec 2 litres de sublimé à 1/4000. Le 4e jour, gencives tuméfiées,
rouges, douloureuses. Chlorate de potasse. Guérison.

Obs. LXVI. 1886, n° 122. — L. Z..., 20 ans, primipare. Fièvre. Le
5e jour, matin et soir, injection utérine ; le 6e jour, T. soir, 39°,8. Nouvelle
injection avec 2 litres de sublimé à 1/4000. Le 7e jour, vomissements, température basse. Du 12e au 19e jour, selles muqueuses. Ténesme. Laudanum et bismuth.

Obs. LXVII. 1886, n° 349. — A. P..., 38 ans, primipare. Déchirure du
périnée. 2e jour, pleuro-pneumonie, douleurs articulaires. La matrice,
grande et flasque, est injectée les 2e et 4e jours avec 3 litres de sublimé

à 1/4000. Le lendemain, diarrhée, selles involontaires. Malgré cela, nouvelle injection le 7ᵉ et le 13ᵉ jour, la diarrhée cesse. Guérison.

Dʳ Groeningen. *Charité-Annalen*, 12ᵉ année, 1887, p. 710.

Dans son rapport pour l'année 1885, l'auteur rapporte les neuf observations suivantes, d'intoxication légère par le sublimé. Aucune de ses malades n'avait pris antérieurement du mercure ; aucune ne souffrait d'anémie ou de néphrite. Pour les injections vaginales et utérines on employait 8 litres à 1/4000, rarement à 1/2000. Une seule injection par jour, quelquefois 2, jamais plus. Le traitement consistait dans la suppression du sublimé, gargarisme de chlorate de potasse ; infusions d'ipéca avec opium ; contre le ténesme, suppositoire morphiné.

Obs. LXVIII. — Fischer, IIpare, 32 ans, saine. Avortement avec mauvaise odeur et fièvre forte. On fit chaque jour quatre injections intra-utérines et trois vaginales. Du 5ᵉ au 15ᵉ jour, diarrhée avec fort ténesme au début, et douleurs abdominales. Les gencives étaient tuméfiées, couleur de plomb sur les bords. la langue épaisse et fendillée. Les dents étaient défectueuses. Le 20ᵉ jour, F... sort guérie.

Obs. LXIX. — Genserowska, IIIpare, 23 ans, saine, avortement, délivrance artificielle ; après et les jours suivants injections utérines et vaginales. Diarrhée le 4ᵉ jour. Sensibilité et décollement des gencives (dents cariées, les bords couleur de plomb, pas de salivation). Ces phénomènes disparurent le 8ᵉ jour.

Obs. LXX. — Luckou, Ipare, 28 ans, syphilitique, avortement et délivrance artificielle au dehors. Fièvre à l'entrée. Dans le vagin très douloureux et sensible, lésions superficielles et ulcérations. Injections intra-utérines et vaginales tous les jours. Le 4ᵉ, nombreuses selles diarrhéiques, douleurs abdominales, forte salivation qui cessèrent 48 heures après la suppression du subliné.

Obs. LXXI. — Diskar, IIpare, 29 ans, vigoureuse, accouchement normal, le 4ᵉ jour T. 39°,5 et 40°,5 sans frisson préalable. P. 100 et 120, paramétrite gauche ; ventre sensible, lochies normales. Du 4ᵉ au 21ᵉ jour fièvre rémittente, T. 38° à 38°,5. P. 80 et 100. Injections utérines les 5ᵉ et 9ᵉ jours sans accidents. Les irrigations vaginales continuées provoquent, à la fin de la 3ᵉ semaine, une stomatite et une pharyngite mercurielles avec décollement des gencives et de la salivation qui disparurent vite. Sort guérie le 38ᵉ jour.

Obs. LXXII. — Fritsche, IIpare, 28 ans, vigoureuse. Pertes blanches depuis un an. 1ᵉʳ accouchement normal comme celui-ci. Le soir du 3ᵉ jour, frisson. T. 38°, P. 120. Le 4ᵉ jour, T. m. 39°,1, P, 120 ; T. soir, 40°,7, P. 108. Les annexes du côté droit très sensibles à la pression, écoulement abondant de mauvaise odeur, gris brun sale. Le vagin est couvert d'enduit gris blanc qui sort en partie avec l'injection, 2 injections intra-utérines au sublimé à 1/2000 ; 8 litres chaque fois. Le lendemain diarrhée mêlée de sang, légère salivation.

On se sert de solution phéniquée. Accidents septiques. Guérison le 60ᵉ jour.

Obs. LXXIII. — Mᵐᵉ Klöpfer (intoxication douteuse pour l'auteur) IXpare 30 ans, assez vigoureuse. 6 accouchements normaux ; 2 avortements. Depuis 3 semaines à l'hôpital pour une hémorrhagie qui cesse avec le repos. Le 26 juillet à midi, au début du travail nouvelle perte abondante ; orifice peu dilaté. Douleurs faibles. Injections vaginales fréquentes au sublimé.

Le 27, bain chaud ; pas de contraction, hémorrhagie assez forte. Sous le chloroforme perforation du placenta, version podalique : l'hémorrhagie s'arrête. Injections vaginales chaudes répétées. Vers le soir, douleurs violentes et expulsion assez rapide de l'enfant.

La mère modérément anémiée se remit vite. Etat puerpéral normal, troublé le 2ᵉ jour par des selles diarrhéiques innombrables, aqueuses non sanguinolentes accompagnées de fort ténesme. Fièvre modérée, 38°,7, langue couverte, appétit faible, pas de salivation.

Urine avec traces d'albumine, pas de mercure (Prof. Salkowski).

Infusion d'ipéca, teint d'opium.

Tout disparaît le 3ᵉ jour.

Obs. LXXIV. — Mᵐᵉ R..., Vpare, saine, à cause de lochies sanguinolentes, plusieurs injections vaginales le 8ᵉ et le 9ᵉ jour. Le lendemain, diarrhée muqueuse, ténesme prononcé, douleurs abdominales. Le 11ᵉ jour, les gencives des dents en partie cariées, étaient détachées, gris bleu sur les bords, le 12ᵉ jour salivation modérée. Guérison le 15ᵉ jour.

Obs. LXXV. — O..., IIpare, 28 ans, saine, subinvolution de l'utérus, lochies sanguinolentes, on fait de fréquentes injections vaginales chaudes. Le 7ᵉ jour diarrhée fréquente avec mucosités et sang ; pas de salivation ; nombreuses dents cariées, les rebords des gencives livides. Pas de fièvre. Guérison en trois jours.

Obs. LXXVI. — K..., Ipare, 21 ans, vigoureuse, saine. Accouchement normal. Le soir du 1ᵉʳ jour, T. élevée, pas de lésion locale, plusieurs injections utérines et vaginales. La fièvre tomba pour reparaître plusieurs jours après. Le 19ᵉ jour, diarrhée négligée d'abord, puis mucosités sanguinolentes en grande quantité et ténesme. Gencives peu affectées. Dans l'urine examinée pour la première fois une petite quantité d'albumine. Par la suppression du sublimé, non seulement les phénomènes en question s'améliorent au bout de six jours, mais aussi l'état général, et la fièvre disparaît complètement.

L'auteur attribue la fièvre à l'intoxication par le sublimé.

Obs. LXXVII (résumée). — Quantin. *Nouv. Arch. d'obst. et de gynéc.*, n° 9, 25 sept. 1888.

M. Quantin fut appelé à donner ses soins à une femme de 28 ans, qui avait eu deux ans auparavant de la métrite du col et de l'endométrite; guérie, cette femme était enceinte depuis 4 mois.

M. Quantin constata une ulcération granuleuse de la lèvre antérieure paraissant pénétrer dans la cavité du col et saignant facilement.

Après avoir commencé le traitement avec des injections phéniquées et des tampons de glycérine créosotée, il fit faire par la malade elle-même, par jour, deux injections de sublimé à 1/1000. Trois jours après avoir institué ce traitement, il fut appelé en toute hâte près de la malade, qui depuis la veille avait des vomissements continuels, une salivation abondante et une stomatite intense; cependant pas de diarrhée.

Immédiatement après la première injection, la malade avait ressenti une vive douleur de la vulve et dans le bas-ventre, qui dura environ une heure. A la deuxième injection, même douleur, suivie, cette fois, d'une douleur de tête assez intense, avec envie de dormir et la malade s'aperçoit qu'elle crache beaucoup, tout en ayant une grande sécheresse de la gorge. Pas de diarrhée.

Croyant avoir affaire à un mal nécessaire, la malade continue son traitement sans demander conseil. Le 3ᵉ jour, c'est-à-dire à la cinquième injection, lorsque les vomissements, la stomatite et la céphalalgie furent intolérables, on demanda le médecin. Il pratique le toucher à la demande de la malade, qui, disait-elle, perdait tellement en blanc, qu'on aurait pu la suivre à la trace; le doigt à peine entré dans le vagin, il s'échappa un flot de liquide, comme à la rupture d'une poche des eaux. Ce liquide sans odeur, légèrement jaunâtre, ne pouvait être que le liquide de l'injection retenu.

Les injections furent cessées, les accidents disparurent et huit jours après, la malade reprenait sa vie habituelle. La grossesse évolua normalement.

Sommer. *Charité-Annalen*, 13ᵉ année, 1888.

En outre d'un cas mortel déjà cité, et d'une observation très douteuse que je passerai sous silence, Sommer rapporte les 7 cas suivants d'hydrargyrisme léger.

Obs. LXXVIII. — N..., 42 ans, IXpare. Présentation de l'épaule ; placenta prævia, version et extraction. Inertie utérine ; pour arrêter l'hémorrhagie, injections chaudes. Le 3e jour, 2 selles. Dès le 1er jour, T. 38°, 38°,5, 38°, 38°,1. 2 injections vaginales quotidiennes. Le 5e jour, sensibilité de l'abdomen, injection utérine (2 litres). La nuit suivante diarrhée, douleurs de l'abdomen, ténesme. Le lendemain, pas de fièvre qui ne reparaît plus ; il y a un peu de fétidité de l'haleine et un enduit blanc grisâtre de la langue. La diarrhée et le ténesme persistent 3 jours malgré la teint. thébaïque et les suppositoires morphinés. Bouche saine au bout de 48 heures. Guérison lente. Sortie le 18e jour.

Obs. LXXIX. — Mme S..., VIIpare, 39 ans, accouchement normal. Le 6e jour de la période puerpérale, vomissements matin et soir. T. m. 37°, P. 120 ; T. s. 39°,2, P. 86°. Deux injections utérines ; chaque fois on se servit pour les injections vaginales et utérines et le lavage externe de 8 litres de solution de sublimé à 1/4000. Le lendemain T. normale. Ténesme, selles fréquentes liquides, muqueuses, gencives tuméfiées. Suppression du sublimé. Teint. d'ext. thébaïque XX gouttes en 2 fois. Suppositoire morphiné ; gargarisme de chlorate de potasse ; les accidents cessent.

Obs. LXXX. — Mme S..., accouchement prématuré artificiel. A la suite de fréquentes douches vaginales chaudes avec une solution de sublimé à 1/4000, on avait avant l'expulsion du fœtus observé une grande fétidité de la bouche, un enduit sale de la langue et du gonflement des gencives. Ces phénomènes augmentèrent tellement que le 1er jour après l'accouchement, on remplaçait le sublimé par la solution phéniquée. La stomatite cessa seulement le 7e jour.

Obs. LXXXI. — Mme L..., accouchée au forceps après 20 heures de travail. Inertie utérine, hémorrhagie malgré des injections intra-utérines chaudes ; délivrance artificielle. Même après la délivrance, pendant 2 heures, l'utérus a de la tendance à rester mou. Des irrigations chaudes répétées, des injections d'ergotinine, la malaxation et le frottement de l'utérus amenèrent enfin une contraction durable.

Le 2e jour forte intoxication par le sublimé, se manifestant par des selles abondantes, diarrhéiques, du ténesme très violent, une stomatite modérée. Ces symptômes cessèrent 4 jours après. La malade sortit après deux semaines dans un état satisfaisant.

Obs. LXXXII. — Mme S..., Ipare, 24 ans, lupus prononcé, pâleur, cachexie. Entre à la clinique avec de la fièvre et une forte fétidité de l'haleine.

T. m. 38°,9, S. 39°,4. Le soir à 8 heures, expulsion d'un fœtus à terme, macéré. Avant l'accouchement, injection vaginale toutes les deux heures (1/4000), après injection utérine.

Le 2ᵉ jour, stomatite, ténesme, selles fréquentes liquides. Inf. d'ipéca, teint. thébaïque. Œdème des lèvres. Urine riche en albumine contenant des cylindres hyalins et granulés, des cellules épithéliales dégénérées, de nombreux globules blancs et des cellules épithéliales de la vessie. Cet état pathologique de l'urine persista avec un œdème général modéré, malgré les bains chauds, la sudation et les eaux de Wildungen. La malade fut transférée dans le service de médecine interne.

Obs. LXXXIII. — Mᵐᵉ N..., IIIpare, 28 ans, accouchement normal le 17 août 1887.

Le 7ᵉ jour, deux injections vaginales chaudes à cause des lochies fortement sanguinolentes.

Le 8ᵉ jour, diarrhée fréquente, avec ténesme, XX gouttes de teint. thébaïque en 2 fois, un suppositoire avec 0,01 centig. de morphine. Arrêt des injections de sublimé. Guérison en deux jours.

Obs. LXXXIV. — Bœhker, Ipare, 18 ans, accouche facilement et vite le 1ᵉʳ juillet d'un enfant à terme. Les 4 premiers jours normaux ; le 5ᵉ à la pression, sensibilité de l'abdomen. T. 38º. P. 100. 2 injections vaginales. Dans la nuit du 6ᵉ jour, frisson, T. 39º,4, P. 114. Injection intra-utérine. Vers le soir diarrhée avec des débris muqueux et du sang, XX gouttes de teint. thébaïque. La nuit, nouvelle diarrhée, ténesme ; suppositoire morphiné ; infusion d'ipéca avec teint. thébaïque. Les selles diarrhéiques s'arrêtent, le 8ᵉ jour la fièvre tombe, pas de stomatite, pas d'albumine dans les urines. Sort guérie le 13ᵉ jour.

Observations du Dʳ Bonall. *Obstetric. Transac.,* vol. XXX, 1888, p. 304. London, 1889.

Obs. LXXXV à XCV. Le Dʳ Bonall a observé au General Lying-in Hospital, du 1ᵉʳ juillet au 3 décembre 1886, 200 accouchées ; il y eut 11 cas de mercurialisme.

Deux des femmes étaient accouchées en juillet, 5 en août, 1 en septembre, 1 en octobre et 2 en novembre.

Cinq étaient primipares, deux IIpare, trois IIIpare et une IVpare. Deux seulement avaient en un travail laborieux.

Quatre fois, il y avait eu déchirure de la fourchette : chez trois Ipares le col de l'utérus était largement déchiré, une fois il présentait une fissure.

Les accidents toxiques amenèrent la cessation du sublimé, 1 fois le 3ᵉ jour, 3 fois le 6ᵉ, 2 fois le 7ᵉ, 2 fois le 8ᵉ, 1 fois le 9ᵉ et 1 fois le 11ᵉ jour.

Dans 3 cas, il y eut une anémie légère et dans 2 autres une anémie marquée.

Quatre femmes eurent une légère albuminurie produite par le sublimé.

Cinq femmes eurent une constipation marquée, quatre une diarrhée modérée avec des douleurs abdominales, les deux autres eurent de la constipation d'abord, puis la diarrhée.

Chez une malade seulement il y eut du ténesme et des selles sanguinolentes.

Dans tous les cas les gencives et la bouche furent douloureuses et gonflées; la langue resta presque toujours propre et ne fut chargée qu'une seule fois.

La température normale, dans 8 cas, s'éleva un seul jour chez trois malades; cette élévation fut attribuée une fois à la tension des seins, une fois à l'irritation catharrale de l'intestin et la 3e à la constipation opiniâtre.

OBSERVATIONS du Dr HERMANN. In BOXALL. *Transac. obst.*, vol. XXX, London, 1889.

OBS. XCVI à CVII. Sur 182 femmes traitées par le sublimé au Lying-in Hospital pendant les 5 premiers mois de l'année 1886, le Dr Hermann observa également 11 cas d'accidents mercuriels, 1 en janvier, 2 en février, 2 en mars, 3 en avril et 3 au mois de mai.

Neuf fois le travail avait été normal et facile, deux fois laborieux. Le périnée s'était déchiré 5 fois et 1 primipare avait eu une déchirure bilatérale du col de l'utérus.

Chez 5 femmes une hémorrhagie légère n'avait pas amené d'anémie appréciable.

Le sublimé fut suspendu à cause des accidents qu'il provoquait. 1 fois le 3e jour, 2 fois le 5e, 2 fois le 6e, 1 fois le 7e et 3 fois le 8e jour.

Huit malades eurent des selles fréquentes, elles s'accompagnèrent chez une de vomissements, chez 3 de coliques, chez 2 les selles furent muqueuses et sanguinolentes.

Salivation et haleine fétide, une fois. Gonflement et sensibilité de la bouche et des gencives, 7 fois. Ulcération des amygdales, 1 fois.

La langue s'ulcéra dans 1 cas et fut mauvaise ou chargée dans 4.

La température fut normale pendant toute la durée chez 3 femmes, elle s'éleva légèrement six fois pendant un jour, de 100° à 102° Fahrenheit.

OBS. CVIII. — HENSOLDT. *Charité-Annalen*, 15e année, 1890.

Schulea, IIpare, 26 ans, accouchée spontanément le 9 juillet 1888.

A cause de la subinvolution de l'utérus, on fit les 6e, 7e et 9e jour de l'état puerpéral une irrigation vaginale chaude de sublimé 1/4000, et le 8e jour, une injection utérine avec une solution phéniquée à 2 0/0. Dans la nuit du 9e au 10e jour, diarrhée abondante, selles sanguinolentes ; bientôt ténesme et douleurs abdominales. L'urine diminuée en quantité ne conte-

.ńait pas d'albumine. Aveċ du sous-nitraté de bismuth et de l'opium, ces phénomènes disparurent au bout de 4 jours.

Obs. CIX. — E. Blanc. Lyon méd., août 1888.

Dans notre première année de clinique obstétricale de la Faculté, nous ·eûmes l'occasion d'observer deux légers cas d'empoisonnement par le sublimé. Les accidents survinrent après passage dans la cavité utérine d'une solution à 1/2000 de bichlorure d'hydrargyre; une heure environ ·après l'injection faite dans les deux premiers jours des couches et pour une température atteignant 39°, éclate une diarrhée séreuse, profuse qui bientôt fit place à une véritable dysenterie, avec selles glaireuses et sanguinolentes. se répétant au moins toutes les cinq ou dix minutes. Nous notâmes en outre, une pâleur extrême de la face, de la petitesse du pouls et des douleurs abdominales excessivement intenses, que les piqûres de morphine soulageaient à peine. Dans l'un de ces cas, la femme était très anémiée; dans l'autre, elle était albuminurique. Ces acidents prirent fin environ 12 heures après le début, laissant une seule fois de la gingivite avec un peu de liséré.

Intoxications légères.

ÉRYTHÈMES

Obs. CX. — E. Blanc. Lyon méd., nᵒ 33, 12 août 1888, p. 529.

Secundipare, accouchement normal. Dans les premiers jours des couches, injections vaginales de liqueur de Van Swieten dédoublée. Dès le lendemain, la région génitale devient le siège d'un vrai prurit, en même temps apparaissent des papules larges, saillantes, très rouges et incomplètement effacées par le doigt. Cette éruption s'étendit vers la racine des cuisses.

Deux jours après l'accouchement la même éruption ortiée avait gagné la face. Ici on apercevait des plaques rouges de formes et de dimensions très irrégulières, formant une légère saillie, séparées par des intervalles de peau saine et recouvertes sur les parties les plus anciennes par de petites vésicules de sudamina. L'éruption, d'abord confluente sur le front et autour des yeux, s'étendit peu à peu sur toute la face qui, notablement bouffie, offrait au premier coup d'œil un aspect érysipélateux. L'œdème des paupières était assez marqué pour s'opposer à leur soulèvement. L'éruption s'accompagnait de cuisson et démangeaison vives. Pas de phénomènes généraux. La température atteignait seulement 38°,6 le septième jour. Des parties génitales l'éruption s'étendit à l'hypogastre; mais prit à ce niveau un caractère différent, l'érythème y était moins marqué et en grande partie recouvert de vésicules plus ou moins confluentes. Pas d'albuminurie. La malade dit avoir eu à son premier accouchement une éruption à peu près analogue.

Obs. CXI. — E. Blanc. *Lyon méd.*, n° 33, 1888, p. 528.

Dans un deuxième cas la parturiente soumise aux mêmes précautions antiseptiques (lotions vaginales à 1/2000) offrit le deuxième ou troisième jour une éruption très marquée sur la partie interne des cuisses, sur la face et caractérisée par de petites plaques érythémateuses, irrégulières, saillantes, rouges et ne s'effaçant qu'incomplètement par la pression. Ces plaques, à un examen plus soigné, se montrent comme formées par des papules réunies en groupes de quatre, six, dix et sont le siège d'une cuisson vive et de prurit. En certains points les papules apparaissent isolées et bien détachées des plaques. Les urines renferment une notable quantité d'albumine. La température se maintient aux environs de 38°.

Obs. CXII. — E. Blanc. *Lyon méd.*, n° 33, 12 août 1888, p. 528.

Primipare, déchirure profonde du périnée; inertie utérine. Après l'accouchement, on fit chaque jour deux injections vaginales au sublimé (1/2000). Vers le 5e ou 6e jour, apparut d'abord au pourtour des organes génitaux, puis à la racine des cuisses, une éruption très rouge, boutonneuse, irrégulièrement distribuée, gagnant peu à peu les autres parties du corps et de la face. La malade éprouve en ces points une légère cuisson. La température n'a pas dépassé 38°,3. Léger mal de gorge. Au bout de sept à huit jours cette éruption, sans caractère déterminé, disparaît, laissant après elle une desquamation furfuracée sans albuminurie.

Obs. CXIII (inédite). — *Erythème généralisé consécutif à l'emploi du bi-chlorure de mercure.* Due à l'obligeance de M. Ribemont-Dessaignes.

Mme P..., 92, boulevard de Courcelles, d'origine américaine, est accouchée au mois de mai 1890, un lundi à 2 h. du matin. Immédiatement après la délivrance on fit une injection avec de la liqueur de *Van Swieten vraie* dédoublée. Puis tous les jours, on fit faire par une garde intelligente (infirmière de l'Assistance publique), deux injections vaginales de liqueur de Van Swieten dédoublée et on appliqua sur la vulve une compresse imbibée de la même solution. Cette femme bien portante, d'un embonpoint marqué est très velue. Les injections vaginales, 2 fois par jour, sont continuées jusqu'au jeudi matin, jour où on remarque une éruption hydrargyrique qui débute sur les grandes lèvres pour se propager à l'abdomen, aux membres inférieurs, sur la poitrine, le dos et les membres supérieurs. Cette éruption qui dura près de 8 jours, malgré la suspension des injections au sublimé, fut précédée et accompagnée de démangeaisons très vives. Elle se manifesta par des éruptions lenticulaires rosées, assez semblables à des boutons de rougeole dont la confluence augmentait et formait de larges plaques par la réunion d'une plaque érythémateuse avec les voisines. La malade guérit sans autres accidents. Elle n'eut ni diarrhée ni salivation. A aucun moment non plus, on ne constata de fièvre, ni d'accidents puerpéraux.

Obs. CXIV. — *Érythème mercuriel généralisé, après une injection utérine au sublimé à 1/4000, et la toilette des organes génitaux externes avec la même solution.*

Service de M. Maygrier, M. Bonnaire, suppléant.

Lit n° 10, Marie P..., 26 ans, journalière, entrée le 11 octobre 1890.

Réglée à 18 ans, très régulièrement. Quatre grossesses antérieures à terme, sans complications.

Actuellement elle est accouchée à terme d'une fille pesant 3,800 gr. Après la délivrance, injection utérine de sublimé à 1/4000. Chaque jour, toilette des organes génitaux avec la même **solution**. Jusqu'au 6e jour, rien d'anormal.

Le 17 octobre au matin, éruption rosée généralisée analogue à une éruption d'urticaire. Le maximum de l'éruption est à la face interne et supérieure des cuisses, à la région sous-ombilicale de l'abdomen, au niveau des seins et à la face interne des avant-bras.

Cette éruption est plus ou moins discrète suivant les régions ; les plaques, surélevées sur leurs bords et sensibles au toucher, sont le siège d'une cuisson assez intense. T. 37° ; quelques frissons pendant la nuit ; pas de diarrhée, ni de stomatite.

Le 18. T. 37°,9. L'éruption s'est étendue et généralisée, sauf à la face. Les espaces vides sont plus rares, mais la couleur rosée moins vive. Plus de démangeaisons.

M. Robert Moutard-Martin voit la malade, il confirme le diagnostic de M. Bonnaire : érythème hydrargyrique sans diarrhée ni stomatite. Soir, T. 38°.

Le 19. L'éruption est devenue très pâle. Elle disparaît le 20.

Obs. CXV. — *Hydrargyrie bulleuse (Pemphigus hydrargyrique) à la suite d'injections utérines et vaginales de sublimé.* Prof. Pétrini (de Galatz).
Due à l'obligeance de MM. les Docteurs Besnier et Thibierge avant la publication dans le *Bulletin de la Société de Dermatologie*, 1891.

Mme X..., 22 ans, tempérament nerveux, a toujours été bien portante ; réglée à l'âge de 14 ans, a toujours eu une menstruation normale. Mais elle a une idiosyncrasie particulière, celle de ne pouvoir supporter la moindre dose d'une substance hydrargyrique quelconque sans avoir à subir des phénomènes d'hydrargyrisme.

Ainsi, une pommade au calomel appliquée en petite quantité sur le visage produit un œdème rouge assez p rononcé peu de temps après cette application.

L'année dernière, à la suite de son premier accouchement, on lui fait des injections intra-vaginales avec une solution de sublimé à 1/1000.

Deux ou trois jours après, la peau de l'abdomen est couverte d'un érythème urticans, qui disparaît aussitôt qu'on cesse l'emploi du mercure.

Dans les premiers jours d'octobre 1890, deuxième accouchement qui s'effectue aussi bien que le premier.

L'accoucheur ordonne des injections intra-utérines le premier jour, intra-vaginales les jours suivants avec une solution ainsi composée : sublimé corrosif 7 gr., alcool 50 gr., eau distillée 250.

Le premier jour on ajouta 4 cuillerées à soupe de cette solution à un litre d'eau, qui fut injecté dans la cavité utérine. Les deux jours suivants on injecta dans le vagin un litre d'eau ne contenant que deux cuillerées à soupe de la même solution.

Mais deux jours après l'accouchement et les injections mentionnées, la parturiente éprouva des picotements et des démangeaisons sur toute la surface du tégument externe.

Elle prévint son accoucheur de faits précédents, mais celui-ci n'admit pas l'action du mercure dans ces manifestations, d'autant plus qu'on n'avait fait que trois injections.

Le troisième jour la peau des avant-bras, des mains et des jambes surtout devient érythémateuse.

Les picotements et les démangeaisons persistent. A la demande de la malade, les injections hydrargyriques sont supprimées.

Le quatrième jour apparaissent des bulles disséminées principalement sur les différents points des bras, des avant-bras, sur la paume de la main et les doigts, cela symétriquement à droite et à gauche.

La rougeur de la peau avait disparu avec l'apparition des bulles. Celles-ci ont d'abord les dimensions d'un gros pois, elles sont sphériques, distendues par un liquide clair jaunâtre, et ont des parois assez résistantes.

Leur volume croît considérablement, et deux jours après leur apparition certaines d'entre elles atteignent les dimensions d'une grosse noix.

Elles n'ont pas de tendance à s'affaisser, restent aussi résistantes au toucher, le liquide qui les remplit est d'un jaune foncé.

Avec une aiguille flambée on ouvre les plus grosses bulles. Elles donnent lieu à l'écoulement du liquide qui s'échappe en un jet assez fort.

Sous les parois de bulles, on voit les surfaces rouges du réseau malpighien.

Les bulles étant complètement vidées de leur contenu on laisse en place leurs parois ainsi affaissées.

Étant appelé à donner mes soins à la malade quinze jours après la première évolution pemphigoïde, je prescris l'emploi du bromhydrate de quinine à la dose de 1 gramme par jour et un pansement local avec une pommade composée de thymol 10 grammes, vaseline blanche 60 grammes, baume du Pérou 5 grammes.

Mais avant l'application de cette pommade la malade devait prendre un bain à 39° contenant une certaine quantité d'acide borique dans lequel elle tenait les avant-bras et les mains pendant trente minutes.

Ce traitement calma rapidement les picotements et les démangeaisons.

Mais sous les parois de bulles vidées du liquide et affaissées, apparut le lendemain, une nouvelle quantité de liquide d'un jaune trouble ; de sorte qu'on trouvait à la même place, des bulles plus petites formées aux dépens de la grosse bulle.

Aussi pour hâter la guérison, je me décide à enlever les bulles dans leur totalité avec les ciseaux, ce que la malade réclamait, malgré les douleurs produites par cette petite opération.

Chaque jour, il se formait de nouvelles bulles qui croissent toujours rapidement, atteignant du jour au lendemain le volume d'un gros pois à celui d'une grosse noisette.

L'apparition des bulles est accompagnée d'une légère fièvre, et d'une forte démangeaison.

Huit jours après l'accouchement, et après les trois seules injections au sublimé qu'elle avait eues, elle fut atteinte d'une stomatite mercurielle typique.

L'évolution de l'éruption bulleuse s'est effectuée d'abord par petites bulles à contenu clair jaunâtre ; les efflorescences en augmentant de volume avaient un contenu liquide d'un jaune foncé ; mais les parois étaient toujours très résistantes.

La malade acceptant un examen minutieux, je constate sur les diverses, région de la peau, par ci par là quelques petites excoriations épidermiques noirâtres produites par le grattage que provoquent les démangeaisons éprouvées par la malade.

Je constatai un jour symétriquement à la face interne du troisième orteil, à droite et à gauche, deux bulles pleines d'un liquide jaunâtre, bien distendues, sphériques, comme une petite noisette.

Les bulles, au bout de quelques jours, cessèrent de devenir aussi volumineuses, et les nouvelles qui paraissent ne dépassèrent pas les dimentions d'une noisette.

Les avant-bras et les doigts étaient engourdis, raides, mais cet état disparut au bout de quelques jours à la suite de l'emploi des bains boriqués et de la pommade au thymol.

Au bout de six jours de ce traitement la malade était assez bien et je ne constatai plus que l'apparition de deux bulles du volume d'un gros pois occupant la face antérieure de l'avant-bras gauche et une petite bulle à la face interne de l'annulaire droit.

La stomatite mercurielle n'a disparu complètement que vingt jours après l'accouchement à la suite de l'emploi du chlorate de potasse.

L'analyse chimique et microscopique de l'urine dénote un catarrhe vésical mais pas d'albumine.

Obs. CXVI. (personnelle)

Lit n° 27, 4° salle des accouchées. Louise G..., 29 ans, IIpare, domestique, fortement constituée.

Après un grand bain simple, elle accouche le 31 janvier 1891, à 5 heures du soir, d'un enfant se présentant en O.I.G.A.

31 janvier. A 6 heures du soir, délivrance naturelle. Injection utérine au sulfate de cuivre (solution à 5/1000).

La toilette des organes génitaux externes, de la moitié inférieure de l'abdomen et des fesses, souillés de sang, est faite avec une solution de sublimé à 0,40/1000.

A 8 heures du soir, les parties ainsi lavées, sont déjà le siège d'une coloration rosée. Injection vaginale avec 2 litres de solution de $HgCl^2$ à 0,20/1000 et lavage des parties génitales avec la même solution.

1er février. T. matin, 37°,4; soir, 38°. A 5 heures du matin, vives démangeaisons sur le ventre, les parties génitales et les fesses. A 7 heures, toilette et injection vaginale comme la veille au sublimé.

Les seins sont recouverts de compresses imbibées de sublimé à 0,40/1000.

A la visite (8 heures 1/2), on constate une éruption scarlatiniforme, d'un rose vif très marqué, s'effaçant à la pression pour reparaître aussitôt le doigt enlevé. Cet érythème est uniforme, continu, à contours très nets. Il siège uniquement sur les parties lavées la veille avec la solution de sublimé, c'est-à-dire commence à un travers de main au-dessous de l'ombilic, s'étale de chaque côté, jusqu'à la même distance des épines iliaques antéro-supérieures, se continue sur les parties génitales, le 1/3 supérieur de la face interne des cuisses, et remonte en arrière sur les fesses, jusqu'au niveau des lombes. De plus, de chaque côté, dans le pli de l'aine, reliant l'éruption antérieure à celle des fesses, existe une traînée rouge. Elle occupe la gouttière formée par le pli de l'aine, dans la demi-flexion des cuisses sur l'abdomen, position de la malade pendant la toilette et les lavages.

Sur la partie inférieure des cuisses, un semis de taches lenticulaires, d'un rose plus pâle commence à paraître.

Cette éruption fait une élevure dont les bords sont en bourrelets; elle tranche d'une façon remarquable, avec les parties voisines saines, par les différences de coloration et de niveau. Suppression du sublimé; les injections sont faites avec une solution de permanganate de potasse.

Le 2. T. matin, 37º,2 ; soir, 40º,1. D'un rouge beaucoup plus vif, l'éruption se généralise. Elle occupe tout le thorax et l'abdomen, la face interne des cuisses et des jambes, déborde déjà sur les faces antérieures et postérieures des mêmes membres, et en arrière remonte jusqu'au milieu du dos. Rien à la face, ni aux membres supérieurs. Un peu au-dessous de l'ombilic, quelques rares vésicules miliaires. Les démangeaisons sont beaucoup moins fortes. Le soir, à cause de la température, on donne 50 centigr. de sulfate de quinine.

Le 3. T. matin, 37º,4 ; soir, 37º,2. L'éruption s'est généralisée, sauf aux membres supérieurs et à la face. Elle est également rouge partout et l'on ne distingue plus l'érythème primitif.

Sur le mont de Vénus, à la racine des poils, l'épiderme est soulevé en pellicules minces et blanches. Dans le sillon interfessier, partout où les parties charnues s'adossent à elles-mêmes, existe une éruption vésiculeuse miliaire, à contenu opaque, qui, les fesses écartées, présente une forme elliptique allongée. Démangeaisons disparues.

Le 4. T. matin, 36º,7 ; soir, 38º. L'éruption pâlit au niveau des parties envahies les premières. Sur l'abdomen, le doigt marque sa trace en une traînée blanche longtemps persistante. L'éruption vésiculaire interfessière se dessèche, mais l'on trouve un nouvel amas de vésicules à contenu clair, jaune citrin siégeant à la partie supérieure et interne des deux cuisses.

L'urine, comme celle des jours précédents, est de couleur et de quantité normales ; elle contient de légers flocons de mucus, elle est de réaction acide. Densité 1016. Urée 13 gr. 05 par litre, pas de sucre, pas d'albumine, l'acide nitrique précipite des phosphates.

Le 5. T. matin, 37º ; soir, 37º,2. L'érythème pâlit de plus en plus, à peine rosé sur l'abdomen, il n'est guère vif qu'au 1/3 supérieur et interne des cuisses, et sur tout le côté externe des membres inférieurs. Le siège des éruptions vésiculeuses est à vif ; sur les bords de cette plaie, semblable à celle d'un vésicatoire, l'épiderme est sec et enroulé.

Le 6. T. matin, 37º,9 ; soir, 37º,8. Les rougeurs sont moindres encore que la veille. Urine semblable à celle des jours précédents. La malade tousse depuis 2 à 3 jours ; sa respiration est soufflante avec quelques râles sibilants aux deux poumons. Potion calmante et béchique.

Le 7. T. matin, 37º,4 ; soir, 38º,3. L'éruption a entièrement pâli, sauf à la face interne des cuisses. La peau est sèche et rugueuse. Râles sibilants aux poumons.

Le 8. T. matin, 37º,6 ; soir, 37º,4. Même état.

Le 9. T. matin, 37º,6 ; soir, 37º,8. Même état. Ventouses. De plus, quatre selles en diarrhée.

Le 10. T. matin, 36º,6 ; soir, 37º,2. Trois selles en diarrhée. Pas de ténesme, ni stomatite, ni salivation ; dents très mauvaises.

Le 11. T. matin, 36º,8 ; soir, 37º,6. La diarrhée a cessé.

Le 12. T. matin, 37°,5 ; soir, 36°,8.

Les 10, 11 et 12 février, l'enfant, nourri au sein de sa mère, a eu de la diarrhée ; pâle et souffrant, il n'a pas augmenté de poids. La toux de la mère a disparu. Desquamation furfuracée du ventre, des parties génitales et des fesses.

La peau présente de la rudesse depuis plusieurs jours.

Ce même jour, de 11 h. 25 du matin à midi, une compresse de toile imbibée avec une solution à 1/2500, puis exprimée, est appliquée sur le mollet gauche et sur le deltoïde du bras gauche (sur ce dernier il n'y avait pas eu d'éruption antérieure). Ces compresses furent recouvertes de taffetas gommé, maintenues pendant un quart d'heure, puis enlevées sans essuyer la place. A cinq heures du soir seulement, apparaît, au point d'application, un érythème scarlatiniforme peu intense.

Le 13. T. m. 37°,3 ; s. 37°.

L'érythème de la veille ne s'est pas étendu, il est peu coloré. La desquamation continue et s'étend.

De 11 h. 50 du matin à 12 h. 15, une plaque d'ouate imbibée avec la même solution que la veille, non exprimée, mais secouée pour chasser l'excès du liquide, est appliquée sur la cuisse gauche au tiers supérieur et externe. Une plaque semblable est appliquée sur l'avant-bras droit pendant le même temps.

Dans la soirée apparaît aux points d'application une rougeur uniforme siège de légères démangeaisons.

Le 14. T. m. 37°,2.

Les rougeurs sont peu vives, elles ne sont pas étendues. La malade desquame toujours sur le tronc et les membres inférieurs. Elle sort en bonne santé ainsi que son enfant.

Obs. CXVII (personnelle)

Blanche D..., entrée le 31 mars 1891 à la Clinique d'accouchement ; 19 ans. Constitution bonne ; ouvrière en perles, Ipare, bassin normal ; réglée à 15 ans 1/2, régulièrement, sans douleur ; accouche à terme le 30 mai après 13 heures de travail, d'un garçon de 3,500 gr. se présentant en O.I.G.A. Délivrance normale et complète, suivie d'une injection intra-utérine de microcidine. Déchirure partielle du périnée avant la sortie du sommet.

Cette femme avait eu pendant sa grossesse des végétations du périnée et de l'anus pour lesquelles elle fut soignée à Lourcine.

Restée depuis un mois (31 mars à 30 mai 1891) à la Clinique dans la salle de gynécologie elle avait reçu deux fois par jour une injection vaginale de sublimé à 1/5000. Ces injections de sublimé furent continuées jusqu'au 6 juin, on leur substitua alors le permanganate de potasse parce que cette femme présentait de l'hydrargyrie.

Les suites de couches étaient bonnes et la température normale, lorsque le 6ᵉ jour, 4 juin, le soir, apparurent sur les seins des taches rosées lenticulaires, en même temps le thermomètre marquait 39° (1).

Le 5. T. m. 36°,8 ; s. 39°,2. L'érythème apparaît aux coudes, aux fesses et sur l'abdomen.

Le 6. T. m. 37°,4 ; s. 37°,9.

Le 7. T. m. 36,8° ; s. 38°,5. Pendant ces deux jours l'éruption se généralise aux fesses, sur le tronc et sur les bras. Rien autre à noter.

Le 8. T. m. 37°,4 ; s. 38°,2. L'éruption s'étend toujours, elle est morbilliforme aux membres inférieurs, elle ressemble davantage à la scarlatine aux membres supérieurs; elle diminue sur le tronc ; très confluente sur le dos, elle y est d'un rose vif, d'aspect scarlatineux.

Le 9. T. m. 37°,8 ; s. 38°,6. L'éruption a pâli et a disparu presque sur tout le corps sauf aux jambes et aux cuisses où elle est devenue scarlatineuse. Il n'existe aucune lésion. rien qui puisse expliquer la fièvre.

Le 10. T. m. 38°,6 ; s. 38°,8. Disparition complète de l'érythème ; la malade tousse, fréquemment par suite de l'irritation de sa gorge qui est rouge et sèche; pas de tuméfaction des amygdales ni des ganglions. Transpiration abondante. Urine un peu diminuée en quantité; légers flocons muqueux, ni sucre, ni albumine ; densité 1025; urée 12 gr. 80 par litre.

Le 11. T. m. 38°,6 ; s. 37°. La toux a cessé, la malade se trouve bien. Oligurie, 500 gr. d'urine, ayant une densité de 1025, et contenant 11 gr. 929 d'urée par litre, ni sucre ni albumine.

Le 12. T. m. 36°,6 ; s. 37°,2. Oligurie. L'urine renferme des traces nettes d'albumine.

Le 13. La malade bien portante demande à sortir.

Obs. CXVIII (personnelle)

Le 21 janvier 1891, Mᵐᵉ X..., bien constituée et bien portante accouche normalement et vite d'un bel enfant. Pendant le travail et après la délivrance il fut fait une injection vaginale avec deux litres d'une solution de sublimé à 1/4000. Dans les suites de couches tous les jours on donnait une injection vaginale matin et soir avec la même quantité et la même solution de sublimé ; l'on avait soin de veiller à ce qu'il ne restât pas de solution dans le vagin. Les seins furent pansés du 21 au 24 avec une compresse imbibée de solution de sublimé et recouverte de taffetas imperméable. Le 24. les compresses humides des seins furent remplacées par de l'ouate hydrophile. Les suites de couches étaient excellentes; il n'existait ni diarrhée ni constipation, quand le 26, deux jours après la suppression des compres-

---

(1) Il faut noter que, selon l'habitude, les seins avaient été en permanence recouverts d'une compresse imbibée de solution de sublimé à 1/5000. Ce fait explique pourquoi ici comme dans l'observation suivante l'éruption a débuté au niveau des seins.

ses imbibées de sublimé, apparurent au pourtour de l'auréole des taches rosées lenticulaires. Ces taches n'existaient pas sur les mouchetures blanches qui se détachaient sur l'auréole des seins ; elles se montraient sur les surfaces pigmentées. Le même jour l'éruption s'étendait par taches rosées assez discrètes sur le ventre et au voisinage des organes génitaux.

Il y avait en même temps de la démangeaison et un peu de sécheresse de la bouche ; mais pas de fièvre, pas de réaction générale, rien à noter Les injections de sublimé furent cessées, et l'érythème disparut dès le lendemain : les suites de couches ne furent pas autrement troublées.

Nota. — Voir l'observation XXXIX.

ADDENDUM

En dehors des cas mortels mentionnés dans ce travail, il existe certainement d'autres accidents dont nous n'avons pas connaissance, soit qu'ils aient été méconnus, soit qu'on ait négligé de les publier. Pour ma part, je connais au moins trois intoxications mortelles par le sublimé chez les femmes en couches ; le diagnostic a été porté par des hommes éminents (chirurgien, médecin et accoucheur des hôpitaux de Paris, appelés en consultation) ; mais les observations n'ont pas été prises.

Les difficultés qui entourent le diagnostic d'une affection rare, inconnue, même il y a quelques années seulement dans la pratique obstétricale, expliquent les lacunes de certaines observations, et, dans plusieurs cas, le diagnostic a été rétrospectif. Cependant, presque toujours, au milieu de symptômes ayant une physionomie spéciale, on en trouvera un qui rappelle plus particulièrement l'intoxication par le sublimé que confirmeront les lésions relevées à l'autopsie. Pourtant, dans l'observation XXXV, des doutes ont été émis sur la réalité d'une intoxication mercurielle plus que pour d'autres cas, parce qu'à l'autopsie les organes se sont montrés sains, et que, pendant la vie, à part la diarrhée, il n'y eut pas d'autres symptômes qu'une très légère gingivite.

J'ajouterai que je tiens un grand compte de l'opinion des auteurs, hommes très compétents, qui publient les faits qu'ils ont observés, afin de mettre le médecin en garde contre des accidents semblables.

INDEX BIBLIOGRAPHIQUE

Ahlfeld. — *Die Erfolge der Antiseptik in der Geburtshilfe.* Centralb. f. Gynæk., 1888, n° 46, p. 745.

Axmann. — *Sur l'abus de la désinfection des organes génitaux chez les accouchées.* Centralb. f. Gyn., 1890, n° 37, p. 665.

Bar. — *Des méthodes antiseptiques en obstétrique.* Th. d'ag. Paris, 1883.

Bastaki. — *Du bichlorure et du biiodure de mercure en obstétrique.* Th. de Paris, 1884.

Beuve. — *Le sublimé en obstétrique.* Th. de Paris, 1884.

Berthod. — Gaz. méd. de Paris, 7 mai 1887, p. 219.

Blanc (E.). — *Que doit-on penser des accidents occasionnés par le sublimé dans les suites de couches.* Lyon méd., n°s 32, 33 et 34, août 1888, p. 483 et suivantes.

Bonnaire. — *Le sublimé en obstétrique.* Progrès méd., 1884, p. 290.

Bonnet. — *De l'emploi du sublimé corrosif en obstétrique et en particulier dans la putréfaction fœtale.* Th. de Paris, 1884.

Bordes. — *Ce qu'il faut penser des accidents attribués aux injections de sublimé chez les femmes en couches.* Th. de Paris, 1887.

Boxall. — *The conditions which favour mercurialism in lying-in women, with suggestion for its prevention.* Obstetric. Transac., vol. XXX. Lond. 1889, p. 304-331.

Braun (C.)., de Fernwald. — Wien. med. Woch., 1886, n° 35, p. 1209.

Braun (G.) (Vienne). — *Zur Verwendung des Sublimats bei Irrigationen in der Geburtshilfe.* Wiener medizin. Wochens. 1886, n°s 21-24.

Bröse. — *Das Sublimat als desinficiens in der Geburtshilfe.* Centralb. f. Gynaek., 1883, n° 39, p. 617.

Brun (F.). — *Des accidents imputables à l'emploi chirurgical des antiseptiques.* Th. d'agrégation. Paris, 1886.

Butte (L.). — *Etude critique et clinique sur l'intoxication par le bichlorure de mercure employé comme agent d'antisepsie.* Nouv. arch. d'obstét. et de gynéc., n° 4, 1886.

Chéron. — *De l'antisepsie en obstétrique.* Rev. méd.-chirur. des malad. des femmes, avril 1884, p. 184.

Chéron. — *Contribution à l'étude de l'intoxication par le sublimé en obstétrique.* Rev. méd.-chirurg. des maladies des femmes, 1885, p. 5, 184 et 421.

Clark (P. J.). — *Poisoning from corrosive sublimate in obstetrical practice.* Medical Record., 25 septembre 1886, p. 345.

Dahl. — *Anatomische Nachtrag zu dem Sublimatvergistungs falle der Prof. Stadfeldt.* Centralb. f. Gynaek., 1884, p. 195.

Dakin. — *On mercurialism in Lying-in women undergoing sublimate irrigation.* Obstetrical transactions, vol. XXVIII, Lond., 1887, p. 281.

Doleris et Butte. — *Recherches expérimentales sur l'introduction par le sublimé corrosif employé pour le lavage des muqueuses saines et des plaies.* Nouv. archiv. d'obstét. et de gynéc., décembre 1886.

Elsässer. — *Sublimatvergistung im Wochenbett.* Centralb. f. Gynaek, 1884, p. 449.

Fochier (A.). — *De l'antisepsie obstétricale.* Lyon méd., 2 janvier 1887, p. 29.

Fraenkel. — *Ueber toxiche enteritis im Gefolge der sublimatwundbehanlung.* Arch. f. path. Anat. Berlin, 1885, t. XCIX, p. 276.

Fuhrman. - *Zur Sublimatbehanlung in der geburtshilfe.* Centralb. f. Gynaek, 1884, n° 21, p. 179.

Garcin. — *De l'emploi du bichlorure de mercure en obstétrique.* Th. de Paris, 1885.

Garrigues (of New-York). — *The use and abuse of antiseptic injections in obstetric practice.* Americ. Journ. of obst., 1889, p. 1048.

Gaucher (E.). — *Pathogénie des néphrites.* Paris. Th. d'agrég., 1886, p. 54 et suiv

Géhé. — *Intoxication par le sublimé.* — Nouv. arch. d'obst. et gynéc., avril 1888 p. 147.

Groeningen. — *Rapport de la clinique d'accouchement. Sublimatintoxikation.* Charité-Annalen, 12ᵉ année, 1887, p. 710.

Hallopeau. — *Du mercure. Action physiologique et thérapeutique.* Th. d'agrégation. Paris ; 1878.

Hégar. — *Sur l'infection puerpérale et sur le but que doit se proposer l'obstétrique moderne.* Samml. klin. Vorträge, n° 351, 1890.

Herff (Otto von). — *Ueber Ursache und Verhütung der Sublimat-Vergistung bei geburtshülfichen Ausspülungen des Uterus und der Vagina.* Archiv. f. Gynaek., t. XXV, 1885, p. 487.

Herrgott (Al.). — *Le sublimé comme antiseptique obstétrical devant la réunion des naturalistes allemands.* Ann. de gynécologie, mai 1884, t. XXI, p. 321.

Hensoldt. — *Jahresbericht für 1888-89, Sublimatintoxikation.* — Charité-Annalen, XVᵉ année, p. 660. Berlin, 1890.

Hofemeier. *Améric. Journ. of obstetric,* 1844, p. 517.

Hofemeier. *Americ. Journ. of obstetric,* 1885, p. 935.

Hofmeier. — Ann. de gynec., 1885, t. XXIII, p. 221.

Kaufmann (E.). — *Die Sublimatintoxikation.* Akadem. Habilitationsschrift. Breslau, 1888, Centralb. f. Gynæk., 1889, n° 51, p. 848.

Kehrer. — *C. R. des séances de la section de gynécologie de la 58ᵉ réunion des naturalistes et médecins allemands* à Fribourg. Archiv. f. Gyn., XXII, p. 175.

Keller. — *Ein fall von tödlicher Sublimatintoxikation.* — Centralb. f. Gynæk., n° 32. 1885.

Keller. — *Zur Sublimatfrage.* Archiv. f. Gynæk., t. XXVI, 1885, p. 107.

Laplace (E.) (Nouvelle-Orléans). — *Saure sublimatlösung als desinficirendes mittel und ihre Verwendung in Verbandstoffen.* Deutsche med. Wochenschrift, 1887, n° 40.

Legrand. — *Intoxication mortelle par le sublimé.* Ann. de gynéc. et d'obst., 1889, t. XXXI, p. 410.

Léopold (de Dresde). — *Ueber den Gebrauchschwacher sublimatlösungen in der Geburtshilfe.* Centralb. f. Gynæk., 1884, n° 46, p. 721.

Maürer. — *Zur Sublimatintoxikation.* Centralb. f. Ginæk., 1884, p. 257.

Mendelssohn (F.). — *L'iode en obstétrique.* Th. de Paris, 1890.

Mynlieff. — *Ueber die Anwendung des Sublimats in der Geburtshilfe.* Der Frauenarzt., 1887, t. II, p. 636, et Nederl. Tijdschr. v. Genuskunde, 1884, n° 38.

Netzel (W.) (i Stockholm).— *Fall af förgistning genom sublimatinjektion.* Nordis medic. Archiv., Bd XVII, 1885, n° 11, p. 1.

Olivier (Ad.). — *De l'emploi du sublimé pendant et après l'accouchement.* Ann. de gynéc., 1882, p. 338.

Peabody (G.). — *Toxic enteritis, caused by corrosive Sublimate as a surgical application.* The medical Record, t. XXVII, 14 mars, 1885, p. 290.

Quantin. — *Nouv. Archiv. d'obst. et gynéc.*, 25 sept. 1888.

Ricklin (E.). — Gaz. méd. de Paris, 12 avril 1884, p. 173.

Ricklin (E.). — *Des inconvénients et des dangers pouvant résulter du sublimé comme agent d'antisepsie.* Gaz. méd. de Paris. 11 juil. 1885, p. 330.

Ricklin (E.). — *Intoxications mortelles par le sublimé comme antiseptique.* Gaz méd. de Paris, 7 avril 1888, p. 161 ; 14 avril, p. 176.

Schrœder — *Lehrbuch der Geburtshülfe*, 1888, dernière édit. par Veit und Olshausen.

Scriba. — Centralb. f. Gyn., 1885, n° 34.

Shrady (George-F.). — *Sublimate solutions and their dangers in obstetrics and Surgery.* Medical Record. N-Y., 10 juil. 1886, p. 40.

Sommer. — *Ueber Erfahrungen bei der Verwendung des sublimats in der Gebär-Anstalt der Charité.* Charité-Annalen, 13° année, 1888, p. 721 et 737.

Stadfeldt. — *Antwort in der Sublimat-frage.* Centralb. f. Gynæk., 1884, p. 274.

Steffeck. — *Ein Fall von Sublimatintoxikation mit tödlichem Ausgang.* Centralb. f. Gynæk., 1888, n° 5, p. 65.

Steffeck. — *Ueber Desinfection des weiblichen Genitalcanals.* Ztsch. f. Geburts. und Gynæk. Stuttg., 1888, XV, 395-424, et Centralb. f. Gynæk., 1889, n° 13, p. 233.

Stenger. — *Ein fall von Sublimatintoxikation in Wochenbette.* Centralb. f. Gynæk., 1884, p. 196.

Szabo (Dionys von). Centralb. f. Gyn., n° 35, 1884, p. 545.

Szabo (Dionys von). — *Ueber Sublimatgebrauch in der Geburtshülfe.* Archiv. für Gynækologie, B. 30, 1887, p. 143.

Taenger. — *Zur Sublimatfrage.* Centralb. f. Gynæk., 1884, p. 481.

Taenger. — Centralb. f. Gyn., 1885, n° 18, p. 273.

Tarnier. — *Leçon d'ouverture.* Semaine méd., 3 avril 1884.

Thorn. — *Ein Wort gegen die jetztübliche art der Anwendung des Sublimats in der Geburtshülfe.* Sammlung klin. Vorträge, n° 250, 1885.

Toporski. — *Das sublimat als Desinficiens in der Geburtshilfe.* Centralb. f. Gynæk., 1883, n° 35, p. 553.

Turgard. — *Intoxication par injection intra-utérine de sublimé.* Nouv. Archiv. d'obst. et gynéc., avril 1888, p. 166.

Valenta. — *Wie soll an den Hebammenschulen die Antiseptik gelehrt, und deren Anwendung in der Praxis gefördest werden ?.* Centralb. f. Gynæk., 1888, n° 48 p. 777.

Vinay (C.). — *De l'asepsie en obstétrique.* Lyon méd., n° 27, 3 juillet., 1887, p. 309.

Vinay (C.). — *Désinfection des mains.* Lyon méd., t. LVII., 1888, p. 69.

Vincent (E.). — *Des injections intra-utérines sublimées chaudes dans les retards et les accidents de la délivrance.* Lyon méd., t. LVII, 1888, p. 492.

Virchow. — *Weitere Fälle von Sublimat-Colitis mit Demonstration.* Berlin. Klin. Wochenschrift, 1880, p. 72.

Weinhold (Breslau). — *Das Sublimat in der Geburtshilfe.* Inaug. diss. Breslau, 1888. Centralb. f. Gynæk., 1888, n° 51, p. 847.

S.

13

Wiedow (in Friburg-i-B.). — *Zur Frage der Antisepsis während der Geburt.* Centralb. f. Gynæk., 1883, n° 37, p. 589.

Winter. — Zeits. f. Geburt. u. Gynäk. Bd X, 1884, p. 437.

Winter. — *Centralb. f. Gyn.* 1884, n° 43.

Wöhtz. — *Sublimatforgisming.* — Hospit. Tidend., 1882, n° 22, p. 557, et Centralb. f. Gynæk., 1884, n° 31, p. 493.

Nota. — Voir les indications bibliographiques qui accompagnent le texte et, en outre **Gebhard**. *Ueber Sublimatintoxication.* Zeitschrift. f. Gebür. u. Gynæk. 1891, Bd XXI. Heft 2 (juillet 1891).

TABLE DES MATIÈRES

IMPRIMERIE LEMALE ET Cⁱᵉ, HAVRE

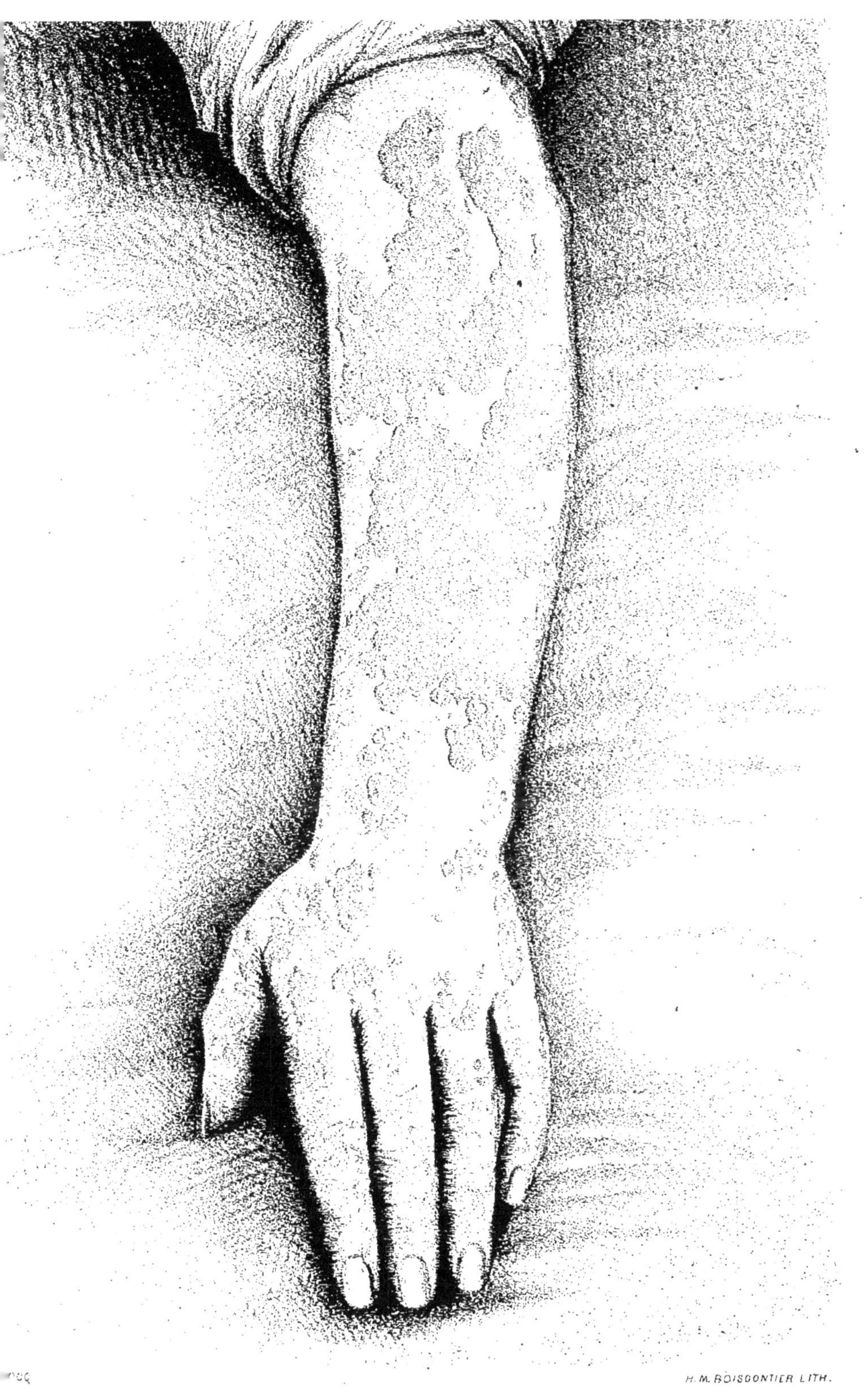

Eruption dans l'intoxication par le sublimé

Service de M^r le Professeur TARNIER

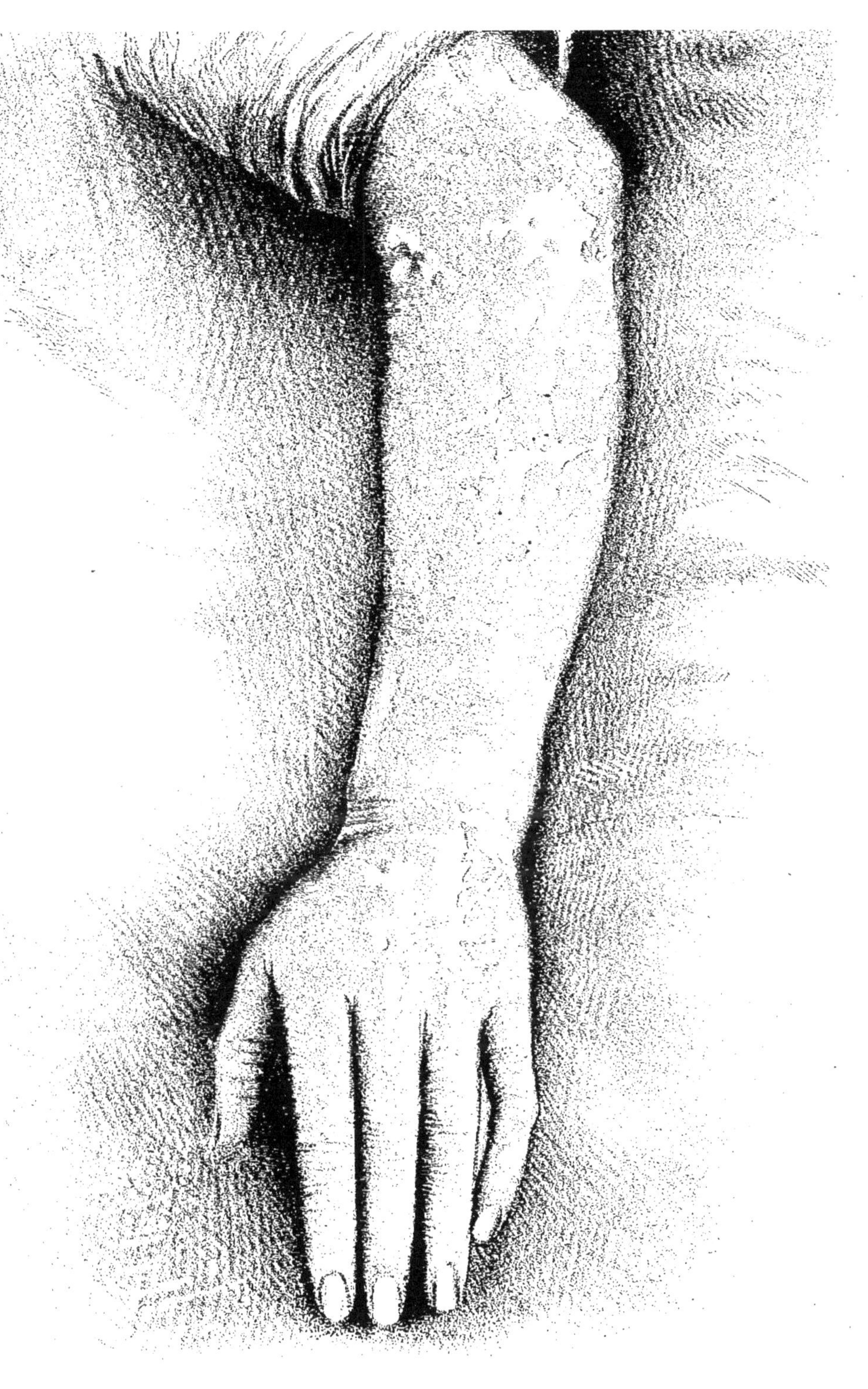

Eruption dans l'intoxication par le sublimé

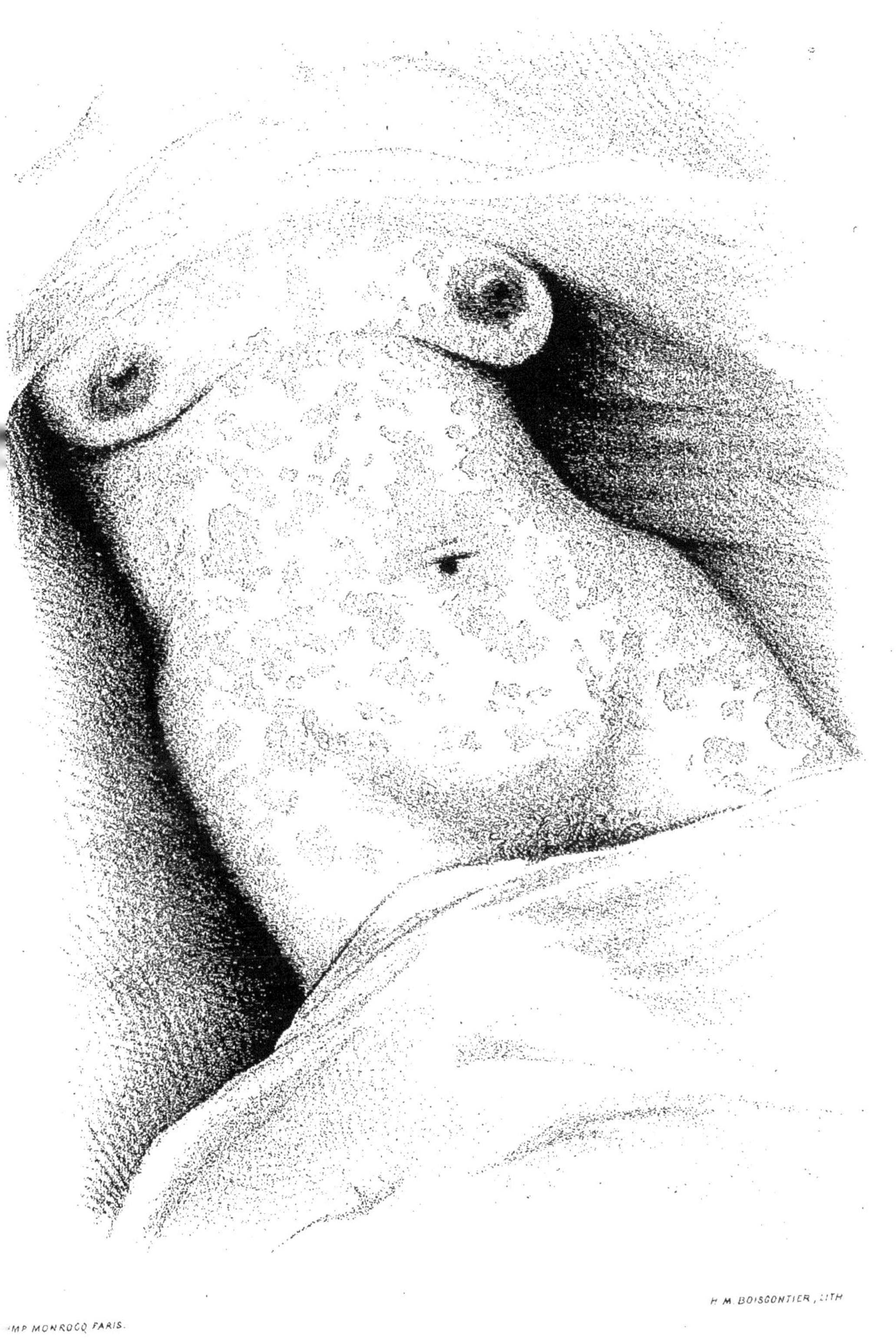

Eruption dans l'intoxication par le sublimé

IMPRIMERIE LEMALE ET Cⁱᵉ, HAVRE

www.ingramcontent.com/pod-product-compliance
Ingram Content Group UK Ltd.
Pitfield, Milton Keynes, MK11 3LW, UK
UKHW022216120726
13694UKWH00002B/579